Ullstein Sachbuch

Ullstein Sachbuch
Ullstein Buch Nr. 34039
im Verlag Ullstein GmbH,
Frankfurt/M – Berlin – Wien
Aus dem Amerikanischen
von Helmut Kossodo

Ungekürzte Ausgabe
mit zahlreichen Abbildungen

Umschlagentwurf:
Hansbernd Lindemann
Umschlagfotos: Mauritius Mittenwald
(Werner) / Jan de Wit

Mit Genehmigung der
Paul List Verlags KG, München

Printed in Germany 1980
Gesamtherstellung: Ebner Ulm
ISBN 3 548 34039 3

Dezember 1980

CIP-Kurztitelaufnahme der
Deutschen Bibliothek

Kossodo, Blandena Lee:
Die Frau in Afrika: zwischen Tradition u.
Befreiung / Blandena Lee Kossodo.
[Aus d. Amerik. von Helmut Kossodo]. –
Ungekürzte Ausg. – Frankfurt/M, Berlin,
Wien: Ullstein, 1980.
([Ullstein-Bücher] Ullstein-Buch;
Nr. 34039: Ullstein-Sachbuch)
Einheitssacht.: Woman in Africa<dt.>
ISBN 3-548-34039-3

Blandena
Lee Kossodo

Die Frau in Afrika

Zwischen Tradition und Befreiung

Ullstein Sachbuch

Inhalt

Die Frau in der Geschichte Afrikas 9

Der Lebenszyklus der Frau in den traditionellen Stammeskulturen 45

Die Stammeskulturen 45

Geburt 57
Die Bedeutung des Kindersegens 58
Zeugung 63
Schwangerschaft 64
Rituale bei der Geburt eines Kindes 66
Die Abgeschiedenheitsperiode 89
Die Namensgebung 90

Kindheit 92
Kindererziehung 104
Spätere Kindheit 109
Erziehung zur Sexualität 113
Pubertät 115

Ehe 139
Die Rolle der Geschlechter in den Stammeskulturen 139
Hochzeitsriten und Eheregeln 142
Die Ehe in den Stammeskulturen 173
Die Scheidung 183
Der Witwenstand 187
Alter 190
Tod 192

Der Sprung ins zwanzigste Jahrhundert 205

Anpassungsschwierigkeiten der Frauen auf dem Lande und in den Städten 207

Die afrikanische Frau im Arbeitsleben 215
Die wirtschaftliche Rolle der Frau 215

Bildungs- und Schulungsmöglichkeiten 217
Händlerinnen und Geschäftsfrauen 220
Beruf und Familie 224
Die Frau als Angestellte 227
Prostitution 228
Frauen in der Armee 234

Die Frau in Familie und Gesellschaft: Bruch mit der Tradition? 235
Geburtenkontrolle 235
Medizin und Magie 237
Auf der Identitätssuche 239
Veränderungen im Eheleben 242
Die soziale Stellung der Frau 246
Frauenorganisationen 253
Rolle und Status der modernen Afrikanerin 260
Frauen in der Politik 265
Frauenrechtsbewegungen 267

Schlußwort 277

Literaturhinweise 280

Namen- und Sachregister 283

Bildnachweis 287

FÜR MEINEN MANN,
OHNE DEN DIESES BUCH NICHT ZUSTANDE GEKOMMEN WÄRE.

»Ich habe mich eifrig bemüht, der Menschen Tun weder zu belachen, noch zu beweinen, noch zu verabscheuen, sondern es zu begreifen.«

SPINOZA

Die Frau in der Geschichte Afrikas

Die Frage, ob es irgendwo auf der Welt eine »Wiege der Menschheit« gibt, wird wohl stets ungeklärt bleiben. Zahlreiche Entdeckungen aus jüngster Zeit weisen allerdings nach, daß die frühesten Spuren menschlichen Lebens und einer Urkultur auf dem afrikanischen Kontinent zu finden sind. Schon CHARLES DARWIN war der Meinung, daß die ersten Menschen in Afrika lebten. Im südlichen Afrika und später in Äthiopien sind Knochenreste und Spuren menschlicher Wesen gefunden worden, die zwischen ein und fünf Millionen Jahre alt sind. Bisher ist es jedoch nicht möglich gewesen, eine klare Verbindung zwischen diesen Wesen und dem Menschen, wie er heute ist, festzustellen. Auch wissen wir nicht, wie lange es gedauert hat, bis der Mensch in der Lage war, eine Kultur zu entwickeln und sich Materie, Pflanzen und Tierwelt nutzbar zu machen.

Einiges an althergebrachten Vorstellungen vom Urmenschen oder Höhlenbewohner, der mit einer Keule bewaffnet sein Weib hinter sich herzog, müßte grundsätzlich revidiert werden, denn es ist durchaus möglich, daß es umgekehrt war und daß es vielleicht unsere vorzeitliche Urgroßmutter war, die »die Hosen anhatte«.

Der Rechtsgelehrte, Altertums- und Mythenforscher JOHANN JAKOB BACHOFEN stellte bereits im 19. Jahrhundert die Theorie auf, daß unseren vom Mann beherrschten, patriarchalischen Zivilisationen eine auf das Mutterrecht begründete, matriarchalische Kultur vorausgegangen ist. Später wurde diese Theorie widerlegt, weil BACHOFEN zu eilig vom Bestehen mutterrechtlicher Verhältnisse auf ein Matriarchat geschlossen hatte. Es steht aber außer Zweifel, daß es Gesellschaftsformen gegeben hat – und noch gibt – in denen die Erbschaftsfolge von der Mutter ausgeht und wo die Frau eine dem Mann zumindest ebenbürtige Rolle spielt.

In der Entwicklung menschlicher Gesellschaftsformen unterscheidet man verschiedene Phasen, die letztendlich – und besonders im europäischen Kulturkreis – zum Begriff des Volkes, der Nation und des Staates geführt haben. Zu Anfang ging der Mann auf die Jagd, während die Frau das Heim (eine Reisighütte oder eine Höhle) hütete, das Essen zubereitete und die Kinder aufzog. Irgendwann begann die Frau Kräuter und Beeren zu suchen, um den Kochzettel zu bereichern, und schließlich fiel es ihr ein, rund um das Haus die für sie wichtigsten Kräuter und Früchte zu pflanzen. Sie bearbeitete den Boden mit einer primitiven Hacke, grub Setzlinge und Samen ein und erntete den so zusammengetragenen Vorrat. Damit war die Landwirtschaft geboren, und sie war Jahrtausende hindurch das ausschließliche Werk der Frauen. Unterdessen hatte vielleicht der Mann bemerkt, daß seine Frau sich die Arbeit wesentlich vereinfacht hatte, indem sie ihre Pflanzen in Reichweite anbaute, statt sie tief im Wald zu suchen, und beschloß, es ihr gleichzutun, indem er die für den Unterhalt nötigen Tiere zähmte und zu seinem Besitz machte. Noch heute gibt es viele Stämme in Afrika, in denen diese Arbeitsteilung vorherrscht: die Frau bestellt die Felder, und der Mann treibt das Vieh auf die Weide. Auch viele Arten des Handwerks wurden zuerst von der Frau ausgeführt und sind noch heute ausgesprochene Frauenarbeit. In den Mythen der meisten Naturvölker bestimmt eine leichtverständliche Symbolik die Geschlechtsbezeichnung der Elemente, der Materie und Lebewesen der Welt. So sind die fruchtbare Erde und der sie nach altem Glauben beeinflussende Mond, sowie das Wasser weiblich, während das Feuer und die Sonne männlich sind. Bei dem Übergang vom Matriarchat zum Patriarchat haben auch diese Urelemente, sowie Himmel, Erde, Mond und Sonne das Geschlecht gewechselt. Solange die Frau allein als die lebenspendende Fruchtbarkeitsträgerin angesehen wurde – es gab und gibt noch immer primitive Stämme, die die Verbindung zwischen Geschlechtsakt und Geburt, d. h. die die Rolle des Vaters bei der Befruchtung nicht erkannt haben –, waren natürlich auch die ersten Gottheiten weiblich. So war bei den Altägyptern der Frühzeit der Himmel weiblich und der Mond männlich, was den Anschauungen einer matriarchalischen Gesellschaftsordnung entsprach. Der Göttinenkult hat sich bis in das frühdynastische Ägypten fortgesetzt, wo die Göttin Neith, die Urmutter aller Götter und Himmelsgöttin als Erschafferin der Welt verehrt wurde. Erst viel später wurde sie nur noch als Kriegsgöttin und Mutter des Krokodilgottes angesehen, aber das war bereits in einer Zeit, als sich der Wechsel zum Patriarchat vollzogen hatte. Vorher war Neith der Gegenstand eines Kultes, der lange vor den Hebräern zum Monotheismus neigte und dem eine weibliche Religion zugrunde lag. Auch der bis in die ersten Jahrhunderte des Christentums überlieferte Isiskult – der nach Ansicht mancher Religionsforscher von den Christen im Marienkult übernommen wurde – ist ein deutliches Zeugnis der mit allen Symbolen der Fruchtbarkeit und Mutterschaft ausgestatteten weiblichen, aus dem Zeitalter der Großen Mutter stammenden Religion.

Der entscheidenden Umwälzung der weiblichen Gesellschaftsform in eine männliche, bzw. der gynäkratischen in eine phallokratische, sind zwei wesentliche Entdeckungen des Altertums vorausgegangen: die Übernahme der Landwirtschaft durch den Mann, der die Hacke durch den phallischen Pflug ersetzte und das Bewässerungssystem der Felder erfand, sowie das plötzlich erwachte Bewußtsein des Mannes, der Samenträger und Befruchter zu sein. Dieses Bewußtsein steigerte sich zu dem festen Glauben, nicht die Frau sei die Lebenspenderin, sondern einzig und allein der Mann, dessen Samen sich im Leib der Frau entwickelt wie das Saatkorn im Erdboden. Damit war die Große Mutter vom Thron gestürzt und zu einem Flecken Erde erniedrigt, den man pflügt, besät und aus dem man erntet. Die männliche Landwirtschaft entwickelte auf Mehrertrag gerichtete Methoden und führte damit zu technischem Fortschritt, wodurch wiederum die wirtschaftliche Entwicklung des Landes, das im Zeitalter der Frau ein vegetativ-bukolisches Dasein gefristet hatte, vorangetrieben wurde. Es ist allerdings nicht ausgeschlossen, daß gerade die zunehmende Ausnutzung des Bodens, die zu einer raschen Vermehrung von Vieh- und Menschenbestand führte, letztendlich zur fortschreitenden Umweltzerstörung in Ägypten und zum Vordringen der Wüste beigetragen hat.

Immerhin haben sich diese Umwälzungen nicht von einem Tag auf den anderen vollzogen, und es gibt genügend Beweise dafür, daß die Frau im alten Ägypten noch lange eine bedeutende gleichberechtigte Rolle gespielt hat.

Die Meinungen darüber, ob in allen Kulturkreisen der Volkswirtschaft eine Mutterherrschaft vorausging, sind nach wie vor geteilt, und es ist zweifelhaft, ob man diese Frage, wie überhaupt die Frage nach dem Ursprung der Menschheit, je eindeutig beantworten können wird. Bei den meisten Völkerstämmen Afrikas weisen die traditionellen Stammeskulturen jedenfalls deutliche Züge und Spuren einer mutterrechtlichen und demnach vielleicht auch mutterherrschaftlichen Vergangenheit auf.

Die westliche Welt hat, mit Ausnahme Ägyptens und des nordafrikanischen Mittelmeerraums, erst sehr spät die Spuren der altafrikanischen Zivilisation entdeckt. Zu Beginn des 19. Jahrhunderts kannte man kaum mehr als einen bis zu einigen hundert Meilen tiefen Küstenstreifen. Vom Inneren des Erdteils wußte Europa um 1800 weniger als die Portugiesen der Barockzeit oder die griechischen Geographen wie Ptolemäus oder altarabische Reisende. Damals hatte man weder vom Niger, vom Kongo und dem oberen Nil, noch von den Seen Ostafrikas, der Sahara und der Kalahari einen Begriff. Und als der Kolonialismus später immer weiter ins Land vordrang, galt es eigentlich nur, die Bodenschätze auszunutzen, nach Gold und Edelmetallen zu suchen oder landwirtschaftliche Produkte zu gewinnen. An die Erforschung der Kulturen mit ihren Werten und Möglichkeiten, ihrer Geschichte und Entwicklung dachte damals niemand. Das sehr früh entstandene Vorurteil gegen den schwarzen Menschen entsprang wohl vor allem dem Bedürfnis, den so einträglichen Sklavenhandel möglichst skrupellos betreiben zu können, und welch bessere Entschuldigung bot sich da den Ausbeutern als die, den Afrikaner als ein wildes, kulturloses und nur halbmenschliches Haustier zu betrachten? Der deutsche Afrikaforscher LEO FROBENIUS, den man wirklich nicht als »Antikolonialisten« moderner Prägung bezeichnen kann, schrieb 1930:

»Diese Meinung war der europäischen Anschauung so fest und tief eingehämmert worden, daß sie nicht einmal erschüttert wurde, als die Forscher des 19. Jahrhunderts beim Vordringen über die Grenze der durch den europäischen Sklavenhandel zerstörten Kulturstreifen gegen große Staaten prallten, die genauso kompliziert und differenziert waren wie asiatische Reiche. Schon die ersten europäischen Eindringlinge stießen hier auf Völker mit entwickelten Gewerben, die die Eingeborenen mit prachtvollen Gewändern, mit Plüschstoffen, mit zierlich geschnitztem und geflochtenem Hausgerät, mit prachtvollen Eisenwerkzeugen, mit herrlichen Eisen- und Kupferwaffen, ja mit kunstvoll tauschiertem Prunkgerät ausstatteten. Europa blieb blind, als die Entdecker im Sudan, im oberen Nil, im südlichen Kongobecken in große Städte und Dörfer kamen, die hier und da mit kunstvoll gepflanzten Baumalleen und Fruchtgärten angelegt waren, in denen ein blühendes Familienleben im Schatten wohlgeordneter Königtümer und Staaten sproßte.

Ach, Europa hat für dieses stille und kultivierte Glück der dunkelfarbigen Menschheit keinen Blick gehabt! Nicht nur, daß der mittelalterliche Aberglaube an die Halbmenschheit der Neger zu fest eingewurzelt war. Bequemlichkeit und Gier nach schnellem Nutzen kam dazu. Jede Gelegenheit wurde dazu benützt, die Fürstentümer, d. h. die eingeborene Autorität, zu zertrümmern, um so die uneingeschränkte Macht über die Arbeitskräfte zu gewinnen und sie von den störenden Bindungen angestammter Natur zu befreien. In derselben Zeit, in der Spezialisten die sublimsten Untersuchungen, die Lebensform und Rentabilität der Kautschukpflanze betreffend angestellt haben, dachte niemand ernsthaft daran, daß es mindestens ebenso notwendig sei, Natur und Kultur der Eingeborenen zu erforschen, um nicht voreilig etwas zu zerstören, was nie wieder herstellbar ist. So wurde in großen Teilen Afrikas die afrikanische Kultur zerstört. In vielen Gebieten, zumal in Südafrika, sind nach Zerstörung der Fürstentümer die ihrer angestammten Autoritäten beraubten Eingeborenen nun nicht etwa zu braven Haustieren, sondern zu obstinaten und rebellischen Gesellen geworden.«

Wenn wir der geschichtlichen Vergangenheit der afrikanischen Frau nachgehen wollen, so stoßen wir also dabei auf die Zerstörung der afrikanischen patriarchalischen Kulturen des Altertums und Mittelalters, die ihrerseits die Spuren ihrer matriarchalischen Frühzeit zum Teil beseitigt oder bewußt ausgelöscht hatten. Trotzdem – und hier scheint sich eine gewisse historische Gerechtigkeit zu bewahrheiten – läßt sich das Bild der frühen Mutterkulturen heute weitgehend rekonstruieren.

Wir wollen hier nur insoweit auf die präislamische Geschichte Nordafrikas eingehen, als sie zum Thema dieses Buches beitragen kann. So berichten HERODOT, STRABO, DIODOR, MELA und SOLINUS von ›Frauenkönigen‹, Frauenarmeen (Amazonen) und von einer sehr starken sexuellen Freiheit der Frauen im Ägypten und Libyen des ersten Jahrhunderts. Erst mit dem Eindringen der Araber im 7., 10. und 11. Jahrhundert wurde in diesem Teil Afrikas die orientalische, patriarchalische Ordnung eingeführt. Bei den *Berbern*, einem ›weißen‹ Volk, das sich trotz Arabisierung und Islamisierung bis heute eigene Sitten bewahrt hat, und bei den ihnen nahe verwandten, nomadischen *Tuareg* haben sich verschiedene mutterrechtliche Spuren erhalten. So herrscht bei den Berbern Gütertrennung vor, und die Frau hat das Verfügungsrecht über ihr Eigentum sowie über den Ertrag ihrer Arbeit. Bei den *Tuareg* wählt die Frau ihren Gatten und ist Herrin über das Lederzelt der Familie.

Daß die *Berber* schon vor der arabischen Invasion nach Süden in das westliche Afrika bis an den Senegal und den Niger eingedrungen sind und dort das Ganatische Reich gründeten, hat zu der Behauptung Anlaß gegeben, sie hätten das in der Altmittelmeerkultur verankerte Mutterrecht bei zahlreichen Herrscherfamilien der west- und zentralsudanesischen Staaten eingeführt. Im Lichte der neuesten Forschung erscheint diese Behauptung zumindest etwas kühn, denn es sieht eher so aus, als hätten die mutterrechtlichen Einrichtungen seit jeher im dunklen Teil Afrikas bestanden.

Diese offensichtlich rassistisch inspirierte Theorie von der Überlegenheit der weißen Rasse wurde vor allem von dem senegalesischen Historiker, Physiker und Philosoph CHEIKH ANTA DIOP widerlegt. Zitieren wir hierzu den amerikanischen Geschichtsforscher IMMANUEL WALLERSTEIN:

»CHEIKH ANTA DIOP hat in seinen zahlreichen Arbeiten den vielleicht ehrgeizigsten Versuch unternommen, die Geschichte Afrikas zu rekonstruieren. DIOP verfolgt eine Theorie, nach der die Welt in zwei Arten von Völkern eingeteilt ist: die südlichen Völker (oder Negro-Afrikaner) und die Arier (eine Kategorie, zu der alle kaukasischen Völker, einschließlich der Semiten, Mongolen und amerikanischen Indianer gehören). Jede dieser beiden Gruppen hat eine, auf den klimatischen Umständen beruhende kulturelle Einstellung, und der Unterschied liegt in der Tatsache, daß die Arier ein härteres Klima haben.

Die Arier haben patriarchale Systeme entwickelt, die auf der Ausschaltung der Frauen und auf dem Hang zur Kriegsführung beruhen. Mit diesen Gesellschaftsformen sind auch die materialistischen Religionen, die Begriffe von Sünde und Schuld, Fremdenhaß, Tragödie, Stadtstaat, Individualismus und Pessimismus verbunden. Die südlichen Völker sind dagegen matriarchalisch. Die Frauen sind frei, und die Menschen sind friedlich; es herrscht eine dionysische Lebensauffassung und religiöser Idealismus vor, und es gibt keinen Sündenbegriff. Mit der matriarchalischen Gesellschaftsform sind Fremdenfreundlichkeit, eine erzählende Literatur, der

Territorialstaat, sozialer Kollektivismus und Optimismus verbunden.

DIOPS Theorie zufolge sind die alten Ägypter, die schwarzrassig waren, die Urahnen der Südvölker. Diese kühne, aber durchaus nicht unbelegte Hypothese bewirkt interessanterweise eine genaue Umkehrung der westlichen kulturellen Anmaßungen. Denn – so argumentiert DIOP – wenn die alten Ägypter Neger waren, dann ist die europäische Zivilisation ja nur noch ein Derivat afrikanischer Errungenschaften.«*

Jede Geschichtsforschung – besonders wenn sie sich mit weitgehend unbekannten Gebieten befaßt – stößt zwangsläufig auf zwei Arten von Schwierigkeiten. Einmal wird die Geschichte stets vom Sieger, vom Eroberer geschrieben und als eine logische Kette von Ereignissen dargestellt, die zu einem bestimmten Ergebnis (dem Siege, der Eroberung) führten. Zweitens nimmt die Rasse, die sich allen anderen kulturell überlegen fühlt, alle kulturellen Errungenschaften, alle Zeichen einer verhältnismäßig hohen Entwicklung aus politischen Gründen gern für sich in Anspruch.

Wenn wir also den geschichtlichen Spuren der afrikanischen Frau nachgehen wollen, so haben wir es mit drei schier unüberwindlichen Schwierigkeiten zu tun:

1) Man ist in bezug auf die altafrikanischen Kulturen zum großen Teil auf Vermutungen angewiesen, weil der Kontinent bis auf einige Küstengebiete und Nordafrika bis vor verhältnismäßig kurzer Zeit völlig unbekannt war;

2) Islamisierung und Kolonialismus haben eine nichtafrikanische, patriarchalische Ordnung eingeführt;

3) das seit Jahrhunderten verbreitete Vorurteil von der kulturellen Inferiorität der schwarzen Rasse ist immer noch vorherrschend.

Das geschichtliche Vorurteil ist einerseits auf den der weißen Zivilisation eigenen Fortschrittsglauben und andererseits auf die Ablehnung alles Andersartigen gegründet. Erst die in jüngster Zeit aufgetauchten Zweifel am beständig vorwärts-

* WALLERSTEIN, J.: Africa: The Polities of Independence, New York 1961.

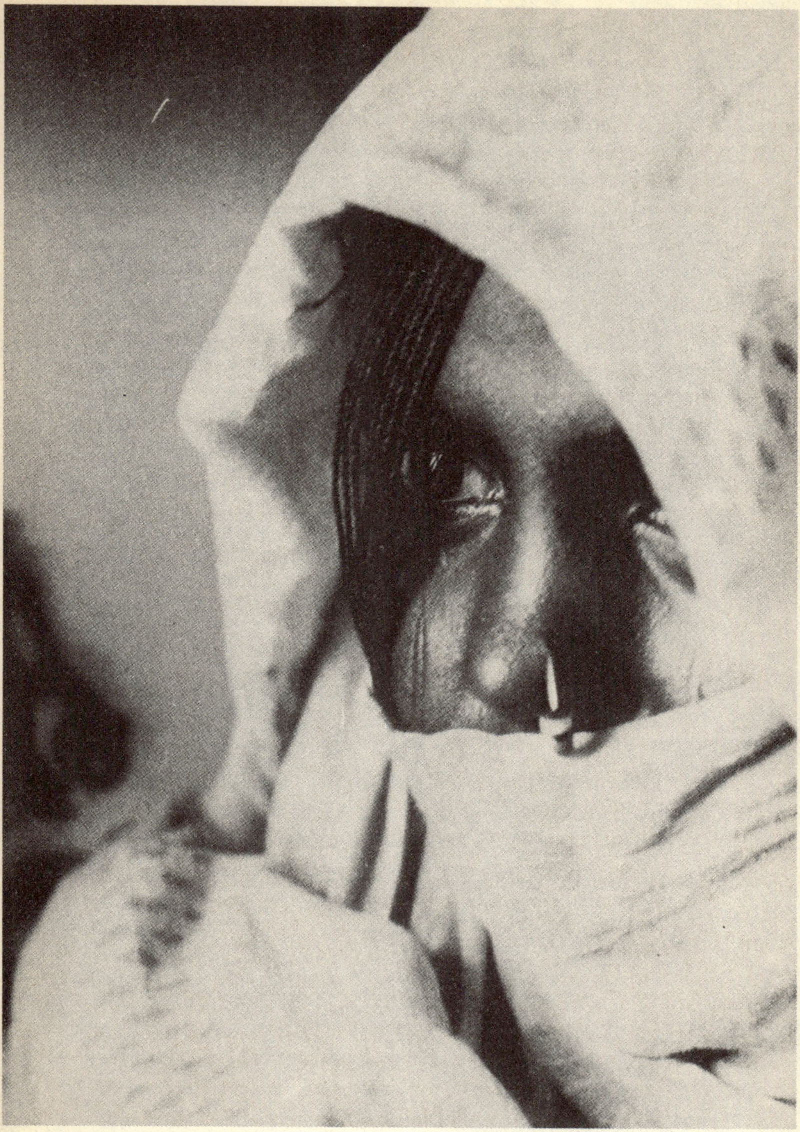

1 *Junge Sudanesin*

2 *Xhosafrauen vom Stamm der Tembus (Südafrika/Transkei)*

drängenden technischen Fortschritt und die plötzliche Angst vor Überbevölkerung und Umweltzerstörung – typische Folgeerscheinungen einer absoluten Phallokratie – haben das Interesse an den alten, längst vergessenen Kulturen erweckt, in denen die »Mutter« allein oder gemeinsam mit dem Mann über eine friedlich-bukolische, mit der Natur harmonisierende Welt herrschte.

Eine zusätzliche Schwierigkeit bereitet das Erkennen der verschiedenen möglichen Systeme der Mutterherrschaft, der Vaterherrschaft und der dazwischen liegenden Zwischenformen. So findet man z. B. im Reich der *Aschanti* eine aus dem gewählten Oberhaupt (König), seiner Schwester, der Königinmutter und einem Stab von Ältesten gebildete Regierung. Die Thronfolge ging von der ältesten Schwester des Königs aus. Ähnliche Verhältnisse herrschten in Kano, Daura, Zaria, Bacama, Gwari, Inkun, Borun usw. Der von DIODOR VON SIZILIEN beschriebene Amazonenstaat in Libyen zählt zu diesen noch nicht befriedigend geklärten Erscheinungsformen einer solchen Zwischenkultur, in der die Frau eine für sie untypische Rolle – nämlich die des Kriegers – übernimmt. Besteht da ein Zusammenhang mit den zahlreichen Kriegsgöttinnen des Altertums? Sind die nordischen Walküren mit diesen Amazonen verwandt? Handelt es sich hier um ein Zwischenstadium, in dem die Geschlechter auf allen Gebieten wetteiferten? Oder müssen wir daraus schließen, daß die männlichen Tugenden nur dort als solche gelten, wo der Mann sie sich allein vorbehält? Im präpatriarchalischen Altägypten war die Frau sowohl die Göttin des Lebens, die Lebensspenderin, als die des Todes, und es war stets einer Priesterin vorbehalten, sich mit den Toten zu verständigen.

CHEIKH ANTA DIOP schreibt:

> »Das Matriarchat darf nicht mit der Herrschaft der afrikanischen Amazonen oder Gorgonen verwechselt werden. Diese legendären Reiche, in denen die Frau angeblich den Mann beherrschte, zeichneten sich durch die systematische Erniedrigung des Mannes aus: in der Erziehung wurde es bewußt vermieden, ihm Aufgaben anzuvertrau-

en, die zur Entwicklung seines Mutes oder zur Wiederherstellung seiner Manneswürde beitragen konnten. Er diente als Kindermädchen anstelle der Frauen, die den Staat verteidigten und sich die Brüste abschneiden ließen, um besser mit dem Bogen zu schießen. Sowenig wir uns auf die Legende überhaupt verlassen können, sind wir eher gezwungen anzunehmen, daß hier einer frühen, brutalen Machtergreifung durch die Männer eine Rebellion und Rache der Frauen gefolgt war. Diese Revolte und Sieg der Frauen über die Männer kann aber nur ganz vereinzelt stattgefunden haben, denn im frühen Altertum gab es nur zwei solcher Amazonen- oder Gorgonenstaaten. Und die Tatsache, daß die Amazonen kühne Reiterinnen waren, läßt darauf schließen, daß sie aus den Steppen Europas und Asiens kamen, von wo das Pferd ja angeblich stammen soll.«

Jedenfalls lag das Mutterrecht der frühen altägyptischen Kultur zugrunde, und man kann annehmen, daß dort die erste Zivilisation eine matriarchalische gewesen ist. Das eigentliche matriarchalische System ist auf die Zusammenarbeit und die harmonische Entwicklung beider Geschlechter gegründet. Die Frau spielt innerhalb der Gesellschaft eine etwas übergeordnete Rolle, die auf wirtschaftliche, vom Mann gutgeheißene und verteidigte Umstände zurückzuführen ist. Während der Mann sich außerhalb des Wohnortes gefährlicheren Tätigkeiten – wie der Jagd oder dem Krieg – widmet, versorgt die Frau das Haus und die Familie, ist Herrin des Hauses und sorgt für die gerechte Verteilung der Nahrung. Noch heute wird in vielen Teilen Afrikas der Mann keine Nahrung anrühren, bevor die Frau ihn nicht dazu aufgefordert hat. Und sie, nicht der Mann, kennt alle Heilkräuter und Gewürze.
Die für diese Kulturen bezeichnende Regierungsform ist der Sakralstaat, ein Königreich auf religiöser Basis, in dem die Königsfamilie göttliche Eigenschaften trägt. Die Rolle der Königinmutter, die Schwesterehe und der in vielen afrikani-

schen Kulturen verbreitete rituelle Königsmord lassen sich auf mutterherrschaftliche Ursprünge zurückführen.
Dieser Sakralstaat, diese auf religiöser Basis aufgebaute Gesellschaftsordnung entsprach aber keinesfalls dem Prinzip des »Gottesgnadentums« europäischer oder asiatischer Monarchien, denn die Macht ging nicht von der Person des Königs, sondern vom göttlichen Gesetz aus.
Ein aus verschiedenen Bevölkerungsschichten zusammengesetzter Altenrat führte die eigentliche Regierung, während der König eine eher symbolische Funktion ausübte. Der periodisch stattfindende Königsmord sorgte dafür, daß keine Einzelperson die Macht an sich reißen konnte. Das ist bezeichnend für den von CHEIKH ANTA DIOP festgestellten Gegensatz zwischen dem vom Norden kommenden fortschrittsbestrebten Individualismus und dem konservativen Kollektivismus der Afrikaner. Dieser Kollektivismus hat sich trotz der Zertrümmerung der afrikanischen Staaten durch die Kolonialmächte bis heute in den traditionellen Stammesgemeinschaften, den Dorfgemeinschaften und dem Begriff der erweiterten Familie erhalten, wo sich jeder einzelne der Gemeinschaft unterordnet und die ihm zugemessene Rolle und Arbeit übernimmt.
Ein solcher Sakralstaat war Ägypten. Diese älteste Zivilisation des Mittelmeerraumes, die unter den besonders günstigen klimatischen und geographischen Bedingungen des Nilbeckens entstanden ist, steht am Anfang aller afrikanischen Kulturen. Daß sie auch am Beginn der europäischen kulturellen Entwicklung stand, hat dazu geführt, daß immer wieder Theorien aufgestellt werden, nach denen die alten Ägypter keine eigentlichen Afrikaner, sondern Weiße waren. Aber wäre es nicht zumindest erstaunlich, daß ein weißes (d. h. aus Europa oder Vorderasien stammendes) Volk erst auf fremdem Boden seine kulturelle Überlegenheit beweisen konnte, während ihr Herkunftsland noch eine völlig unentwickelte Wildnis war? Man hat oft behauptet, daß der auf den Kunstwerken Ägyptens abgebildete Mensch keine negroiden Züge trage, da er weder Kraushaar, noch eine breite

Nase und schwulstige Lippen aufweise. Es lassen sich aber viele Zeugnisse des Altertums benennen – vor allem bei Herodot – die das Gegenteil beweisen, und beim näheren Studium der sehr verschiedenartigen schwarzen afrikanischen Rassen – besonders der Äthiopier – wird der afrikanische Charakter des Altägypters offenbar. Viel wahrscheinlicher ist es, daß dieses Volk vom oberen Nil kam und mit den Äthiopiern wenn nicht identisch, so doch immerhin nahe verwandt war. Davon zeugen auch die späteren Reiche von Napata und Meroe im äthiopisch-sudanesischen Raum, die viele verwandte Züge mit Ägypten aufweisen.

Auf dem noch heute verhältnismäßig dünn besiedelten Kontinent Afrika haben seit jeher große Völkerwanderungen und Verschiebungen stattgefunden. Das Nebeneinander von seßhaften und Nomadenvölkern, die ähnlichen Kulturformen, die oft Tausende von Kilometern voneinander entfernt sind, die bei allen Völkern dieses Erdteils einheitlichen Grundprinzipien des Gemeinschaftslebens lassen auf eine enge Verbindung zwischen den verschiedenen Rassen und Kulturen Afrikas schließen. Zitieren wir Cheikh Anta Diop:

> »Altägypten war eine Negerkultur. Die Geschichte des schwarzen Afrikas wird so lange in der Luft hängen und sich einer wahrheitsgemäßen Aufzeichnung entziehen, bis die afrikanischen Historiker es wagen, sie mit der Geschichte Ägyptens zu verbinden. Das Studium der Sprachen, Institutionen usw. kann sonst überhaupt nicht richtig durchgeführt werden; kurz, es wird unmöglich sein, eine afrikanische Philologie und eine afrikanische Kulturwissenschaft aufzubauen, wenn man die Legitimität dieser Verbindung in Zweifel zieht. Ein afrikanischer Historiker, der am ägyptischen Problem vorbeigeht, ist weder bescheiden, noch objektiv oder erhaben; er ist unwissend, feige und neurotisch. Man stelle sich z. B. einen westlichen Historiker vor, der die Geschichte Europas schreiben will, ohne sich auf das griechisch-römische Altertum zu beziehen und der den Zusammenhang mit dieser Periode als eine wissenschaftliche Hypothese abtut.«

Die Altägypter waren schwarze Afrikaner. Mit dieser Tatsache wird man sich heute abfinden müssen. Die Welt der Schwarzen steht in Wirklichkeit am Anfang der westlichen Zivilisation, und unsere Geschichte kann die Schwarzen nicht länger als unsere armen Verwandten, als zahlungsunfähige Schuldner darstellen. Die pythagoräische Mathematik, die von THALES VON MILET aufgestellte Theorie der vier Elemente, der epikuräische Materialismus, der platonische Idealismus, Judaismus, Islam und moderne Wissenschaft wurzeln alle in der ägyptischen Kosmogonie und Wissenschaft. Und Osiris, der Erlösergott, der sich opferte, starb und wiederauferstand, um die Menschheit zu retten, trägt die wesentlichen Züge Christi.

Wir müssen also von Ägypten ausgehen, wenn wir von der wesentlichen Rolle der Frau in der afrikanischen Kultur und Geschichte einen Eindruck gewinnen wollen. Die bereits erwähnte Göttin Neith, die in der Frühzeit als die Große Mutter und Welterschafferin galt und der ein fast monotheistischer Kult gewidmet wurde, mußte sich mit der aufkommenden Männerherrschaft einer Verwandlung unterziehen. Sie, die vorher das Himmelszelt gewesen war, gehorchte ihrem Vater-Sohn Nou (dem Nichts) und verwandelte sich in eine Kuh, um den Sonnengott Ra auf ihrem Rücken zu tragen. In einer anderen symbolischen Legende überträgt die Göttin Isis ihrem Bruder Osiris, den sie aus dem Totenreich befreit hat, die Herrschaft über die Ernte und beauftragt ihn, den Männern die Kunst des Ackerbaus beizubringen. Die Muttergöttin Isis, deren Mutterschaft aber schon die von der Männerherrschaft der Frau zugestandene Rolle verkörpert, ist zum Gegenstand eines feministischen Kultes geworden, der sich bis in die ersten drei Jahrhunderte des Christentums fortgesetzt hatte. Dazu mag die äußere Ähnlichkeit der Isisbilder mit den Marienbildern beigetragen haben. (Isis mit ihrem Sohn Horus und Maria mit dem Jesuskind.) Aber der Isiskult hatte andere Komponenten: er hatte zum Ziel, das Fleisch zu bändigen, um eine geistige Bewußtseinserweiterung herbeizuführen. Die damit verbundenen Praktiken wa-

ren durchaus nicht von den Ehemännern der Isisanhängerinnen geschätzt, da die Frauen sich an gewissen »Reinheitstagen« auf die Riten vorbereiteten und die Nacht auf einem keuschen Lager verbrachten. Der Isiskult wurde bis in die entferntesten Städte des großen römischen Reiches gepflegt, und die Frauen beteten die jugendliche und reizvolle Göttin und Mutter mit mystischer Verehrung an.
Es ist immerhin bemerkenswert, daß dieser ausgesprochen feminine Kult auf die Vergeistigung der Frau hinzielte, also auf ein Gebiet, das in der männlich-westlichen Kultur mit seinem typischen Dualismus vom geistigen Streben des Mannes und der Erdgebundenheit der Frau fast ausschließlich dem starken Geschlecht vorbehalten schien.
Das frühdynastische Ägypten befand sich in einem Übergangsstadium, das der Historiker WILLY DURANT als ein »vermildertes Matriarchat« bezeichnete. Zur Zeit der vierten Dynastie herrschte großer Wohlstand, die Frauen genossen hohes Ansehen, weitgehende Freiheiten und bekleideten hohe Ämter. Zu Ende der dritten Dynastie hatte die Ausbeutung der Minen begonnen, und der Handel breitete sich über das ganze Mittelmeergebiet aus. Aber vor allem war es eine Glanzzeit für die Frauen.

> »Kein Volk des Altertums oder der Neuzeit hat der Frau einen so hohen Rang eingeräumt wie die Bewohner des Niltals.«*

DIODOR VON SIZILIEN behauptet, daß es in Ägypten der Mann gewesen sei, der seiner Frau nach Heiratsvertrag Gehorsam schuldete. Auch die Erbfolge ging von der Frau aus. Die Ägypterinnen jener Zeit machten ohne jede Heuchelei von ihrer sexuellen und wirtschaftlichen Freiheit Gebrauch. Die sexuelle Initiative ging stets von der Frau aus. Gewiß, es gab nackte Tempeltänzerinnen, die Prostitution war ein heiliger Beruf, aber erst die jüdisch-christliche Weltanschauung hat daraus schmutzige, die Frau erniedrigende Dinge gemacht. Die gealterte Kurtisane genoß allgemein hohes Ansehen,

* MAX MULLER, zitiert nach W. DURANT

weil man ihr für die in der Jugend gespendeten Freuden dankbar war. An den Wänden vieler Gräber waren Szenen abgebildet, die man heute als »pornographisch« bezeichnen würde, die aber nur dazu dienen sollten, dem Toten die angenehmen Seiten des Lebens in Erinnerung zu rufen. Im gesellschaftlichen Leben genoß die Frau alle Rechte. Sie konnte unbegleitet ausgehen, sich nackt zeigen, an Festmahlen und Tänzen teilnehmen, sich ihren Gatten auswählen, einen Beruf ausüben, Geld verdienen, und außerdem übte sie bei den Begräbnis- und Fruchtbarkeitsriten sakrale Funktionen aus. Das Beispiel der 3000 Jahre vor Christus lebenden AMTEN sei erwähnt: Sie war die Tochter eines Schreibers, wurde selbst Schreiberin, Beamtin eines Ministeriums und schließlich Statthalterin einer Provinz mit dem Rang eines Generals und »Oberbefehlshabers der östlichen Tore«. Sie war weder königlicher Abstammung noch eine Favoritin und hatte ihre Karriere nur ihrer Tüchtigkeit und der den Frauen entgegengebrachten Achtung zu verdanken.
Herrschte in Ägypten zu jener Zeit kein Matriarchat, so befand es sich jedenfalls in einem kulturellen Stadium, das uns heute von seltener Fortschrittlichkeit erscheinen muß.
Unter solchen zivilisatorischen Aspekten führte die starke wirtschaftliche Entwicklung in den folgenden Dynastien zu einer Schwächung der nationalen oder staatlichen Einheit, was zur Folge hatte, daß Ägypten unter der vierzehnten Dynastie zu einer leichten Beute für die ausländischen Eindringlinge wurde. Die *Hyksos* oder Hirtenkönige, ein aus Asien kommendes semitisches Volk, das JOSEPHUS mit den Israeliten identifizierte, drangen fast kampflos in das Land ein, errichteten ihre Garnisonen, versuchten, die alte Religion abzuschaffen und das ägyptische Volk auszurotten. Sie herrschten etwa zweihundert Jahre lang über das Land, und unter ihrem Einfluß begann sich ein kultureller Verfall abzuzeichnen. Diesem kriegerischen Hirten- und Nomadenvolk waren natürlich die stark ausgeprägten mutterrechtlichen Sitten der Ägypter fremd und zuwider, und sie führten eine patriarchalisch-phallokratische Ordnung ein. Der während der sieb-

zehnten Dynastie ausgebrochene Aufstand der Ägypter und die Vertreibung der Hyksos aus dem Lande führte zu neuen Eroberungen, einer stärker ausgeprägten kriegerischen Mentalität. Mit dem Sieg über die Eindringlinge sonnte sich das neue ägyptische Reich im Ruhme militärischer Macht, und damit war die alte Zeit des friedlichen, autarken Wohlstandes und der weiblichen Gleichberechtigung endgültig vorüber. Libysche und syrische Einflüsse setzten sich durch, und die Überbewertung kriegerischer Tugenden erweckte die Lust zu neuen Eroberungen und neuer Machtentfaltung. Die glorreiche achtzehnte Dynastie mit TUTMOSIS I., II. und III. erreichte jedoch ihren Höhepunkt unter der Herrschaft einer Frau, der Königin HATSCHEPSUT.
HATSCHEPSUT war die Tochter TUTMOSIS I. und seiner Schwester AAHMES. Sie heiratete ihren Halbbruder TUTMOSIS II., der seine Thronbesteigung nur um wenige Jahre überlebte. Der eigentliche Thronfolger, TUTMOSIS III., ein Neffe HATSCHEPSUTS, war noch ein Kind, als HATSCHEPSUT die Regentschaft übernahm. Sie regierte zwanzig Jahre lang und ließ sich als Königin ausrufen. Um sich von ihrem Neffen nicht verdrängen zu lassen, heiratete sie ihn, übte aber die Macht allein aus. Sie führte keinen Krieg und widmete sich ausschließlich den Künsten des Friedens. Unter ihrer Regierung wurden zahlreiche Tempel erbaut, die alte ägyptische Religion wurde gepflegt und neubelebt, und der Handel mit fernen Ländern erlebte eine Blütezeit. Der noch heute erhaltene Tempel von Amen-Ra in Der-el-Bahri zeugt von dieser kulturellen Renaissance.
Diese bemerkenswerte Frau war sich ihrer Größe und ihrer Bedeutung voll bewußt. Sie ließ über sich selbst schreiben: »Es wurde verkündet, daß ihre Majestät über allen Dingen erhaben, daß sie über allen Dingen schön anzusehen, daß ihre Stimme die eines Gottes, daß ihr Leib der eines Gottes und ihr Geist der eines Gottes war.« Sie bezeichnete sich als die Tochter des Gottes Amon-Ra, dessen Mutter ihm »in einer Wolke von Licht und Düften« die Fleischwerdung seiner Werke durch die Geburt einer Tochter, die seinen Ruhm auf

der ganzen Erde verbreiten würde, angekündigt habe. Mit diesem Anspruch auf Göttlichkeit sicherte sie sich die Gleichberechtigung mit allen Pharaonen, die als Söhne des Horus ihre Verwandtschaft mit den Göttern legitimierten. Es blieb aber noch ein Hindernis, das sie gleichfalls mit höchster Souveränität überspielte: sie war eine Frau. So ließ sie einfach bekanntgeben, daß sie in Wirklichkeit ein Mann sei. Sie änderte ihren Namen von dem weiblichen HATSCHEPSITU in den männlichen HATSCHEPSUT, trug Männerkleidung und ließ sich in Standbildern als Mann mit flacher Brust und falschem Bart darstellen. HATSCHEPSUT hat während ihrer Regierungszeit den durch die *Hyksos* erlittenen kulturellen Schaden wiedergutgemacht, ihre Galeeren bis nach Indien und China geschickt und den weltweiten Handel mit Perlen und Gewürzen eröffnet. Als sie starb – und ihr Neffe, Ehemann und Nachfolger TUTMOSIS III. dürfte an ihrem Tod nicht unbeteiligt gewesen sein – wurden alle Spuren ihres Wirkens auf königlichen Befehl beseitigt, ihre Standbilder vergraben oder zerstört und ihr Name in keiner der Geschichtstafeln erwähnt. Erst im Jahre 1906 entdeckte der amerikanische Archäologe THEODOR DAVIS ihr Grab und überraschte die Welt mit der Geschichte dieser großen schwarzen Königin. Denn HATSCHEPSUT war schwarz. Ihre Großmutter NOFRETETE-AHMES war Äthiopierin und ist als eine schwarze Frau abgebildet, außerdem stammte die Königin aus Südägypten, dessen Bevölkerung schon damals stark mit den benachbarten dunkelhäutigen Sudanesen vermischt war.
HATSCHEPSUT war gewiß die größte, aber nicht die einzige regierende Herrscherin Ägyptens. Im Osiristempel von Karnak befindet sich eine lebensgroße Alabasterstatue der Priesterin und Prinzessin AMENARDIS, die zwar keine Pharaonin, aber Herrscherin von Theben war. Sie ließ die Erbfolge von ihrer Tochter SCHEPENAPT III. ausgehen, deren Tochter NITOKRIS alle ihre Minister im Nil ertränken ließ.
Bei dieser von Mutter auf Tochter übertragenen Thronfolge handelte es sich um einen Versuch, den Lauf der Sonne, d. h. die Ausübung der göttlichen Herrscherfunktion, von

den Priesterinnen bestimmen zu lassen. Das kühne Täuschungsmanöver der HATSCHEPSUT war bereits ein schwerer Verstoß gegen das männlich-sonnengöttliche Anrecht auf den Thron – besonders zu einer Zeit, als die politischen und wirtschaftlichen Entwicklungsformen die Freiheiten und Rechte der ägyptischen Frau ohnehin einschneidend beschränkten. Unter TUTMOSIS III. hatte sich Ägypten zu einer Weltmacht entwickelt. Das Reich erstreckte sich über Äthiopien und Nubien bis ins asiatische Syrien und die europäischen griechischen Inseln. Der Kontakt mit den kriegerischen arabischen, semitischen und europäischen Völkern hatte militärisches Können und Eroberungsgeist erweckt, was andererseits wieder zu kulturellen und religiösen Zerfallserscheinungen führte. Um uns einer heute verbreiteten Terminologie zu bedienen, waren damals die Falken an der Macht. Nur einmal wurde dieser Expansionsdrang unterbrochen, als die Geschicke des Staates von einem Mann gelenkt wurden, der ausschließlich religiös-reformatorische und kulturelle Ziele verfolgte. König AMENOPHIS IV., besser bekannt als ECHNATON und Gatte der durch ihre Schönheit berühmten NOFRETETE, ist eine jener seltenen geschichtlichen Persönlichkeiten, die ihrer Zeit weit voraus waren. Es ist hier nicht der Ort, auf sein Werk und seine Bemühungen, eine monotheistische Religion zu schaffen, einzugehen. Es sei jedoch erwähnt, daß er die bildenden Künste zu einer bis dahin unerreichten Blüte brachte, indem er mit seiner Gattin und einer unbewaffneten Garde durchs Land streifte und sich aus den entlegensten Dörfern unter Bauern und Handwerkern die begabtesten Künstler aussuchte, sie an seinem Hof schulen ließ und sie mit dem Bau von Tempeln und der Anfertigung von Kunstwerken beauftragte. Obgleich seine Gattin und Halbschwester NOFRETETE ihm sieben Töchter, aber keinen männlichen Thronfolger gebar, nahm er keine zweite Frau. Seine Mutter, die schwarze Königin TIYI, und Nofretete waren seine ständigen Begleiterinnen und genossen ein für jene Zeit außergewöhnliches Ansehen. Seine humanitären Reformbestrebungen gingen so weit, daß er die Strafe der Auspeitschung abschaffen ließ, und auf den zahlreichen erhaltenen Abbildungen seiner Regierungszeit findet man auch keine in Ketten gelegte Sklaven. Der Monotheismus ECHNATONS hat nichts mehr mit dem mutterherrschaftlichen Monotheismus der vordynastischen Zeit gemein, denn der alleinige Gott ist Aton, der Sonnengott, und nicht Neith, die Große Mutter. Immerhin betrachtete er die Frau bei dem Befruchtungsprozeß als dem Mann ebenbürtig, wenn er in einer seiner Hymnen an Aton sagt:

> »Erschaffer des Keims bei der Frau
> Erschaffer des Samens beim Manne.«

Etwa 1250 Jahre später, als der Stern Ägyptens als Großmacht schon lange untergegangen war, wurden die immer mächtiger werdenden Römer auf dieses fruchtbare und an Bodenschätzen reiche Land aufmerksam und begannen, es in ihre Eroberungspläne einzuschließen. Und es war eine ägyptische Frau, die den verzweifelten Versuch wagte, ihrem Lande die Unabhängigkeit zu bewahren. Die Geschichte der Königin KLEOPATRA, der letzten Herrscherin der ptolemäischen Dynastie, ist durch die Literatur hinlänglich bekannt. Sie lebte bereits in einer Welt, in der die Frauen das schwache Geschlecht waren, und ihr Beispiel ist daher für die in anderen Teilen Afrikas verbreiteten und überlebenden mutterrechtlichen Tendenzen untypisch. Wir haben es hier mit einem Frauentyp zu tun, den wir im Laufe der europäischen Geschichte auf den Thronen Englands, Rußlands, Österreichs und Schwedens antreffen. Bemerkenswert ist jedoch der Mut und die Energie dieser jungen Königin, die im Alter von fünfzehn Jahren zusammen mit ihrem Bruder PTOLEMÄUS den Thron bestieg. Ihr von Leidenschaften und politischen Intrigen durchwobenes Leben war willkommene Würze für die sonst nur auf Eroberungs- und Schlachtenkataloge beschränkte Geschichtsschreibung, und sie war die eigentliche Mutter der politischen Skandalgeschichte, in der Sex aus politischem Ehrgeiz und Politik aus sexuellem Anreiz betrieben werden. Sie verstand es meisterhaft, ihre Schönheit und Intelligenz, ihren Charme und ihre geschickten Verführungskünste in den Dienst politischen Strebens zu stellen. Daß sie letztendlich bei diesem Spiel verlieren mußte, macht sie nicht weniger sympathisch. DION CASSIUS schrieb von ihr:

> »Sie war herrlich anzuschauen und war fähig, die härtesten, dem Einfluß der Liebe am meisten verschlossenen und durch Alter in Kälte erstarrten Herzen zu erobern. Ihre Rede war so anmutig, daß sie all ihre Zuhörer im Sturm gewann.«

Berichten zufolge beherrschte sie fließend die ägyptische, griechische, lateinische, äthiopische, hebräische, arabische, syrische Sprache und zahlreiche afrikanische Dialekte. Sie sei hier genannt, weil ihre außerordentliche, betont weibliche und doch in der männlichen Intelligenz ihrer Zeit geschulte Persönlichkeit das Bild der Frau in der Geschichte Altägyptens abrundet.

Ebenso untypisch ist die Geschichte MAKEDAS, der Königin von Saba, die uns aus dem Hohe Lied Salomons aus der Bibel bekannt ist. Wir kennen sie ja auch nur aus der alttestamentarischen Aufzeichnung und jenem herrlichen hebräischen Liebesgedicht, und wir wissen, daß die äthiopische Geschichtsschreibung die Abstammung ihres Königshauses von MENELIK, dem angeblichen Sohn MAKEDAS und SALOMONS, herleitet. Andere Geschichtsforscher behaupten, das Königreich von Saba habe sich in Südarabien – also jenseits des Meeres und auf dem asiatischen Kontinent – befunden. Dagegen spricht wieder die schwarze Hautfarbe der Königin.

> »Ich bin schwarz, aber gar lieblich, ihr Töchter Jerusalems, wie die Hütten Kedars, wie die Teppiche Salomos. Sehet mich nicht an, daß ich so schwarz bin, denn die Sonne hat mich so verbrannt.« (Hohes Lied Salomons)

Jedenfalls ist diese schöne und für das frühe Judentum von seltener diesseitiger Sinnlichkeit zeugende Liebesgeschichte eigentlich die Geschichte einer Bekehrung, und vielleicht hat sie deshalb ihren Platz in der Heiligen Schrift gefunden. Eine gewiß nicht alltägliche Bekehrung, bei der sinnliche Freuden,

Prachtentfaltung, Poesie und religiöse Weisheit in seltener Harmonie zueinander gefunden haben, aber sie ist ein Teil der jüdischen Hagiographie, die zum Ruhme SALOMONS und des Tempels von Jerusalem entstanden ist. Ein Duplikat der Gesetzestafeln und eine Krone aus Gold und Edelsteinen, die Salomon der Königin geschenkt haben soll, befinden sich in der Kirche von Axum in Äthiopien. Die Griechen nannten MAKEDA »die schwarze Minerva« und »die äthiopische Diana«, aber das sind Überlieferungen, aus denen nur hervorgeht, daß die Königin von Saba eine außerordentlich schöne und intelligente Frau gewesen ist. Über den kulturellen Hintergrund, über die soziale Ordnung in jenem sagenhaft reichen Land wissen wir nichts. Interessant ist jedoch die Tatsache, daß die junge Königin sich in großer Freiheit aus ihrem Land begeben konnte und daß sie als Herrscherin an einen Keuschheitseid gebunden war, den sie nur durch eine List Salomons brechen konnte. Man ist also zum großen Teil auf Mutmaßungen angewiesen. So kann z. B. angenommen werden, daß Saba ein auf mutterrechtlicher Vergangenheit fußender Sakralstaat gewesen ist, der sich erst durch die Bekehrung der Königin zum Judaismus in einen monotheistischen Staat hebräischer Prägung umwandelte.
Als die Araber im Jahre 682 vom Nordosten in das schwarze Afrika vordrangen, stießen sie bei den damaligen Mauretaniern (das alte Mauretanien umfaßte den ganzen nordwestlichen Teil Afrikas) auf heftigen Widerstand. Sie hatten das Land bereits besetzt und den König ermordet, als die Königin DAHIA-AL-KAHINA sich an die Spitze ihrer Truppen stellte und die Eindringlinge bis nach Tripolitanien zurückschlug. Es folgte ein langer Krieg, in dem es ihr gelang, die Araber aus Karthago zu vertreiben. Später aber verschlechterte sich ihre Lage zusehends, und sie lieferte dem Feind ein verzweifeltes Rückzugsgefecht. Als eine der ersten wandte sie die Taktik der »verbrannten Erde« an, denn sie ließ alle fruchtbaren Ländereien auf ihrem Rückzug verwüsten, um den Arabern den Vormarsch zu erschweren. Königin KAHINA war hebräischen Glaubens und setzte sich sowohl dem Islam als auch

dem Christentum entgegen. Sie war eine symbolische Figur im Kampfe der Afrikaner für Unabhängigkeit.

Wenn wir vom Äthiopien des Altertums sprechen, so dürfen wir uns natürlich nicht auf die moderne Terminologie beziehen, die mit dem Namen Äthiopien allein die ostafrikanische Hochebene um Addis Abeba meint. Es handelt sich vielmehr um den sudanesischen Kulturbereich von Sennar, und die Könige, die um 750 v. Chr. die libyschen Eindringlinge vom Thron Ägyptens verjagten, waren in Wirklichkeit sudanesische Herrscher. SCHABAKA, der 712 v. Chr. den ägyptischen Thron bestieg, nachdem er den Usurpator BOCCHARIS stürzte, wurde vom Volk Ägyptens als der Wiedererwecker der von den Ahnen überlieferten Tradition gepriesen und als der engverwandte Befreier begrüßt. Das damalige Äthiopien und das innere Afrika wurde von den Ägyptern stets als das heilige Land betrachtet, aus dem ihre Vorfahren stammten. Nur aus dieser Voraussetzung – die durchaus keine bloße Hypothese ist – läßt sich die Kontinuität der afrikanischen Geschichte und die Lösung des Geheimnisses der über den ganzen riesigen afrikanischen Erdteil verstreuten alten Zivilisationen herleiten. So finden wir viele Kulturgebiete, die mit dem alten Nubien, dessen Königreich bis zur britischen Besetzung andauerte, gemeinsame Züge aufweisen. Kurz nach dem Ende des ägyptisch-nubischen Altertums entstand etwa im dritten Jahrhundert v. Chr. das sich von der Mündung des Niger bis zum Senegal erstreckende Königreich Ghana. Die ersten nubischen Dynastien wurden von denen der Ägypter fortgesetzt, bis im fünften Jahrhundert v. Chr. die arabischen und indoeuropäischen Völker eindrangen. Bis zum sechsten Jahrhundert n. Chr. blieb Nubien die alleinige Quelle der Kultur und Zivilisation. Dann übernahm diese Funktion Ghana, das bis 1240, als seine Hauptstadt von SUNDIATA KEITA zerstört wurde, der Mittelpunkt war. Ihm folgte das Mandingoreich mit der Hauptstadt Mali am oberen Niger, dann Gao, das Yatenga oder Mossireich, die Königtümer von Djoloff und Cayor im heutigen Senegal, die unter NAPO-

LEON III. von FAIDHERBE zerstört wurden. Die Ausstrahlung der nubischen Kultur bis zum Golf von Benin, dem Kongo und Mosambik ist offenbar.
Das äthiopische Reich von Napata wurde um 1000 v. Chr. gegründet. Seine Hauptstadt lag beim heutigen Kareima im Sudan. Das benachbarte Meroe übernahm um 300 v. Chr. die Herrschaft, bis es 22 v. Chr. von den Römern besiegt und zerstört wurde.
Auch diese Reiche waren Sakralstaaten mit Priesterkönigtum und rituellem Königsmord. Die ägyptische Religion und ein Phalluskult waren vorherrschend, und bei der Königswahl wurden die Schwestersöhne des verstorbenen Königs bevorzugt. Die Königinmutter nahm eine hohe Stelle ein. Sie mußte nicht unbedingt die wirkliche Mutter oder Ehefrau des Königs sein, denn die Bezeichnung »Königinmutter« war eher symbolisch. Oft regierten König und Königinmutter – manchmal auch mit der Gattin oder der Schwester des Königs – gemeinsam. In Meroe wurde die Königinmutter KANDAKE genannt, und der römische Geschichtsschreiber STRABO berichtet von einer Königin KANDAKE, die an der Spitze ihrer Truppen den römischen Heeren des Caesar AUGUSTUS verzweifelten Widerstand entgegensetzte. In einer der heftigen Schlachten verlor sie ein Auge, was ihren Löwenmut nur verstärkte. Sie kämpfte mit soviel Tapferkeit und Todesverachtung, daß selbst der chauvinistische STRABO ihr Verehrung zollen mußte. Er schrieb: ». . . diese Königin hatte einen Mut, der ihr Geschlecht überragte.« Wir wissen heute, daß die Frauen nicht nur in Meroe zu den Waffen griffen, um die Unabhängigkeit ihres Landes zu verteidigen. Im vierten Jahrhundert wurde Meroe von den Abessiniern erobert, und im zehnten Jahrhundert, als das äthiopische Reich von Axum zu zerfallen begann, war es noch einmal eine kriegerische Herrscherin, die Königin JUDITH, die mit Gewalt die Macht an sich riß. Sie erhob sich mit ihren Truppen gegen die Könige von Axum, zerstörte die Stadt, ließ die Obelisken stürzen und die auf dem Berge von Debra Damo gefangengehaltenen Prinzen ermorden, um allein herrschen zu können.

DIODORUS VON SIZILIEN berichtet, daß die Statue Amons, des Königs von Theben, jedes Jahr für einige Tage in die Richtung Nubiens getragen und dann zurückgebracht wurde. Mit diesem Ritus sollte ausgedrückt werden, daß der Gott aus Nubien kam. Er behauptet auch, daß die ägyptische Zivilisation aus Nubien stamme, dessen Zentrum in Meroe lag. In der 1820 entdeckten Stadt Meroe wurden 80 Pyramiden und zahlreiche den Göttern Amon und Ra geweihte Tempel gefunden.
Die Ruinen von Simbabwe in Südrhodesien mit ihren hohen Steinbauten, ihren Königsgräbern und zahlreichen gut erhaltenen Felsbildern zeugen von jenem sagenhaften und kulturell hochentwickelten Monomotopareich, das die Portugiesen erst zur Zeit seines Verfalls entdeckten und in Besitz nahmen. Lange hielt man in Europa dieses Reich für eine Legende und schenkte den Berichten der ersten portugiesischen Reisenden kaum Glauben. Erst im 20. Jahrhundert ist es der Forschung gelungen, aus archäologischen Funden und alten im Volk erhaltenen Überlieferungen die Verbindung zwischen diesem Reich und den anderen altafrikanischen Kulturzentren herzustellen. Auch hier hatte die Frau am Königshofe eine hohe Position inne. Die Königinmutter, wurde als »Mutter aller Könige« verehrt und übte große Macht aus. Sie hatte ihren eigenen Hofstaat, und ihre Stimme war im Rat des Königs von großer Bedeutung. Wie im alten Ägypten hatte der König meist die eigene Schwester zur Frau. So finden sich wieder alle Elemente des mutterrechtlich begründeten kosmischen Sakralstaates, denn die irdische Ordnung wickelte sich nach dem kosmischen Gesetz ab. Die Sitte des rituellen Königsmordes hatte sich bis in das 19. Jahrhundert erhalten. Der aus den Edelsten des Landes erwählte König wurde nach einer Regierungszeit von vier bis fünf Jahren meist von seiner Frau mit einem heiligen Tuch erdrosselt.*

* Bei folgenden Völkern ist das Ritual des Königsmordes bis heute erhalten: *Yoruba, Dagomba, Schamba, Igara, Songhai, Hausa, Katsena, Danra* und *Schilluk*. Es existierte in *Meroe, Nubien, Uganda* und *Ruanda*.

3 »Sicheltanz« der Frauen (Nordkamerun)

4 *Stillende Mutter*

Die kosmische Beziehung ist in den Phasen des Mondes zu finden, wobei der König der Mondgottheit gleichgesetzt wurde. Wie der Neumond den Weltbeginn darstellt, so ist sein Untergang der Tod. Diese Angleichung König – Mond war über den gesamten afrikanischen Kontinent verbreitet. FROBENIUS schreibt darüber:

»Derart betrachtet stellt sich das eigenartige Symbol des rituellen Königsopfers als Einzelteil, und zwar als irdisches Spiegelbild einer einheitlichen Weltanschauung eines großen Kulturkreises der Vergangenheit dar . . . Der Mondgott als Stier, seine Gattin der Venusstern; allenthalben ist diese Göttin als Morgenstern Herrin des Krieges, als Abendstern Buhlerin und außerdem Allmutter. Das Drama des astralen Himmels ist Vorbild und Schicksal allen Lebens und als solches auf die Erde projiziert, hat es zur Entstehung der ältesten Staatsform, nämlich eines sakralen priesterlich-kosmischen Gebildes Veranlassung gegeben.«

FROBENIUS leitet von dieser Feststellung und ähnlichen Glauben und Riten der sumerischen und dravidischen Götter- und Lebenslehre eine Verwandtschaft mit diesen Kulturkreisen ab. Das ist eine Frage, auf die hier nicht näher eingegangen werden kann, denn sie würde den Rahmen unseres Themas sprengen. Bleiben wir also bei den Frauen des Monomotopareiches. Zahlreiche Darstellungen des Geschlechtsaktes in allen Varianten spiegeln eine erotisch-ekstatische Lebensauffassung wider, die sich auch in den Sitten des Landes niedergeschlagen hat. Die Frauen königlichen Geblüts genossen volle Liebesfreiheit, und kein Mann durfte sich ihren Wünschen versagen. Alten Berichten zufolge gab es im Heer berühmte Frauenlegionen, deren Kämpferinnen besondere Vorrechte besaßen.

Ähnliche Verhältnisse herrschten im Lundareich im oberen Kassaigebiet, im Loangoreich an der Kongomündung und in vielen anderen Staaten im Zwischenseengebiet in Mittel-, Südost-, Südwest- und Westafrika.

Während bei den *Buschmännern* und den *Pygmäen* zwischen

Männern und Frauen ein Gleichrecht herrschte, lebte das Hirtenvolk der *Hottentotten* – vielleicht weil die Rinderzucht dem Mann oblag – in einer patriarchalischen Ordnung. Nur einmal herrschte dort eine Frau, die Königin GAMES, deren Name aber in den ältesten Überlieferungen stets in der männlichen Form GAMBEB genannt wurde. Eine Parallele zu HATSCHEPSUT?

Der Einfluß des Monomotopareiches erstreckte sich bis nach Madagaskar, wo die verhältnismäßig große Freiheit der Frauen, mutterrechtliche Erbfolge und Besessenheitskulte in Verbindung mit den Königsahnen von gynäkratischen Einflüssen zeugen. Dort hat es auch eine Reihe bedeutender Königinnen gegeben, wie RANAVALONA I., RASOHERINA, RANAVALONA II. und RANAVALONA III.

Mit dem fünfzehnten Jahrhundert begann der Sklavenhandel in Afrika und damit der Zerfall der einst hochentwickelten afrikanischen Staaten. Die Afrikaner waren gegen die neuen Angreifer, gegen ihre Schußwaffen und Korruptionspolitik nicht gewappnet. Gewiß hat es auch vorher in Afrika Kriege und Zerstörungen gegeben, aber hier hatten sie es plötzlich mit einer neuen Angriffsmentalität zu tun, die systematisch auf Ausbeutung und Zerstörung aller einheimischen Kulturwerte hinzielte und die bis zur Mitte des zwanzigsten Jahrhunderts das Gesicht Afrikas veränderte.

Eine der wagemutigsten und verbissensten Kämpferinnen gegen die neuen Kolonialmächte war die Königin JINGA oder NZINGA von Matamba, dem heutigen Angola.

Sie wurde 1583 als Schwester des regierenden Königs NGOLI BONDI geboren und stammte aus dem kriegerischen Volk der *Jaga*. Zu jener Zeit hatten sich die Portugiesen bereits im Lande niedergelassen, und ein portugiesischer Vizekönig residierte in seinem Palast in Luanda. Mit ihm führte JINGA als junge Prinzessin politische Verhandlungen, bei denen sie sich als außerordentlich geschickte Gesprächspartnerin erwies. Sie hatte die Pläne der Portugiesen bald durchschaut und war zu der Erkenntnis gelangt, daß man sich auf ihre Zugeständnisse nicht verlassen konnte. Sie bekehrte sich zum Christentum – wahrscheinlich aus rein politischen Erwägungen- und ließ die Missionare im Lande gewähren. Um die anderen Eindringlinge zu verjagen, brauchte sie Hilfe. So verbündete sie sich mit den ebenfalls Sklavenhandel treibenden Holländern, die sie gegen die Portugiesen auszuspielen versuchte. Sie erhielt militärische Unterstützung und begann einen langwierigen Krieg gegen die Portugiesen. Sie erwies sich als eine ebenso mutige Kriegerin wie listenreiche Politikerin. An der Spitze ihres Heeres, in dem neben den geliehenen holländischen Streitkräften auch ein wildes und sehr gefürchtetes Amazonenkorps kämpfte, lieferte sie mit wechselndem Glück zahlreiche Schlachten. Der zeitgenössische englische Afrikareisende JOHN OGILBY schrieb über sie:

> »Sie ist ein verschlagenes und kluges Mannweib und so der Waffenkunst ergeben, daß sie sich kaum mit etwas anderem beschäftigt, und überdies ist sie von so großmütigem Heldentum, daß sie nie einem Portugiesen etwas zuleide tut, nachdem Pardon gegeben ist, und daß sie ihren Sklaven und Soldaten strikte befiehlt, genauso zu handeln.«

Ihren afrikanischen Landsleuten, die den Portugiesen bei der Ergreifung von Sklaven behilflich waren, versprach sie Gnade und hohe Belohnung, wenn sie sich ihr im Kampfe gegen den ausländischen Eindringling anschlössen, und zeitweise hatte ihr patriotischer Propagandafeldzug großen Erfolg. Im Jahre 1659 schloß sie als sechsundsiebzigjährige Königin mit den Portugiesen, die sie ihr ganzes Leben lang bekämpft hatte, einen Friedensvertrag. Die Übermacht der Feinde war zu groß, und es gab für sie keinen anderen Ausweg mehr. Hatte sie sich ihren Thron noch erhalten können, so fiel nach ihrem Tode am 17. Dezember 1663 das ganze Reich endgültig in die Hände der Portugiesen. Noch Jahrhunderte später galt JINGA den afrikanischen Völkern als Symbol für ihren Kampf um Freiheit und Unabhängigkeit.
In der ersten Hälfte des fünfzehnten Jahrhunderts herrschte Königin AMINA im Reiche der *Songhais* am mittleren Niger. Auch sie war eine berühmte Kriegerin, und ihre Eroberun-

gen dehnten das Reich bis nach Nupe (im heutigen Nigeria) aus. Sie gründete Städte, empfing Tribute von den mächtigsten Stammesfürsten und führte den Anbau der Kolanuß in diesem Teil Afrikas ein.
Am Niger und Tschad und im Gebiet der *Hausa* findet man Frauen als Städtegründer, Führer von Völkerwanderungen und Eroberungen. In einem südlich von Zaïre gelegenen Staat wird eine Kriegerin namens BAZAO-TURUNKU erwähnt, die sich mit ihrem Heer niederließ und eine große Stadt baute, deren Ruinen noch heute erhalten sind. Im nördlichen Kamerun ist überliefert, daß es meist eine Frau war, die den Ort einer zu erbauenden Stadt bestimmte, die mit den Attributen der Macht ausgestattet wurde und den Bezirk regierte. Bei den *Aschanti* in Westafrika erzählt die Legende von Frauen als Staatsgründerinnen. Das dort herrschende Mutterrecht mag sich aus dieser Tatsache erklären. In den alten Überlieferungen und Legenden von Staatsgründungen kehrt ein Thema in leicht abgewandelter Form immer wieder: Die Königin oder die Tochter eines Häuptlings heiratet einen Fremden, dem sie die ihr anvertraute Macht überträgt. So berufen sich viele patriarchalische Stämme auf eine Genealogie, die bis zur Stammutter reicht.

Eine Variante der Mutterherrschaft ist die gemeinsam von König, Königin und Königinmutter ausgeübte Staatsgewalt. Im sechzehnten, siebzehnten und achtzehnten Jahrhundert berichten zahlreiche Reisende mit großer Verwunderung von den Vorrechten und Freiheiten afrikanischer Prinzessinnen – die übrigens auch heute noch vielerorts anzutreffen sind. Überall in Afrika gab und gibt es solche gemeinsamen Regierungsformen.
Ein völliges »Gleichrecht der Geschlechter« herrscht bei den sogenannten primitiven Völkern, d. h. bei denen, die in einem vor- oder frühagrarischen Stadium leben. Dort jagt der Mann, und die Frau sammelt. Beide tragen in gleicher Weise zum Lebensunterhalt bei, und von ihren Kindern erben die Knaben die Jagdausrüstung des Vaters und die Mädchen den

Hausrat und die Sammelinstrumente der Mutter. Bei einigen Völkern hat sich dieses gleichrechtliche System auch mit der Entwicklung von Viehzucht und Ackerbau erhalten. So findet man z. B. bei den *Herero* im ehemalig deutschen Südwestafrika Dörfer, in denen die Männer im südlichen und die Frauen im nördlichen Dorfteil wohnen und ihre eigenen Gemeinschaften bilden. Ein solches System und sein Überleben bis in die Neuzeit setzt eben jenen ausgedehnten Sippengeist voraus, der für die afrikanischen Kulturen typisch ist: eine Gemeinschaft, in der jeder einzelne die ihm zugewiesene Rolle ausfüllt.

Einen Ausnahmefall bildet das im nordöstlichen Transvaal gelegene Königreich der *Lovedu*, in dem seit 150 Jahren die Macht fast ausschließlich von Frauen ausgeübt wird. Der damals regierende König MUGODO, dessen Vorfahren die Traditionen des Monomotopareiches übernommen hatten, ließ seine Tochter MUJAJI I. den Thron besteigen, nachdem sie sich bereit erklärt hatte, mit ihm ein inzestuöses Verhältnis einzugehen. Ihr folgte ihre Tochter MUJAJI II., die 1894 starb und den Thron MUJAJI III., der Tochter ihrer Schwester und »Hauptehefrau« überließ. Dieses etwa 40000 Einwohner zählende Königreich, in dem Ackerbau betrieben wird, lebt aber sonst nach vaterrechtlicher Ordnung, wenn auch den Frauen verhältnismäßig viele Rechte gewährt werden. Das hohe Ansehen der Königin beruht vor allem auf den ihr zugeschriebenen übernatürlichen Kräften, denn sie allein hat die Macht, den »Regen zu machen« und dafür zu sorgen, daß er nur auf ihr Land und nicht auf das ihrer Feinde fällt. Entspricht sie nicht diesen Erwartungen, so läuft sie Gefahr, kurzerhand abgesetzt zu werden, denn der ganze Wohlstand des Landes hängt von ihrer Gabe ab. Auf Grund ihrer heiligen Pflichten und des Glaubens an ihre übernatürliche Gabe untersteht die Königin sehr strengen Vorschriften und Tabus, die bis zum obligatorischen rituellen Selbstmord reichen, den sie am Ende des vierten Jahrzehnts ihrer Herrschaft begehen muß. Auch ist sie verpflichtet, einen Harem zu halten, und die Häuptlinge der Umgebung senden ihr ihre

Töchter oder Schwestern als »Frauen«. Sie darf keinen Mann heiraten, und die Väter ihrer Kinder sind meist Stammesverwandte. Die Kinder ihrer »Frauen« gelten als ihre Kinder und können sogar Thronanwärter werden. Sie hat aber auch das Recht, ihre »Frauen« mit anderen Männern zu verheiraten, die sie selbst auswählt. Auf diese Weise kann sie politischen Einfluß ausüben und manchen Familienzwist beseitigen. Sie ist stets bemüht, dem Frieden, der Versöhnung und der Harmonie zu dienen. In ihren Regierungsgeschäften wird sie von einem Komitee der »Mütter des Königreiches« unterstützt, und ihre Autorität braucht keinerlei militärischen Schutz, da sie ja allein auf ihrer göttlichen Natur beruht.

Der Ruhm MUJAJIS hatte sich bald über die Landesgrenzen verbreitet, was zur Folge hatte, daß mehrere Nachbarstämme sich ebenfalls ihre Königinnen wählten.

In Ruanda regierten der König und seine Mutter gemeinsam, und beide hatten gleiche Vorrechte und Machtbefugnis. Ähnliche Verhältnisse herrschten in Swasiland, wo der König und seine Mutter in getrennten Dörfern ihren Hofstaat und ihre Beamten hatten. Dort basierte das Regierungssystem allerdings auf einer Art Machtteilung. Gewisse Aufgaben, wie die Einstufung der Altersklassen, die Verteilung von Bodenbesitz und die Leitung religiöser Riten wurden gemeinsam übernommen, aber getrennt in einer Weise durchgeführt, daß stets ein Ausgleich zwischen den beiden Instanzen möglich war. So hatte z. B. der König allein das Recht, ein Todesurteil auszusprechen, aber der Verurteilte konnte sich an die Ratgeber der Königinmutter wenden und in ihrer Hütte Asyl suchen. Die Militärgewalt war dem König vorbehalten, aber der Oberbefehlshaber unterstand der Königinmutter. Sie wurde als der Elefant, die Erde, die Schöne und die Mutter des Landes verehrt, er war der Löwe, die Sonne und das große wilde Tier.

In den Königreichen Westafrikas wird die Thronfolge vom Mutterrecht bestimmt. Die *Aschanti* hatten neben dem König (Ohene) einen »weiblichen Gegenpart« (die Ohemaa). Sie war das älteste weibliche Familienmitglied der Königssippe und meistens die Mutter oder Schwester des regierenden Königs. Ihr persönlicher Machtbereich erstreckte sich auf alle weiblichen Angelegenheiten, wie Heiraten, Geburten, Kindererziehung, Streitfragen bei Ehebruch oder Scheidung, vor allem aber leitete sie die Initiationsriten für die jungen Mädchen und die Frauenzeremonien am Ende einer Trokkenzeit. Sie wachte über die Einhaltung der alten Traditionen und wurde bei der Wahl eines neuen Königs zu Rate gezogen. Sie war die einzige Person, die ihr ganzes Leben lang den König beraten, führen und sogar in der Öffentlichkeit kritisieren durfte. Weilte der König in Kriegszeiten außer Landes, so vertrat sie ihn. Sie wurde als der Mond und der König als die Sonne verehrt. Natürlich haben sich diese archaischen Staatsformen vor allem deshalb so lange erhalten können, weil es sich um verhältnismäßig kleine Stammeskulturen handelte, die den Kolonialmächten keinen großen Widerstand entgegenzusetzen vermochten. Daß es nicht immer so war, geht aus der Geschichte des *Aschanti*aufstandes gegen die Engländer um 1900 hervor. Die britischen Kolonialherren hatten das Gebiet der Goldküste (das heutige Ghana) in Besitz genommen und wollten nun in das Innere des Landes vordringen. Sie sandten 1896 den *Aschanti*könig PREMPEH in Verbannung und setzten einen Gouverneur in der Hauptstadt Kumasi ein. Dieser forderte von den *Aschanti* die Übergabe des »Goldenen Stuhls«, der als Wahrzeichen der Souveränität und Unabhängigkeit dieses Volkes galt. Scheinbar hatte der britische Beamte die Bedeutung seines Ansinnens nicht voll erfaßt, denn die durch die Verbannung ihres Königs ohnehin aufgebrachten *Aschanti* empfanden die britische Forderung als eine schwere Beleidigung, da der »Goldene Stuhl« nach der Überlieferung die Seele des Volkes verkörperte. Angesichts dieser Schmach rüsteten die *Aschanti* sich zum Kriege, und die treibende Kraft der Widerstandsbewegung war YAA ASANTEWA, die Königinmutter. Der folgende Krieg ist auch unter dem Namen »Yaa Asantewa Krieg« in die Geschichte eingegangen. Als bei einer Zusam-

menkunft der Stammeshäuptlinge einige Bedenken laut wurden, als einige der Männer ihre Furcht vor einem solchen Unternehmen äußerten, entgegnete YAA ASANTEWA: »Wenn ihr Männer von Aschanti euch nicht erheben wollt, dann werden wir es tun. Wir Frauen. Ich werde alle Frauen des Landes aufrufen. Wir werden den weißen Mann bekämpfen, und wir werden kämpfen, bis die letzte von uns auf dem Schlachtfeld gefallen ist.« Nach dieser Rede leisteten die Häuptlinge der Königin den Treueeid, und der Krieg gegen die Weißen war beschlossen. YAA ASANTEWA kämpfte an der Spitze ihrer Truppen, aber nach langwierigen und zähen Kämpfen wurden sie und ihr Heer gefangengenommen und deportiert. Die Engländer besetzten das ghanaische Hinterland. Wieder war es eine afrikanische Frau, die mit dem Mut der Verzweiflung in einem letzten Versuch zur Wiedererlangung von Freiheit und Unabhängigkeit zu den Waffen griff. Als die Deutschen um die Jahrhundertwende von Südwestafrika Besitz ergriffen, stießen sie bei den *Hereros* auf starken Widerstand, bei dem die Frauen eine sehr aktive Rolle spielten. Die *Herero*frauen kämpften tapfer und verbissen gegen die Soldaten des deutschen Kaisers, die ihnen an Waffenmacht weit überlegen waren.
Mitte des neunzehnten Jahrhunderts schuf der König von Dahomey ein Amazonenkorps. Diese Kriegerinnen galten offiziell als Frauen des Königs, waren aber unter Drohung von schweren Strafen verpflichtet, während ihrer Wehrdienstzeit Jungfrauen zu bleiben. Alle drei Jahre wurden die kräftigsten und für das Kriegshandwerk geeignetsten Mädchen im ganzen Lande ausgehoben und dem Amazonenkorps zugeteilt. Es war zwar eine Ehre, in diese Truppe aufgenommen zu werden, aber die dazu in Frage kommenden Mädchen besaßen meist nicht die von den Bewohnern des Landes geschätzten »typisch weiblichen« Eigenschaften.
In der Nachkriegszeit haben die Frauen an den Freiheitskämpfen in Mosambik und Angola sehr aktiv teilgenommen. In den verschiedenen Widerstandsbewegungen spielten die Frauen eine wichtige Rolle, denn sie waren ja von der Aus-

beutung der Arbeitskräfte, der obligatorischen Feldarbeit, dem Elend in den Städten mit der rapide ansteigenden Prostitution und der Misere des Lumpenproletariats wesentlich betroffen. Auch in Südafrika, dem Land der Apartheid, nimmt die Frau aktiv am Kampf um Freiheit und Menschenwürde teil. Hier sei vor allem der zahllosen mutigen Frauen gedacht, deren Männer deportiert wurden oder sich irgendwo versteckt halten müssen und die allein mit oft menschenunwürdiger harter Arbeit für den Unterhalt ihrer Familie sorgen müssen.

Die aus dem Biafrakrieg bekannten *Ibo* sind ein Volk, in dem die Frauen seit jeher große Freiheiten und Vorrechte genießen. Es ist nicht verwunderlich, daß die viktorianisch-puritanisch eingestellte britische Kolonialmacht in Nigeria wenig Verständnis für derartige Verhältnisse aufbrachte. Waren die gut organisierten *Ibo*frauen schon von ihren eigenen Männern gefürchtet, denen sie gelegentlich hart zusetzten, wenn es um eine Beschränkung ihrer Vorrechte ging, so kämpften sie noch entschlossener, wenn sie sich gegen die fremde Kolonialmacht zu verteidigen hatten. Die Aufstände von Aba von 1929 zeugen dafür. Es war ein reiner Frauenkrieg, der erst mit dem Einsatz bewaffneter britischer Heeresverbände und wesentlichen Zugeständnissen an die Frauen endete. Es ging darum, bei der Erhebung von Steuern auch die wirtschaftlich unabhängigen Frauen zu erfassen. Ein eingeborener Beamter wurde beauftragt, die Frauen zur Abgabe ihres Besitzes an Schafen, Ziegen usw. aufzufordern. Die erste, bei der er sich vorstellte, weigerte sich, ihm irgendwelche Auskunft zu geben, und sandte Palmenblätter (ein Symbol für einen Hilferuf) an alle Frauen der Umgebung. Im Nu hatten sich über 10000 Frauen versammelt, entrissen dem Beamten seine Dienstmütze und verklagten ihn bei der Kolonialbehörde wegen gewaltsamen Einbruchs. Danach strömten sie in alle Richtungen und riefen Frauenaufstände aus. In Aba, einem größeren Handelsplatz, plünderten sie die europäischen Geschäfte und Warenlager, Fabriken und Banken und öffneten die Gefängnisse, um die Verurteilten freizusetzen. Sie hatten es vor allem auf die örtliche (eingeborene) Gerichtsbarkeit abgesehen und stürmten und zerstörten sechzehn Verwaltungsgerichtsgebäude. Um die rasende Menge der *Ibo*frauen zu beruhigen, erklärte sich der Distriktverwalter schließlich bereit, sie zu empfangen. Wieder machten die Palmblätter die Runde, und zur verabredeten Zeit erschien nicht die gebetene Delegation von sieben Frauen, sondern einige Hundert. Der Beamte war von den Frauen durch einen Zaun getrennt, als die Verhandlung begann. Sie endete mit einem amtlich beglaubigten Schreiben der Behörde, in dem den Frauen Steuerfreiheit zugesichert und ihrem Wunsch Ausdruck gegeben wurde, daß auch die Männer von der Steuer befreit werden sollten. Diese Frauen sind – wie viele andere Frauen der westafrikanischen Küste – vor allem als Händlerinnen und Marktfrauen bekannt. Wirtschaftlich unabhängig – obgleich sie meist in polygamer Ehe leben – sind sie gut untereinander organisiert, egal, ob sie nur mit Geflügel und Gemüse handeln oder Import-Export-Geschäfte betreiben. Die Organisation setzt Preise fest, bestimmt den Geschäftszeitenplan, Zulassungen und sonstige mit dem Markt verbundenen Gepflogenheiten, erteilt aber auch Strafen an jene, die sich den Bestimmungen nicht anpassen. Die Männer werden angehalten, sich anständig und höflich zu benehmen, und falls es einem einfallen sollte, eine dieser Frauen anzupöbeln, so kann er sich auf Boykott, Streik oder ein »Sit on« (Draufsitzen) gefaßt machen. Das »Sit on« bedeutet, daß die Frauen sich um das Haus des Beleidigers versammeln – vorzugsweise nachts – und stundenlang tanzen, singen und Lärm schlagen. In den Liedern wird meist der Anstoß des Ärgers in allen Einzelheiten beschrieben, oft mit obszönen Anspielungen, die die Männlichkeit des Betroffenen in Frage stellen oder lächerlich machen. Im allgemeinen dauert dieses Spektakel so lange an, bis der Mann sich entschuldigt, Reue zeigt und verspricht, sich zu bessern.

Diese Organisationen und Frauengewerkschaften, auf die in einem der folgenden Kapitel näher eingegangen wird, gehören zu den wenigen Erscheinungen, in denen die alten traditionellen Grundsätze in die moderne wirtschaftliche, politische und soziale Ordnung hinübergerettet wurden.

Während der Kolonialzeit hat es in Afrika nur zwei unabhängige Staaten gegeben: Liberia und Äthiopien. In Liberia ist die westliche, amerikanisch-orientierte Kultur vorherrschend, und das Nebeneinanderleben der schwarzamerikanischen »Rückwanderer« und der autochthonen, an alten Stammestraditionen festhaltenden Bevölkerung hat bisher zu keiner Vereinheitlichung geführt. Äthiopien hat sich jahrhundertelang allen westlichen Einflüssen verschlossen, wobei die geographische Lage gewiß eine Rolle gespielt hat. Erst nach der Dekolonisierung sind allmählich moderne Strömungen entstanden, aber wie bei vielen Entwicklungsländern ist auch hier jeder Fortschritt durch den Mangel wirtschaftlicher Macht behindert. Die kurze italienische Besetzung hat eigentlich, außer zu einem verstärkten Nationalbewußtsein, zu keiner wesentlichen Veränderung beigetragen. Die alten Königreiche Afrikas gehören endgültig der Vergangenheit an, wenn sie auch noch in einigen Ländern ein Proforma-Dasein fristen. Die kollektivistische Stammeskultur mit ihren Traditionen und Riten und in ihrer Abgeschlossenheit wird sich bei dem allerorts nötigen Sprung ins Zeitalter der Technik kaum in ihrer Form bewahren können. Aber ist sie überhaupt wandelbar? Liegen ihre Kraft und ihr Wert nicht gerade in der Weigerung, die Natur und Umwelt zugunsten eines modernen Fortschritts zu zerstören? Die neuen afrikanischen Staaten leben in ihren künstlich von den Kolonialmächten eigenmächtig gezogenen Grenzen. Sie sind den verschiedensten politischen Einflüssen ausgesetzt, und aus dem heutigen Bild läßt sich schwer eine Zukunft voraussagen.
Gewiß, die Frau hat in allen afrikanischen Staaten das Wahlrecht, und in vielen Ländern nimmt sie einflußreiche Stellungen ein. Aber sie hat sich dem modernen Weltbild angleichen müssen und dabei viel Wertvolles verloren. Anderer-

seits wäre es töricht, der afrikanischen Frau ein ewiges Weiterleben in den archaischen Verhältnissen der Stammeskulturen zu wünschen. Hier taucht eine Unzahl von Problemen auf, die in den folgenden Teilen dieses Buches behandelt werden.

Der Lebenszyklus der Frau in den traditionellen Stammeskulturen

DIE STAMMESKULTUREN

Um die im Folgenden beschriebenen Riten und Bräuche in ihrer Bedeutung zu verstehen, muß einiges über die Eigenart der Gesellschafts- und Lebensformen der afrikanischen Völker erklärt werden.
Die ethnologische und soziologische Forschung hat sich eingehend mit dieser Materie befaßt, ist jedoch – von den gleichen Gegebenheiten ausgehend – zu den verschiedenartigsten Interpretationen und Schlüssen gelangt. Hier erweist sich wieder einmal, wie schwierig es ist, Begriffe eines völlig anderen Weltbilds und einer auf ganz anderen Werten beruhenden Lebensauffassung in die Terminologie westlichen Denkens einzuzwängen. Wir wollen uns daher hier nicht lange mit der Streitfrage aufhalten, ob die afrikanischen Stammestraditionen statisch oder dynamisch sind, oder ob die afrikanischen Gesellschaftsformen kollektivistisch oder individualistisch sind. Sie sind tatsächlich sowohl das eine wie das andere. Es kommt nur auf den Standpunkt an, von dem aus man sie betrachtet oder gar beurteilt. Verglichen mit der Dynamik unserer westlichen Zivilisation mögen die afrikanischen Stammestraditionen statisch erscheinen, und wer das der westlichen Tradition eigene individuelle Streben nach Fortschritt und technischer Entwicklung als Norm auffaßt, wird die sozialen Strukturen Afrikas, in denen der Einzelmensch je nach Geschlecht, Verwandtschaftsgrad oder Stammeszugehörigkeit seine besondere Funktion erfüllt, für kollektivistisch halten. Bemüht man sich dagegen, auf Vergleiche zu verzichten und die Dinge in ihrem eigenen Zusammenhang zu sehen, so gelangt man zu der Erkenntnis,

daß auch den afrikanischen Kulturen eine lange Entwicklung vorausgegangen ist und daß auch in den scheinbar starren Strukturen der afrikanischen Gesellschaftsformen der Einzelmensch eine wichtige und entscheidende Rolle spielt.
Die zahlreichen Stammeskulturen Afrikas unterscheiden sich je nach der geographischen Lage, Rasse und Geschichte. Sie haben aber alle gewisse Charakteristika gemein, die erklärt werden müssen, um die in der Folge beschriebenen Gebräuche und Riten verständlich zu machen.
Die Grundlage aller afrikanischen Gesellschaftsformen ist die Familie. Aber in Afrika ist Familie ein viel weiter gefaßter Begriff als in der westlichen Welt. Die Familie ist eine Gemeinschaft aller Verwandten, die sich auf eine gemeinsame Abstammung berufen können, und sie schließt sowohl die Lebenden als auch die verstorbenen Ahnen ein. Diese Familie ist häufig das Grundelement politischen, wirtschaftlichen und religiösen Zusammenlebens. Man kann sie auch Sippe oder Clan nennen.
Ein Clan umfaßt sämtliche Nachkommen eines wirklichen oder eines mythischen Ahnen. Ein Clan kann in mehrere Sippen eingeteilt sein, aber häufig überschneiden sich die beiden Begriffe. Ein Clan kann sowohl Hunderte von Menschen einschließen als auch nur einige wenige. Er kann die Bevölkerung eines ganzen Gebiets, einer Stadt, eines Dorfes oder auch nur eines Gehöfts oder den Teil eines Gehöfts umfassen. Er kann aber auch alle Mitglieder eines gewissen Berufszweiges einschließen. Die Herkunft und Clanzugehörigkeit leitet sich je nach dem Völkerstamm von den männlichen oder weiblichen Vorfahren ab. Desgleichen herrscht dann entweder vaterrechtliches oder mutterrechtliches Erbfolgegesetz.
Eine weitere Eigenart afrikanischen Familien- oder Sippenlebens, die für den Außenstehenden oft schwer verständlich ist, liegt in der sogenannten »Verwandtschaftseinteilung«. Diese beruht auf dem Prinzip, daß alle Angehörigen einer gleichen Generation als Geschwister gelten, ganz gleich, in welchem Verwandtschaftsverhältnis sie zueinander stehen.

So werden z. B. alle Angehörigen der älteren Generation »Großvater« oder »Großmutter«, die der folgenden »Vater« oder »Mutter« und die der jüngsten »Sohn« oder »Tochter« genannt. So kann ein Einzelmensch Dutzende oder Hunderte von Vätern, Brüdern oder Söhnen haben. Natürlich beeinträchtigt diese Verwandtschaftseinteilung in keiner Weise die engeren Beziehungen zwischen den leiblichen Eltern und Kindern. Aber sie schafft eine Art von Solidarität unter den Sippenangehörigen und bildet einen bedeutenden Teil der komplexen Verhaltensregeln innerhalb der Gemeinschaft.
Die überall vorherrschende »Exogamie«* verbietet die Ehe unter Angehörigen eines selben Clans. Ehen können also nur mit Mitgliedern anderer Sippen geschlossen werden, und ein Zuwiderhandeln wird als Inzest angesehen.
Die Verhaltensmaßregeln innerhalb eines Clans unterliegen einer strengen Etikette, die strikt eingehalten werden muß. Da gibt es Verbote wie z. B. das des gemeinsamen Essens oder öffentlicher Zärtlichkeitsbezeigungen zwischen Eheleuten, Eltern und Kindern, Angehörigen zweier sich direkt folgenden Generationen, und andererseits gibt es vorschriftsmäßige »Scherze unter Verwandten« zwischen Großeltern und Enkelkindern, die sich untereinander Spitznamen zulegen und zuweilen recht respektlose Spötteleien austauschen.
Alle verwandtschaftlichen Beziehungen unterliegen hierarchischen Gesetzen, denn niemand hat genau den gleichen Rang wie der andere und ist ihm gegenüber vorgesetzt oder untergeben. Man hat dem Vorgesetzten Respekt zu erweisen und den Untergebenen zu beschützen. Den Rang bestimmt das Alter, das Geschlecht und die Zugehörigkeit zu der jeweiligen Linie innerhalb der Sippe. So nimmt jeder seinen ihm von der Tradition vorbestimmten Platz in der Gemeinschaft ein. Die Rangordnung gilt auch bei der Erbfolge, die sich stets vom Älteren auf den Jüngeren überträgt und dem Bruder gegenüber dem Sohn ein Vorrecht einräumt.

* In Europa gab es Exogamie bei den Albanen und Südslawen bis in das zwanzigste Jahrhundert.

Eine der Auswirkungen dieser Familiengemeinschaft ist eine sehr tiefgehende Solidaritätsverpflichtung unter den Angehörigen einer Sippe. Sie wird heute besonders da zu einem Problem, wo Menschen, die einflußreiche Stellungen bekleiden, ständig von ihren zahlreichen Familienmitgliedern um Gefälligkeiten und Bevorzugungen angehalten werden und sich verpflichtet fühlen, sie zu gewähren.

Dort, wo das Zusammenleben einer ganzen Sippe oder eines Clans nicht möglich ist – wie z. B. in den modernen Städten –, bewahren die auf Eltern und Kinder beschränkten Kernfamilien zumindest ein starkes Zusammengehörigkeitsgefühl mit der Sippe.

Die Ehe erfüllt in Afrika eine besonders wichtige soziale Funktion. Sie ist nicht nur die Union zweier Einzelmenschen, sondern bildet vor allem ein Bündnis zwischen zwei Sippen oder Clans. Sie hat daher einen kollektiven Charakter. Das Brautgeld oder Brautgeschenk spielt eine ganz besondere Rolle, und es handelt sich dabei nicht um eine »Mitgift«, denn durch die Zahlung dieses »Pfandes« geht die Frau mit ihrer möglichen Nachkommenschaft von der Autorität ihres Sippenhäuptlings in die der Sippe ihres Mannes über (falls es sich um vaterrechtliche Erbfolge handelt). Sollte die Ehe aus irgendeinem Grunde später wieder aufgelöst werden, so muß das Brautgeschenk zurückerstattet werden. Es kann also nicht von einem Brautkauf die Rede sein – wie oft irrtümlicherweise angenommen wird –, und die Frau wird keinesfalls wie eine Ware verhökert, denn das Brautgeschenk soll in erster Linie ein Pfand sein, den Wohlstand und das Ansehen der Familie des Mannes bestätigen und das Bündnis zwischen den Sippen besiegeln.

Auch der afrikanische Haushalt unterscheidet sich sehr vom europäischen. Das afrikanische Weltbild ist streng in männliche und weibliche Elemente eingeteilt, und die Eheleute gehen in allen ihren Tätigkeiten getrennte Wege. Oft beschränkt sich ihre Intimität ausschließlich auf die Nacht. Im übrigen können sie zusätzlich noch verschiedenen Sippenverboten unterstellt sein, so daß sie z. B. nicht das Recht ha-

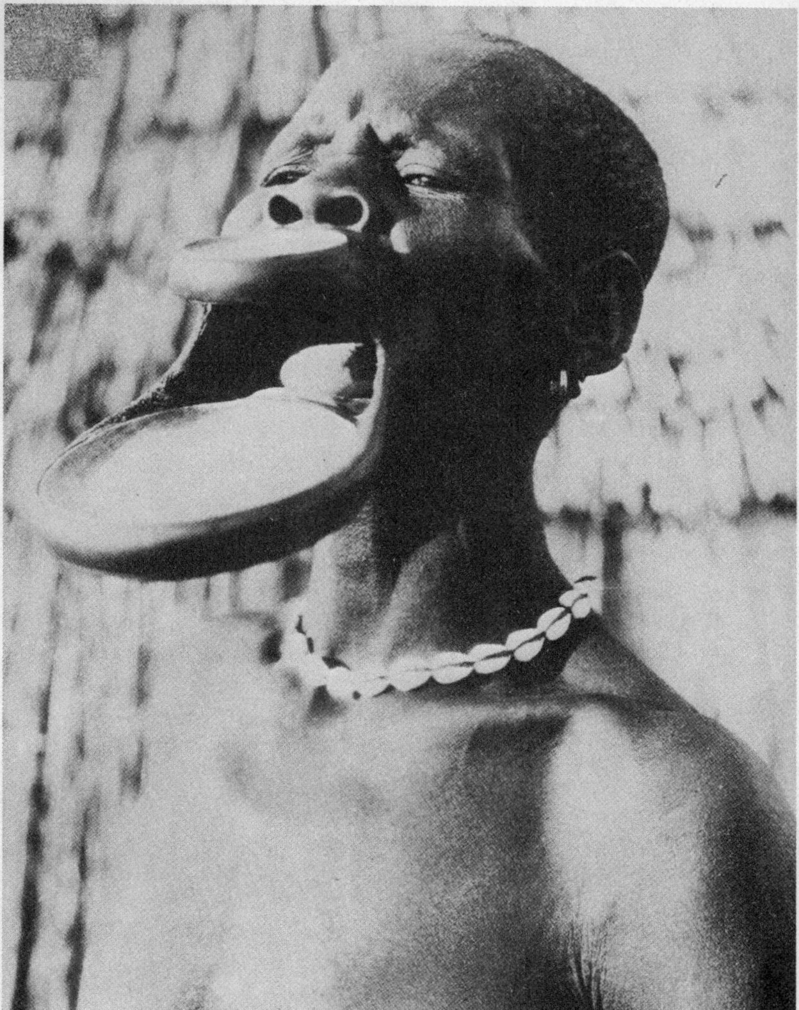

5 *Entenschnabelfrau von Kyabè*

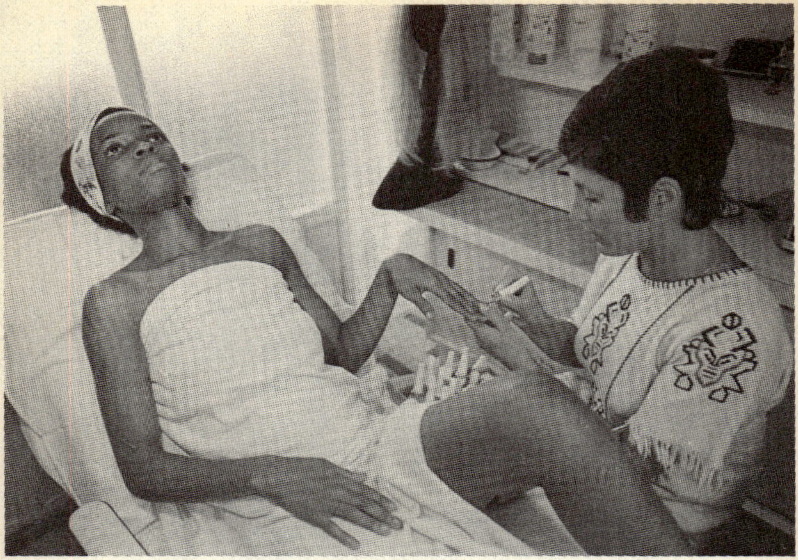

6 *Bei der Kosmetikerin (Elfenbeinküste)*

7 *Mannequin (Elfenbeinküste)*

ben, gemeinsam zu essen, miteinander zu sprechen oder sich Blicke zuzuwerfen.
Eine weitere Besonderheit ist die in Afrika weit verbreitete Polygamie, die sich jedoch in vielem von der arabischen und nordafrikanischen Polygamie unterscheidet. So verfügt die afrikanische Frau in den meisten Fällen über ihr eigenes Haus, ihre Felder, ihr Vieh und ihren Besitz, mit dem sie oft auch Handel treiben kann. In manchen Gegenden (wie in Süd-Dahomey z. B.) ist der Handel dank einer alten Tradition der Arbeitseinteilung ein ausschließliches Privileg der Frauen. Im übrigen wacht die Familie der Frau in allen polygamen Gesellschaftsformen streng über die Rechte ihrer Angehörigen, und die polygamen Ehen sind besonderen Vorschriften unterworfen. Hat ein Mann z. B. vier Frauen, so darf er bei jeder seiner Frauen nur jede vierte Nacht verbringen.
Eine Folge dieser Form der Polygamie ist die Teilung der Familie in verschiedene Haushaltsgemeinschaften, die durch den gemeinsamen Ehemann verbunden sind. Die Kinder dieser Familien fühlen sich daher vor allem an ihre Mutter und ihre Verwandtschaft gebunden, wenn sie auch rechtlich der des Vaters angehören.
Die politischen Strukturen Afrikas sind vielfältig. Sie haben sich im Laufe der Geschichte durch Migrationen oder äußere Einflüsse stark verändert, und sie tragen ihrerseits – vor allem heute – zu grundlegenden Veränderungen des sozialen, wirtschaftlichen und religiösen Lebens bei.
Eine Klassifizierung der politischen Strukturen in den traditionellen Stammeskulturen Afrikas erweist sich als äußerst schwierig, denn das Nebeneinanderbestehen verschiedener Regierungsformen auch auf kleineren Gebieten, Überschneidungen, koloniale und missionarische Einflüsse und nicht zuletzt die Verschwommenheit der Grenzen zwischen sozialer, politischer und religiöser Autorität stellen sich einer politisch-historischen Analyse in den Weg, die überdies in den meisten Fällen auf keine dokumentarisch festgelegte Geschichtsschreibung zurückgreifen kann.

Allgemein unterscheidet man zwischen Clan und Stammesorganisationen, Königreichen, Sultanaten und Emiraten, religiösen, wirtschaftlichen und rassischen Gemeinschaften. Das sakrale Element spielt bei allen diesen Staatsformen eine wichtige Rolle. Das Oberhaupt der Gemeinschaft hat nicht nur politische Entscheidungen zu treffen, es ist auch für Regen, Fruchtbarkeit und Gesundheit des Pflanzen-, Tier- und Menschenbestandes seines Gebiets verantwortlich und ist dementsprechend mit magischen Kräften investiert. Ihm untersteht meist ein Ältestenrat, der, etwa einem Parlament vergleichbar, alle die Gemeinschaft betreffenden Angelegenheiten debattiert und praktische Lösungen vorschlägt. Wenn die Mitglieder dieser Räte ihre Stellungen auch nicht freien Wahlen, sondern einem strengen hierarchischen Gesetz verdanken, so bilden sie dennoch ein gewisses demokratisches Element und sorgen zumindest dafür, daß die Macht nicht einem Einzelmenschen vorbehalten sein kann. Dieses typisch afrikanische Vorgehen des Beratschlagens, der ausführlichen Debatten und der lange erwägten und im Konsensus gefaßten Entschlüsse, ist auch in der Rechtssprechung üblich. Bei einem Rechtsstreit, einem Vergehen oder einem Verbrechen stehen nicht der Täter und seine Bestrafung im Vordergrund, sondern alles, was zu diesem Streit oder Verbrechen geführt hat.

Um die Wesensart der afrikanischen Stammeskulturen zu verstehen, muß man sich vor allem über die Bedeutung der magisch-religiösen Grundlagen klar sein, aus denen alle Verhaltensregeln zwischen den Menschen und ihrer Umwelt hervorgegangen sind. Der Afrikaner ist ein zutiefst gläubiger Mensch, dessen ganzes Leben vom Einfluß der »unsichtbaren Mächte« gezeichnet ist.

Dieses unsichtbare, übernatürliche Afrika, das alle Lebensäußerungen der Menschen dieses Erdteils beherrscht, ist noch zu wenig bekannt. Von vielen Europäern, die mit ihm in Berührung gekommen sind, wurde es geringschätzig als primitiv abgetan. Zu lange hat man die afrikanischen Religionen als die Spuren einer Rückständigkeit betrachtet, die mit allen Mitteln bekämpft werden müßte. Man hat sich sogar geweigert, sie als Religionen zu bezeichnen. Die Vertreter der großen westlichen Religionen haben sich aus dieser Einstellung heraus kaum die Mühe gemacht, die ihnen innewohnenden und allen Religionen gemeinsamen Elemente zu untersuchen. Erst heute entdecken viele Missionare den tiefen Sinn des Glaubens in den afrikanischen Religionen und fördern in geduldigen und objektiven Studien ihre Werte zutage. So gilt es heute als unvertretbar, die Riten der afrikanischen Völker als Götzenkult, Aberglauben, Fetischismus oder Hexenkunst abzutun, denn solche herabsetzenden Bezeichnungen zeugen höchstens von der Ignoranz derer, die sie benutzen. Die Tatsachen erscheinen jetzt in ihrem wahren Licht: Die gesamte Weltanschauung des schwarzen Afrika fußt auf Religion und Magie. Alles hängt davon ab, und alles muß aus dieser Sicht betrachtet werden. Wer diese Tatsache außer acht läßt, wird in Afrika nichts begreifen und nichts ausrichten können. Auch mit den immer noch häufig ins Feld geführten Begriffen wie »Animismus«, »Vitalismus« oder »Dynamismus« wird man nicht weit kommen, denn die komplexen Realitäten der afrikanischen Religionen entziehen sich solchen Vereinfachungen.

Schon in Anbetracht der Unvollkommenheiten und Mängel unserer eigenen Zivilisation und unserer sozialen Auffassungen wäre es anmaßend, die Stammeskulturen als rückständig zu verurteilen. Natürlich sind sie nach unseren Maßstäben primitiv, aber an ihren Maßstäben gemessen sind wir rückständig, denn wir wären unfähig, uns in ihre Umwelt einzufügen, und oft genug stellen wir mit einiger Wehmut fest, daß wir manche wesentlichen Werte, die sie sich erhalten haben, nicht mehr besitzen.

Der Anthropologe Carlos Castaneda hat in seinem Buch »Die Lehren des Don Juan. Der Weg des Yaquis zur Weisheit« ein Beispiel angeführt, das auch für Afrika zutrifft, denn es zeigt, wie nutzlos es ist, eine andere Kultur allein in Begriffsnormen seiner eigenen erklären zu wollen. Er schreibt: »Nehmen wir an, es gäbe einen Navajo Anthropologen. Es wäre doch interessant, ihn zu bitten, uns zu studieren. Dann würde er uns sehr außergewöhnliche Fragen stellen, wie z. B. ›Wie viele Menschen in Ihrer Sippe sind behext worden?‹ Für einen Navajo ist das eine sehr wichtige Frage, aber wir würden bestimmt antworten: ›Das weiß ich nicht‹ und uns dabei denken: ›Was für eine idiotische Frage!‹ Der Navajo hingegen würde sich sagen: ›Mein Gott, welch ein Blödling! Welch ein primitiver Blödling!‹«

Die afrikanischen Religionen sind – zumindest dem Anschein nach – sehr voneinander verschieden. Aber sie haben einige gemeinsame Grundlagen, die wir zuerst kurz erklären.

Alle afrikanischen Glaubensformen unterliegen äußerst komplizierten kosmischen Gesetzen oder Kosmologien. Alles Leben, jedes Wesen und jedes Ding sind Teile einer Architektur, in die sie sich gemäß einer strikten Logik einordnen. Jede Wirklichkeit wird also nicht in sich selbst betrachtet, sondern nach dem Platz, den sie innerhalb des Systems einnimmt. Dieses System ist z. B. bei den Völkern des mittleren Nigers eine Kraftpyramide, in der jedes Wesen seine ihm bestimmte Kraft ausübt. Daher kann jede Tat tiefe Einwirkungen auf das kosmische Gebilde verursachen und zu Katastrophen führen, und daher wieder sind alle Tätigkeiten und Verrichtungen Verboten, Riten und Gesetzen unterworfen. Die von den Ahnen diktierten Regeln, die das Verhältnis des einzelnen mit den Kräften des Universums festlegen, müssen strikt eingehalten werden. Vom Respekt der Bräuche und der Beziehungen zu den unsichtbaren Mächten, die das Universum regieren, hängen die Ernte, der Viehbestand, das Jagdglück, die Fischerei und die Regelmäßigkeit der Regenzeit ab. Nach diesem Prinzip dürfen gewisse Arbeiten nur von Frauen, andere nur von Männern, wieder andere nur von bestimmten Altersklassen ausgeführt werden, dieses Prinzip bestimmt die Macht des Stammesoberhaupts, des Königs oder Sultans, es sorgt dafür, daß jeder seinen ihn bestimmten Platz in der Gemeinschaft einnimmt. Die unsichtbaren Mächte sind ein wichtiger Bestandteil dieser Weltordnung. Sie können auf das Leben der Menschen einwirken, und man kann sich durch Gebet oder Opfer ihr Wohlwollen erwerben. Das *Totem* verkörpert eine solche unsichtbare Macht. Das Totem kann eine Gesteinsart, eine Pflanze oder ein Tier sein, es verfügt über eine übernatürliche Kraft, die es in den Dienst eines Clans oder einer Sippe stellt. Oft verkörpert es einen Vorahnen. Innerhalb des Clans muß dem Totem besonderer Respekt bezeigt werden. Ist es ein Stein, so darf man ihn nicht betreten, ist es eine Pflanze, so darf man sie nicht pflücken, ist es ein Tier, so darf man es nicht töten – oder gar verspeisen. Oft darf man es nicht einmal beim Namen nennen. Ihm werden Riten und Opfer dargebracht. Meist aber ist der Totemkult mit anderen Riten verbunden – wie dem Ahnenkult.

Der Ahnenkult wird in allen afrikanischen Religionen gepflegt, denn die Toten nehmen auch nach ihrem Ableben an allen Tätigkeiten der Gemeinschaft teil. Sie stehen den Lebenden bei, aber ihre Lebenskraft ist geschwächt und muß durch Opfergaben und Lobpreisungen immer wieder gestärkt werden. So lebt der Mensch nach seinem Tode als unsichtbares Wesen weiterhin in der Gemeinschaft seiner Familie, man richtet sich nach seinen Wünschen und fragt ihn bei allen Entschlüssen um Rat, gleichzeitig gehört er aber nun auch dem Jenseits, dem Reiche des Unsichtbaren an, und dieses Jenseits ist wiederum ein magisch-lebendiger Bestandteil des Diesseits. Tote können sich zeitweilig in ein Tier verwandeln und somit ihre Ansprüche auf ihr Gebiet geltend machen. Das ist z. B. beim rituellen Königsmord der Fall, wo der tote König dazu ausersehen ist, sein Reich im Jenseits zu verteidigen und zu schützen.

Daneben gibt es eine Anzahl von Gottheiten, überirdischen Wesen, die den Göttern des Altertums gleichen. Sie sind unsichtbar, verfügen aber über große Macht und bilden eine Art von Pantheon, in dem jeder von ihnen einem Gewerbe, einem Völkerstamm oder einigen auserwählten Menschen vorsteht. Diese Götter sind für die Ordnung des Universums verantwortlich. Naturkatastrophen, Plagen und Krankhei-

ten werden ihrem Zorn zugeschrieben und als Strafe für die Nichtachtung ihres Willens aufgefaßt.
Es ist hier nicht der Platz, auf die einzelnen Religionen und Kulturverrichtungen einzugehen. Sie sind – soweit sie das Leben der Frau angehen – zum Teil in den folgenden Kapiteln angedeutet. Immerhin muß noch vor einer Verwechslung gewarnt werden, die leider häufig vorkommt: Priester, Magier und Zauberer erfüllen keinesfalls die gleichen Funktionen. Es mag vorkommen, daß ein Priester auch Magier ist, aber beide Funktionen werden getrennt ausgeübt – genauso, wie ein katholischer Priester auch gleichzeitig Arzt sein kann. Der Priester ist ein auserwählter Mann, der die religiösen Zeremonien leitet und mit einer besonderen Macht investiert ist, kraft derer er direkten Kontakt mit den Ahnen und den Totems pflegen kann. Der Magier ist ein Mensch, der mit irgendeinem übernatürlichen Wesen in Verbindung steht und daher über gewisse Kenntnisse und Kräfte verfügt, die er zum Nutzen der ihn Aufsuchenden anwenden kann. Oft ist er eine Art von Seher oder Wahrsager, denn er erkennt die unsichtbaren Ursachen und Kraftverbindungen, die zu dem oder jenem Ereignis geführt haben. Er kann Regen machen, Kranke heilen, das Wachstum der Pflanzen fördern – und er kann die Zauberer bannen. Er verfertigt Talismane, die vor bösen Einflüssen schützen. Der Zauberer dagegen ist ein Mensch, der oft ohne es zu wissen imstande ist, die Lebenskräfte seiner Mitmenschen zu beeinträchtigen. Oft fängt er ihre Seele ein, während sie schlafen und die Seele sich von ihrem Körper entfernt. Der Betroffene wird darauf plötzlich krank und stirbt. So erklärt man sich alle jene unvorhergesehenen Ereignisse, die der Kosmologie, der Weltordnung zuwiderlaufen. Die Furcht vor dem Zauberer ist in vielen afrikanischen Gesellschaftsformen ein stetes Element. Man versucht mit allen Mitteln, den Zauberer ausfindig zu machen, und hat man ihn gefunden, so muß er entweder »befreit« oder ausgestoßen werden, denn auch wenn er nicht vorsätzlich Böses tun wollte, so hat er den »bösen Blick«, mit dem er den normalen Lebensablauf und die Weltordnung stört.

Viele Zauberer sind sich ihrer Gabe voll bewußt und schließen sich in geheimen Bünden zusammen.
Um das skizzierte Bild der afrikanischen Stammeskulturen abzurunden, müssen auch einige wirtschaftliche Aspekte erwähnt werden. Denn schließlich ist die Wirtschaft das Gebiet, auf dem sich heute die großen Umwälzungen vollziehen und wo sich der Zusammenprall mit den westlichen Auffassungen von Profit, Produktion, Industrialisierung und Konsum am stärksten bemerkbar macht. Mangel an Verständnis für die traditionellen afrikanischen Wirtschaftsstrukturen hat zu vielen Fehlschlägen und Enttäuschungen geführt. Wirtschaftsexperten und Entwicklungshelfer haben sich an tief verwurzelten Gebräuchen und Auffassungen gestoßen, die sie oft aus reiner Unkenntnis der komplizierten Zusammenhänge als rückständig, verschwenderisch oder absurd verwarfen. Denn die wirtschaftlichen Aktivitäten lassen sich in den afrikanischen Stammesgemeinschaften nicht von der Gesamtheit sozialer und religiöser Gebräuche trennen. Aus der Sicht der afrikanischen Kosmologie ist die Welt ein hierarchisch organisiertes Gebilde, in dem ein Gleichgewicht der Kräfte erhalten bleiben muß. Demnach kann jede Tätigkeit – falls sie nicht von der Weltordnung vorgesehen ist – äußerst schwerwiegende Folgen nach sich ziehen. Diese Weltordnung kennt auch nicht die Trennung von Arbeit, Produkt und Konsum, sondern der gesamte Wirtschaftsprozeß ist in den sozial-religiösen Tätigkeitsablauf eingegliedert. Außerdem entspricht die afrikanische Auffassung von Reichtum nicht den westlichen Begriffen: Das wesentliche »Kapital« ist nicht der Besitz vergänglicher Güter, sondern das »Glück«, d. h. das Wohlwollen der übernatürlichen Mächte. So ist jener »reich«, der viele von ihm abhängige Menschen um sich hat, der viele Gäste bei sich empfängt, Ansehen genießt und anderen beisteht, und nicht der Geizhals, der auf seinen »toten« Gütern sitzt.
Bei vielen Völkern ist das »Brautgeschenk« die Grundlage aller wirtschaftlichen Tätigkeit. Besonders bei den viehzüchtenden Nomadenvölkern dient der Viehbestand dazu, mit

Nachbarstämmen Brautgeschenke auszutauschen. Das Vieh wird weder verkauft noch geschlachtet, und oft hungert man lieber, als die wertvollen Kühe zu töten. Die Sitte des Schenkens beschränkt sich allerdings nicht allein auf die Brautgaben. Bei allen religiösen Festen, bei Geburten, Initiationsriten, Begräbnissen und Opferzeremonien für die unsichtbaren Mächte werden Gaben dargebracht. So liegt der gesamte Prozeß des Güterumlaufs mehr auf sozial-religiösem als auf nutzwirschaftlichem Gebiet. Es ist nur natürlich, daß unter diesen Bedingungen auch der Konsum in den Stammeskulturen anderen Gesetzen folgt.

Die traditionellen Stammeskulturen sind also in ihren Grundzügen völlig anders als das, was wir unter einer modernen Entwicklungskultur verstehen. Einer jetzt notwendig gewordenen Entwicklung, die die Länder Afrikas an das Netz der modernen Industriekulturen europäischer Prägung anschließen soll, muß demnach eine Umwälzung vorangehen, deren Ausmaß ganz von den veränderlichen, entwicklungsfähigen Faktoren der alten Kulturen abhängt.

So stellt sich immer wieder die Frage: Was kann vom alten Kulturbestand mit übernommen werden, was ist anpassungsfähig und was wird verschwinden? Aus den wenigen Jahrzehnten, in denen die jungen afrikanischen Staaten begonnen haben, ihre neue Identität zu festigen, kann man noch keine entscheidenden Schlüsse ziehen. Aber eins ist klar: Wenn die Tradition in der Form, die sie bis jetzt bewahrt hat, zum Verschwinden verurteilt ist, so wird sie dennoch den modernen Entwicklungsprozeß, in dem sich die alte und die neue Kultur gegenüberstehen, stark beeinflussen. Das Gewicht der Tradition liegt weniger in ihrer starren Aufrechterhaltung als in den Entwicklungsmöglichkeiten, die ihr innerhalb einer fremden und feindlichen Kultur bewahrt sein werden.

Was hat die Frau in dieser Umwälzung zu gewinnen oder zu verlieren? Ist sie bereit, sich den Emanzipationsbewegungen europäischen Stils anzuschließen, oder zieht sie es vor, in der neuen Gesellschaft eine aus den Traditionen hergeleitete

Rolle zu spielen? In einem auf dem afrikanischen Frauenkongreß in Abidjan gefaßten Beschluß heißt es:

»Die Frage der Gleichberechtigung von Mann und Frau ist heute in Europa Gegenstand zahlreicher Debatten, da man dort bisher die Frauen als einen benachteiligten Partner in einer Männergesellschaft angesehen hat.
Im schwarzen Afrika ist die Autonomie der Frau jedoch seit jeher anerkannt worden, und diese Autonomie ist ein wertvoller Bestandteil der traditionellen negro-afrikanischen Gesellschaftsform. Sie ermöglicht den Frauen, ihre Eigenheit zu behaupten. Die negro-afrikanische Frau ist sich ihrer Rolle als wesentliches und verantwortliches Mitglied der Gesellschaft voll bewußt. Als Lebensquelle, Hüterin der Lebensgesetze und führender Geist fühlt sie sich als einen Teil der Harmonie der Gemeinschaft. Sie weiß, daß ihre Tätigkeiten sich mit denen des Mannes ergänzen.«

GEBURT

Mit der Geburt ihres ersten Kindes erlangen die Eltern eine neue Würde. Der Gatte hat seine Männlichkeit bewiesen und ist zum Begründer einer neuen Stammeslinie geworden, die seinen Namen und sein Andenken verewigen wird. Die Gattin hat ihre höchste Schicksalsbestimmung erfüllt und sich von der tiefsten Schmach befreit, die eine Ehefrau treffen kann.
Auch für die Verwandtschaft der beiden Eheleute ist die Geburt eines Kindes Anlaß zu Freude und Genugtuung.
Die Familie des Mannes freut sich, daß die von ihnen ausgewählte Frau sich des Brautgeschenkes würdig erwiesen und dem Dorfe »neuen Zuwuchs« gespendet hat.
Die Familie der Frau freut sich, daß ihr Mädchen sie vor Schmach bewahrt hat und die geschlossene Ehe von nun ab erst wirklich besiegelt ist.

Die Fähigkeit, Kinder zu gebären, ist für die afrikanische Frau die wesentliche Vorbedingung für ein glückliches Leben, Ansehen und Rang in der Gemeinschaft, denn mit der Anzahl ihrer Kinder wächst der Respekt, den man ihr entgegenbringt. Und das ist eigentlich eine Frage der Selbsterhaltung, denn in den meisten Gegenden Afrikas sterben von zehn Kindern drei bis fünf kurz nach der Geburt, und nur etwa die Hälfte erreicht das Lebensalter eines Erwachsenen. Schon deshalb wird jeder Geburt eine solche Bedeutung beigemessen, daß in manchen Stämmen (wie z. B. die *Schona* in Rhodesien) eine Fehlgeburt einer wahren Geburt gleichgesetzt wird. Hat eine Frau z. B. drei lebende Kinder geboren und zwei Fehlgeburten gehabt, so ist sie nach dem Gesetz die Mutter von fünf Kindern, und im Falle einer Ehescheidung muß die Rückzahlung des Brautgeschenks auf der Basis von fünf Kindern erstattet werden.

Bleibt eine Ehe kinderlos, so wird das als ein großes Unglück angesehen, und die Sippe drängt die Eheleute, sich mit allen Mitteln um Nachkommenschaft zu bemühen, weil sonst die Ehe aufgelöst werden muß.

So genießt eine kinderreiche Frau hohes Ansehen, während die Kinderlose nur bemitleidet und oft sogar getadelt wird. Es gibt eine Unzahl von magischen Riten, um einer Frau zur Fruchtbarkeit zu verhelfen, aber oft werden auch andere praktische Lösungen gefunden, wie die Adoption eines Kindes aus der Verwandtschaft, die Zuhilfenahme einer »Ersatzfrau« oder eines eigens dazu ermächtigten Liebhabers, der »ihre Hütte betreten« und »den Samen des Mannes zum Keimen bringen« soll.

Die Kinderlosigkeit einer Ehe führt stets zu Konflikten zwischen den Ehegatten, denn zuerst muß ja einmal festgestellt werden, wer von den beiden steril ist. Ist eine Ehe nach einem oder zwei Jahren immer noch kinderlos, so wendet man sich an einen Wahrsager, der meist auf diesem Gebiet spezialisiert ist. Die Techniken sind sehr verschiedenartig: der

Wahrsager liest die Antworten auf seine Fragen aus Körnern, die er auf den Boden wirft, er mag dazu auch Knochen benutzen oder Orakelbrettchen aneinanderreiben, er mag sich in Trance versetzen, mit einem unsichtbaren Geist in Verbindung treten oder wie die alten Griechen die Eingeweide eines geopferten Tiers befragen. Der Wahrsager bemüht sich vor allem, die Ursachen der Unfruchtbarkeit bei der Frau festzustellen. Sie ist womöglich von irgend jemandem, der sich einige Tropfen ihres Menstruationsblutes verschafft hat, behext worden. Ist das der Fall, so wird sie einer Behandlung unterzogen, und dann – wenn Gott will – wird sie wie jede normale Frau Kinder gebären.

Unfruchtbarkeit wird auch häufig einer Unzulänglichkeit des Blutes bei Mann oder Frau zugeschrieben. Man nimmt an, daß die Empfängnis sich nur vollziehen kann, »wenn das Blut des Mannes mit dem der Frau zusammenpaßt, weil der Schoß sonst den Samen nicht festhalten kann und ihn wieder hinausfließen läßt«.

Anderseits kann es sich um eine anatomische Anormalität handeln; so mag der Mund der Gebärmutter zu eng sein, um den Samen aufzunehmen. Hat der Wahrsager festgestellt, daß es am Blut der Frau liegt, so gibt er ihr gewisse Wurzeln, die sie zu kochen und morgens und abends zu trinken hat. Diese Medizin wirkt vom Magen her, dringt in die Gebärmutter und trocknet sie aus, so daß kein Menstrualblut mehr fließt. Es ist wichtig, daß der Ehemann während dieser Behandlung mit keiner anderen Frau schläft, denn sonst wirkt sie nicht. Manchmal vermischt der Wahrsager das Blut der Eheleute, indem er ihnen das Schambein einritzt und die Wunde des einen mit dem Blut des anderen verschmiert. Wird dagegen eine anatomische Anormalität angenommen, so geht der Wahrsager folgendermaßen vor: Er läßt sich vom Ehemann eine Ziege verschaffen, der er gewisse Medizinen zu trinken gibt. Dann wird das Tier für eine Weile neben die Frau gelegt, und kurz darauf wird es getötet, gehäutet und sorgfältig aufgeschnitten. Nun kann der Wahrsager aus der Gebärmutter der Ziege, die er untersucht, sehen, was der

Frau fehlt und ihr entsprechende Medizinen verschreiben. Natürlich kann auch die Impotenz des Mannes an der Kinderlosigkeit schuld sein. Die Alten behaupten, sie könnten bereits bei einem Knaben feststellen, ob er später impotent sein wird: Wird sein Penis beim Urinieren nicht steif, sondern hängt schlaff herunter, so wird er auch nie eine Erektion haben. Einem solchen Mann bleibt nur eins übrig: Er muß jemanden finden, der mit seiner Frau schläft. Es ist durchaus nicht ungewöhnlich, daß ein impotenter Mann seiner Frau unter seinen Verwandten Ersatz schafft, oder daß umgekehrt eine unfruchtbare Frau ihren Mann mit einer »Ersatzfrau« versorgt. Die Kirche billigt allerdings solche Gebräuche nicht, weil sie der »christlichen Moral« widersprechen. So wurde 1933 ein Kirchengesetz erlassen, das allen Christen ausdrücklich verbot, die Kinderlosigkeit ihrer Ehen durch »Ersatzgatten« zu beheben. Darauf erhob sich eine starke Protestwelle, die in vielen Leserzuschriften an die Missionszeitungen Ausdruck fand. Ein Brief zweier königlicher Prinzen aus dem Stamme der *Kxatla* von Botswana sei zitiert:

> »Wie grausam wird es für sie sein, wenn Gott, der sie geeint hat, ihnen Kinder versagt, und wenn sie nun wegen dieses Kirchengesetzes sich nicht einmal Trost verschaffen können. Es ist bei uns ein alter Brauch, daß die Frau eine Ersatzfrau in ihr Haus bringen kann, und wenn dieser Brauch richtig angewandt wird, ist nichts gegen ihn einzuwenden. Sie tut es ja um ihrer großen Liebe zu ihrem Mann willen, und weil ein Kind ihnen so erwünscht ist, und weil ihr Mann sich sonst bald außer Hause nach einer anderen umsehen würde.«

Die Kinder sind das Glück der Ehe. Sie sind Anlaß zur Freude für die ganze Sippe, und die Eltern nehmen jede Gelegenheit wahr, kleine Feste für die Kinder abzuhalten. So wird das Erscheinen des ersten Milchzahns stets mit einer Feier begrüßt. Auch wenn die Eltern getrennt leben oder geschieden sind, finden sie sich zu diesen Anlässen zusammen, und in Ruanda z. B. ist es Sitte, daß die Eltern an diesen Tagen Geschlechtsverkehr haben, auch wenn die geschiedene Frau

nur zu diesem Anlaß für ein paar Tage zurückgekehrt ist – außer natürlich, wenn sie sich inzwischen wieder verheiratet hat.
Je größer der Kinderreichtum, je größer die Familie ist, um so glücklicher sind alle Beteiligten. Die Polygamie ist zum Teil aus diesem Grund in vielen Stammeskulturen die ideale Familiengemeinschaft. Knaben und Mädchen machen sich oft früh im Haushalt oder bei der Arbeit auf den Feldern und Weiden nützlich. Die Töchter sind eine Quelle des Reichtums, denn sie bringen der Familie die Brautgeschenke ein. Aber in den vaterrechtlichen Gesellschaften, die heute überwiegen, sind die Söhne noch willkommener, denn sie setzen den Bestand der väterlichen Linie fort und erben Besitz und Rang. In Afrika sorgen die Eltern durch großen Kinderbestand auch für ein gesichertes Alter vor, und je mehr Enkel und Urenkel sie haben werden, desto größer wird ihr Ansehen innerhalb der Sippe sein.
Die Heiratschancen eines afrikanischen Mädchens sind daher von der Fruchtbarkeit abhängig, die man sich von ihm verspricht.
Bei vielen Völkerschaften ist die Jungfräulichkeit vor der Ehe von entscheidender Wichtigkeit, aber es gibt einige Stämme, bei denen eine voreheliche Mutterschaft durchaus akzeptiert wird. Das heißt allerdings nicht unbedingt, daß dort die Frauen eine größere Freiheit besitzen, denn der voreheliche Geschlechtsverkehr wird nur als eine Vorbereitung zur Ehe angesehen. Es handelt sich also eher um einen Fruchtbarkeitstest, der den Familien die Gewähr zukünftigen Kindersegens bietet.
Mit der Geschlechtsreife (der ersten Menstruation) tritt das Mädchen in das heiratsfähige Alter. Die mit diesem Ereignis verbundenen Pubertätsriten finden in vielen Gegenden statt. Bei den *Aschanti* in Ghana sind sie selten geworden, aber wenn ein Mädchen seine erste Menstruation hat, begibt sich die Mutter zur Königinmutter ihres Stammes, teilt ihr mit, was geschehen ist, und von diesem Tag an darf das Mädchen Geschlechtsverkehr haben. Da es sich in diesem Falle um ei-

nen mutterrechtlichen Stamm handelt, in dem die Kinder zur Familie der Mutter gehören, fehlt es an Ermutigungen zu sexuellen Abenteuern nicht, denn die älteren Frauen sind bestrebt, der Sippe eine möglichst zahlreiche Nachkommenschaft und damit sich selber höheres Ansehen zu verschaffen.

Auch die *Tallensi* im nördlichen Ghana messen der Keuschheit vor der Ehe keine Bedeutung zu und sagen: »Beischlaf und Ehe sind nicht dasselbe!«

In den Städten Ghanas geschieht es häufig, daß Schulmädchen sporadische Abenteuer mit älteren Männern haben. Falls sie dann Kinder bekommen, bringen sie diese in das heimatliche Dorf zu ihrer Familie, bevor sie sich in der Stadt nach einem Ehemann umschauen. Auch in den gebildeteren Schichten Ghanas werden außereheliche Kinder nicht als eine Schande angesehen, denn der Kindersegen ist nun einmal etwas Wünschenswertes, und kein Mann wird sich weigern, eine Frau zu heiraten, weil sie schon Kinder hat.

Unter diesen Umständen ist es natürlich, daß keine Familie in Afrika sich gern mit Fragen der Geburtenregelung abgibt. Im allgemeinen gilt der Grundsatz, daß eine Frau so viele Kinder wie möglich gebären soll – außer während der Zeiten, in denen sie ihr Kind stillt. Diese Regel ist an sich eine gewisse Geburtenregelung, denn es ist oft üblich, daß eine Frau ihrem Kind die Brust gibt, bis es zwei bis drei Jahre alt ist. Während dieser Zeit übt die Frau sexuelle Enthaltsamkeit – ein Grund mehr für die Beliebtheit der Polygamie, die es dem Mann ermöglicht, nicht auch so lange abstinent leben zu müssen.

Als erste Ehepflicht gilt die Zeugung von Kindern. Wer diese Pflicht nicht oder nur nachlässig erfüllt, trägt allein die Schuld, wenn der Partner ihm untreu wird. Denn die fruchtbaren Jahre der Frau dürfen nicht vergeudet werden, und wenn der eigene Mann es nicht kann oder will, so wird ihr niemand einen Ehebruch übelnehmen. So geschieht es höchst selten, daß ein betrogener Ehemann sich weigert, die Kinder seiner Frau als seine anzuerkennen. In Botswana hat das südafrikanische System der Landarbeiterwanderungen oft jahrelange Trennungen von Eheleuten herbeigeführt, und wenn die Männer schließlich in ihr Heim zurückkehren und neuen Familienzuwachs vorfinden, so gibt es deshalb keine Ehedramen, denn es war ja nicht die Schuld der Frau, daß sie so lange ohne ihren Mann leben mußte.

Zeugung

Es gibt in Afrika sehr verschiedenartige Anschauungen über die respektiven Rollen von Mann und Frau bei der Zeugung eines Kindes. Bei den *Galwa* z. B. nimmt man an, daß der Mann die festen Teile des Körpers und die Frau das Blut und die weichen Organe erzeugen. In anderen Völkerschaften ist diese Teilung noch komplizierter und umfaßt nicht nur den Körper, sondern auch die Seele, den Geist und die Lebenskraft.

Beide Eltern tragen das ihre zum Entstehen des Kindes bei. Das Blut kommt von der Mutter – so wird vielerorts angenommen –, weil die Mutter vor der Empfängnis ihre Perioden hat, in denen sie Blut ausscheidet, sowie sie aber schwanger ist, hören die Perioden auf, und das Kind entwickelt sich in ihrem Leib, daher ist es offenbar, daß sie jetzt ihm ihr Blut spendet. Der Vater dagegen spendet das Fleisch, »denn er stößt bei der Erzeugung dicke Klumpen (Sperma) in den Leib der Mutter«.

Bei den *Aschanti* erzeugt die Mutter das Fleisch des Kindes und das Blut oder *Mogyao* und alle sozialen Eigenschaften, die das Kind immer an die Familie der Mutter binden werden, während der Vater als geistiges Wesen ihm die Lebenskraft, das *Kra* und das *Ntaro*, eine Art von Gruppenseele spendet, die es in religiöser Hinsicht immer an die Familie des Vaters binden wird. Hier finden wir jenen alten Dualismus von Geistig-männlichem und Materiell-weiblichem wieder, der zu vielen altafrikanischen Kulturen gehörte und der ein Teil der magisch-religiösen Kosmologie ist.

»Die Schwangerschaft ist ein hoher Schaft« sagt ein Sprichwort in Gabun, das heißt, die werdende Mutter ist so vielen Gefahren ausgesetzt, wie jemand, der einen hohen Baumschaft erklettert.
Die Zeit der Schwangerschaft, besonders die der ersten Schwangerschaft, bringt viele Hoffnungen und Ängste mit sich. Die junge Frau hat ihre sorglosen Jugendjahre hinter sich, bereitet sich auf neue Verantwortungen und einen höheren sozialen Status vor und muß vor allem das in ihr keimende Leben hüten und schützen.
Das Kind, mit dem sie ihren Beitrag zum Wohlstand und Ansehen der Familie leistet, muß gesund auf die Welt kommen, und um das zu ermöglichen, muß sie sich streng an alle diesbezüglichen Regeln, Tabus und Gesetze halten. Sie steht unter ständiger Beobachtung der Familie und auch – ja besonders – der Ahnen, die zwar tot, aber stets gegenwärtig sind, sie dürfen nicht durch irgendeine Unachtsamkeit verärgert oder gar beleidigt werden, denn sie verlangen, daß die Gebräuche eingehalten werden, und sie müssen in allen wichtigen Lebensphasen durch bestimmte Riten geehrt werden, damit sie ihren Segen spenden.
Die schwangere Frau hat besonders einige Tabus zu beachten, d. h. sie darf gewisse Tätigkeiten nicht ausüben, da diese das Wachstum des Kindes im Mutterleib beeinträchtigen können. Das Kind muß vor Unfällen, dem Zorn der Ahnen und Hexerei geschützt werden. Es gibt viele solcher Tabus, die je nach den Volksgruppen verschieden sind, und für alle gibt es eine Erklärung. So darf die Schwangere keine Leiche sehen, weil das Kind sonst tot auf die Welt käme, sie muß sich gewisser Speisen enthalten, wie Affen- oder Krötenfleisch, weil das Kind sonst diesen Tieren gleichen könnte, sie darf auch keine Schlange essen, weil das Kind sonst wie eine Schlange ihr vorzeitig aus dem Leib gleiten könnte. In Ruanda muß die schwangere Frau sich jeden Abend vor dem Schlafengehen den Bauch waschen, damit das Kind sauber

8 *Mädchen in Transvaal im Schmuck ihres Stammes (Südafrikanische Union)*

9 *Eine Sudanesin raucht die traditionelle Pfeife*

bleibt, bei den *Kung*-Buschmännern von Angola darf sie nichts Süßes, Saures oder Fettes essen, bei den *Kxatla* in Botswana wird der eheliche Beischlaf während der ganzen Schwangerschaft fortgesetzt, »so daß der Samen des Mannes weiterhin das Fleisch des Kindes ernähren kann«, bei den *Schona* in Rhodesien darf sie kein bepflanztes Land betreten und ganz besonders keine Erdnußfelder, denn sie könnte auf eine Frucht treten und sie zum Zerbersten bringen, was zu einer Fehlgeburt führen würde. Begegnet die schwangere *Schona*frau einem Mann, der ein gefaltetes Tuch um seinen Hals oder um seine Lenden gewickelt trägt, so muß sie sofort zu Boden spucken, denn sonst wird die Nabelschnur in der gleichen Weise um ihr Kind gewickelt sein und die Geburt erschweren oder unmöglich machen; hat ein *Schona* eine Schlange getötet, so muß er es sofort seiner schwangeren Frau berichten und ihr den Stock geben, mit dem er das Tier erschlagen hat. Der Stock wird in der Hütte der Frau bis zur Geburt des Kindes aufbewahrt. Kommt das Kind blind zur Welt, was wegen des Schlangentötens zu erwarten ist, so wird der Stock in Wasser gewaschen und an die Augen des Kindes gehalten, die sich dann öffnen werden. Die südafrikanische *Xhosa*frau darf kein Knochenmark essen, weil das Kind sonst an Wucherungen in der Nase leiden wird, und unter keinen Umständen darf sie Eier essen, weil Eier die Frauen zänkisch und unfruchtbar machen.

Um das Kind vor bösen Einflüssen und Hexerei zu schützen, badet die *Ga*frau in Ghana in einer Mixtur von allerlei Zaubergräsern und Speiseresten, denn damit wird der möglichen Hexe kundgetan: »Tust du mir weh, so tust du dir weh!« Unterdessen besucht der Vater einen Wahrsager, der ihm eventuelle Wünsche des ungeborenen Kindes mitteilt. Meist handelt es sich darum, einigen Unbekannten, die dem Kind auf seiner Reise in die Welt beistehen, Geschenke zu machen.

Es gibt auch eine Anzahl von Riten, durch die die schwangere Frau ihre Ängste lindert und sich in ihr Schicksal fügt. Im südlichen Sudan ist es Sitte, daß eine schwangere Frau auf ein Wasser bläst und sagt: »Ich habe niemandes Gut gestohlen. Alles ruht in Gottes Hand. Will Gott, daß ich mit diesem Kind sterbe, so will ich sterben, will er es nicht, so werde ich nicht sterben.« Die *Tiv* in Nigeria betrachten die Schwangere als »eine Frau mit verschlossenem Leib«, und in diesem Zustand ist sie sowohl gefürchtet als gefährdet. Ihr Mann führt sie zu ihrer Familie, wo man die *Akombo*riten abhält, die sie vor allen drohenden Gefahren schützen sollen. Zu Beginn dieser Riten waschen sich alle Anwesenden den Mund und reinigen sich so von allen mißgünstigen und unsauberen Gedanken, die sie vielleicht unbewußt und ohne wirklich böse Absicht gehegt haben, die aber eine erfolgreiche Entbindung erschweren könnten.

Rituale bei der Geburt eines Kindes

In den Stammeskulturen Afrikas haben alle Verrichtungen – auch die alltäglichsten – einen rituellen Charakter, und ein so wichtiges Ereignis, wie die Geburt eines Kindes, vollzieht sich wie eine Zeremonie. Es darf daher nicht verwundern, daß die magisch-religiösen Aspekte in den Vordergrund treten und daß die bei uns als so notwendig betrachtete Hygiene kaum eine Rolle spielt.* Allerdings haben diese Riten durchaus auch eine wohltuende und beruhigende Wirkung auf die Mutter, die sich in dieser entscheidenden Phase ihres Lebens von den ihr nahestehenden Frauen der Familie umgeben weiß.

Bei fast allen afrikanischen Völkern wird der Plazenta und der Nabelschnur ganz besondere Bedeutung zugemessen. Das Kind kommt ja mit ihnen zur Welt und ist organisch mit ihnen verbunden. Daher müssen sie vor allen unheilvollen Einflüssen geschützt und an einem geheimen Ort vergraben werden, denn käme ein Hexer in ihren Besitz, so hätte er das Leben des Neugeborenen in seiner Hand.

Auch der Ort, an dem diese Organe vergraben werden, ist

* Auch in der westlichen Welt spielt sie diese Rolle erst seit weniger als hundert Jahren.

für das Kind von großer Wichtigkeit, denn sie sind und bleiben ein Teil seines Lebens. Bei einigen Völkern wird die Plazenta sogar als ein symbolischer »Zwilling« angesehen. Dieser Glaube fußt auf der in vielen afrikanischen Kulturen vorherrschenden Auffassung vom Dualismus des Menschen. So ist jedes Kind zweigeschlechtlich, und jeder Mensch wird sein Leben lang von einem andersgeschlechtlichen »Schatten«, einem unsichtbaren Ergänzungswesen begleitet, das dem irdischen Körper sein Bewußtsein gibt.

Plazenta, Nabelschnur und Kind sind einem Baum oder einer Pflanze vergleichbar. Die Plazenta ist die Wurzel, denn das Kind hat seine Wurzel im Mutterleib geschlagen, die Nabelschnur ist der Stamm oder Stiel, und das Kind ist die Frucht, die sich vom Baume löst, sowie sie reif geworden ist. Nach der gleichen Symbolik gehört die Plazenta zur weiblichen Welt der Erde, während die Nabelschnur der männlichen, himmlischen Welt angehört. Dieser Glaube spiegelt sich in vielen Gebräuchen bezüglich der Verwahrung der beiden Organe wider. Die Plazenta ist dem Blutkreislauf angeschlossen, und daher versinnbildlicht sie Leben und Fruchtbarkeit, da sie aber schnell fault, ist sie ebenso ein Symbol des Todes: Hier liegt wieder eine Doppelbedeutung; der eine Zwilling ist dem Leben, der andere dem Tode geweiht.

Die *Dogon* z. B. betrachten die Verwesung der Plazenta als das erste Todeszeichen, niemand darf sie berühren. Die Frauen legen sie in einen irdenen Topf, um sie am Leben zu erhalten und sie in mütterlicher Wärme und Feuchtigkeit aufzubewahren. Der Topf wird sodann in einen Komposthaufen getan: so kehrt die Plazenta in die Erde und das Wasser zurück und befruchtet wieder die Erde. Der Komposthaufen gilt als ein Symbol des Zerfalls, der neues Leben schafft.

Bei den *Tio* im südlichen Nigeria ist es Sitte, daß ein junger Knabe die Plazenta auf der linken Seite des Hütteneingangs vergräbt. Wenn die Mutter danach ihr Baby wäscht, tut sie es über dem Ort, an dem die Plazenta vergraben ist. Die Nabelschnur eines Knaben wird unter einem roten Pefferbusch vergraben, damit er tapfer wird, und die eines Mädchens unter einem Papaya- oder Feigenbaum, damit es lieb und zärtlich wird.

Große Bedeutung wird auch dem Ort zugemessen, an dem die Niederkunft stattfindet, und auch hier sind die Gebräuche, je nach Volksgruppe, sehr verschieden. In vielen Fällen kehrt die werdende Mutter – besonders bei einer Erstgeburt – in ihr heimatliches Dorf zurück, oder ihre Mutter, Tante, Kusine usw. kommt zu ihr. Die Niederkunft kann in der Hütte der werdenden Mutter stattfinden, aber häufiger begibt man sich dazu in ein eigens zu diesem Zwecke erbautes »Geburtshaus«, denn es könnte gefährlich sein, das Kind den zahlreichen in einem bewohnten Haus waltenden Einflüssen auszusetzen. Aus dem gleichen Grunde gehen Frauen anderer Stämme in einiger Entfernung des Dorfes an einen einsamen Ort im Freien.

Um dem Akt der Geburt seine Feierlichkeit und Würde zu bewahren und alle möglichen Mißtöne, wie Schmerzensschreie oder – was schlimmer ist – böse Gedanken oder gehegten Groll auszuschalten, gibt es bei einigen Völkern besondere Riten, die eine Atmosphäre der Harmonie schaffen, bevor die Wehen einsetzen. So legt bei den *Guere* der Elfenbeinküste die werdende Mutter vor ihrem Mann ein volles Geständnis ihrer Sünden ab, und er vergibt ihr – selbst wenn es sich um Ehebruch handelt – mit den Worten: »Ich verzeihe dir für dein Leben und das Leben meines Kindes, gebäre das Kind.«

Die Position, in der die Frau das Kind gebiert, muß stets die »richtige«, die von der Tradition überbrachte sein, und es gibt sehr verschiedenartige »richtige« Positionen. Die Frau kann stehend, an einen Pfahl geklammert, auf einem Schemel oder auf dem Boden sitzend, kniend, auf dem Rücken, auf der Seite oder dem Bauch liegend gebären.

Einige Beispiele:

Der *Ovimbundu*frau in Angola stehen bei der Niederkunft die weiblichen Verwandten ihres Mannes bei – außer der

Schwiegermutter, für die es nicht schicklich ist. Gewöhnlich kniet die Frau während der Geburt, aber in manchen Fällen steht sie und hält sich an einem Pfahl fest, den ihr Mann eigens dazu in den Boden der Hütte gestoßen hat. Nachdem das Kind geboren ist, wickeln die Frauen die Nabelschnur in einen Stoffetzen, legen sie über ein Stück Braunholz und schneiden sie mit einem Messer. Die Plazenta wird in eine zerbrochene Kürbisflasche gelegt und, je nachdem es ein Junge oder ein Mädchen ist, vor oder in der Hütte vergraben. Dann wird das Kind gewaschen (das Wasser wird gewärmt, indem man es vorher in den Mund nimmt), mit Öl gesalbt und mit einem Lendengürtel bekleidet. Die Mutter reinigt sich sofort nach der Geburt in einem fließenden Gewässer.
Bei den nordwestlichen Völkern Angolas verläßt die werdende Mutter bei den ersten Anzeichen der einkehrenden Wehen ihre Hütte und begibt sich aufs offene Land in einiger Entfernung des Dorfes. Meist wird sie von ihrer Mutter und einigen älteren Frauen begleitet. Am Platz der Niederkunft wird etwas Gras gesammelt, um ein Lager zu richten. Grasbüschel werden ringsum mit der Wurzel nach oben an die Bäume gehängt, um Unbefugte zu warnen (besonders Männer dürfen einer Niederkunft nicht beiwohnen).
Bei den *Kung*-Buschmännern geht der Geburt ein Ritual voraus: die Frau muß bei den ersten Anzeichen über die ausgestreckten Beine ihres Mannes schreiten, der sich vorher kleine Einschnitte in den Waden mit Medizin eingerieben hat. Bei den *Kung* herrscht der Glaube, daß die Mutter dem Kind nicht zu früh die Brust geben darf, weil sonst beide sterben müssen. Daher wird das Kind immer zuerst einer anderen Frau anvertraut, die es nährt.
Der *namibische Buschmann* zündet vor seiner Hütte ein Feuer an, das während der Niederkunft ununterbrochen brennen muß. Auf diesem Feuer dürfen keine Speisen zubereitet werden, weil das Kind sonst blind auf die Welt kommen würde. Nach der Geburt wird neben diesem Feuer ein größeres Freudenfeuer angezündet. Während der Wehen sitzt die Frau mit aufgestütztem Rücken und Knien am Boden, und

die Geburtshelferinnen massieren sie. Sowie die Geburt einsetzt, legt sie sich auf die Seite. Die Nabelschnur wird nicht abgeschnürt, sondern mit einem Messer abgeschnitten, dann wird dem Kind ein Pflaster aus Lehm und Blättern auf den Nabel gelegt. Vor, während und unmittelbar nach der Niederkunft dürfen weder Mutter noch Kind mit Wasser in Berührung kommen. Das Kind wird nur mit Grasbüscheln abgewischt.

Bei den *Auen* in Angola zieht man einen Medizinmann zu Hilfe, falls die Geburt sich als schwierig erweist. Dieser bemüht sich, den Prozeß zu beschleunigen, indem er die Vagina der werdenden Mutter ansaugt und Zaubersprüche murmelt. Dieser Fall gehört zu den ganz seltenen Ausnahmen, wo magische Hilfe in Anspruch genommen wird.

In Somalia wird bei der Geburt eines Sohnes ein Schaf geopfert und die Hand des Kindes mit dem Blut gesalbt. Ist es eine Tochter, so wird kein Opfer gebracht. Die *Somali*mutter wird vierzig Tage lang nach der Niederkunft als unrein betrachtet; während dieser Zeit darf sie die Hütte nicht verlassen, und ihr Mann besucht sie nicht, da sonst das Leben des Kindes in Gefahr wäre. Die Nabelschnur wird an beiden Enden mit dem Haar eines Kamelschwanzes zugebunden, und das Tier wird dem Kind geschenkt. Ein ganzes Jahr lang nach der Geburt darf das Kind die mütterliche Hütte nicht verlassen, und am Ende dieser Zeit wird die *Kalaqad*-Zeremonie gefeiert. Dann trägt ein Bruder der Mutter das Kind über die Schwelle, um das Tabu zu brechen. Ist das Kind ein Mädchen, wird das Kalaqad von der Schwester der Mutter ausgeführt.

In Somalia sowie im stark arabisierten Norden Sudans haben sich trotz des islamitischen Glaubens viele alte Stammestraditionen erhalten können oder sich innerhalb dieses »schwarzen Islams« entwickelt. Um dem Kind eine glückliche und gefahrenfreie Zukunft zu sichern, muß eine Anzahl von Gebräuchen eingehalten werden, die sowohl ihre symbolische als auch magische Bedeutung haben. Die junge Mutter ist bis zur Geburt ihres Kindes eine »Eek me Kan«, eine Neuvermählte, und erst danach wird ihr Mann von ihrer

Sippe als gleichberechtigtes Familienmitglied angesehen. In manchen Gegenden wird eine Zeremonie (das Karemma) abgehalten, wenn die Frau im siebenten Monat schwanger ist. Ein Schaf wird geopfert und ein Mahl aus zwei Sorten Hammelfleisch zubereitet: Getrocknetes Fleisch und in saurer Milch und Butter gedünstetes Fleisch. Jeder der Anwesenden muß von beiden Sorten Fleisch essen, aber die ersten sieben Frauen, die an der Tafel bedient werden, müssen glückliche Frauen sein. Nachdem sie gegessen haben, reiben sie das an ihren Fingern haftende Fett und saure Milch der Schwangeren auf den Bauch und greifen ihr dabei unter das Kleid. (Dieser Brauch ist heute allerdings recht selten geworden.) Nach dem Mahl wird die werdende Mutter in ihre besten Gewänder gekleidet und mit Schmuck behängt, und wiederum ist es eine »glückliche Frau«, die das tut. (Glücklich sind die Frauen, deren Mütter und Kinder am Leben sind.) Eines der Schmuckstücke ist ein Halsband aus Glasperlen, einem Fischknochen und einer Silbermünze. Vom siebenten Monat an bis zur Niederkunft trägt die Frau ein weißes, handgesponnenes Baumwollhemd um die Taille. Wenn die Zeit gekommen ist, wird es zu einem Fiqi (einem Koranlehrer) gebracht, der es mit einigen Sprüchen weiht und siebenmal verknotet. Bei der Niederkunft versammeln sich die weiblichen Verwandten der beiden Ehegatten um die Mutter und singen laut, um die Schmerzensschreie der Gebärenden zu übertönen. Sowie die Geburtshelferin die Zeit für gekommen hält, nimmt sie an der werdenden Mutter eine Operation vor, um ihr die Vagina ganz zu öffnen, denn alle Frauen dieser Völkerstämme sind nach »pharaonischer Art«, d. h. durch Infibulation (Zusammennähung der Schamlippen) beschnitten. Nachdem die Plazenta ausgeschieden ist, wird die Vagina wieder teilweise zugenäht.

Bei den *Ibo* im westafrikanischen Nigeria werden keine Vorsichtsmaßnahmen vor der Geburt getroffen. Dort geht die werdende Mutter bis zum Schluß ihren gewöhnlichen Beschäftigungen nach. Daher geschieht es oft, daß die Niederkunft an einem ungeeigneten Ort stattfindet. Spielt sich die

Geburt im Hause ab, so mag eine Geburtshelferin anwesend sein und eine Großmutter (vorzugsweise die der Frau). In den ersten Tagen gibt die Mutter dem Kind nicht die Brust, denn die Frauen behaupten, die erste Milch sei »bitter« und dem Kinde unbekömmlich. Am Ende des zweiten Tages »testet« man die Milch durch Ameisen. Ein paar Tropfen werden auf den Boden gespritzt. Falls die Ameisen sie nicht anrühren oder gar nach dem Verzehr sterben, enthält die Milch Giftstoffe. Trinken sie sie aber gierig, so wird sie auch dem Kinde bekommen. Nach alter Sitte werden die *Ibo*kinder im Freien geboren, etwa im Hinterhof der mütterlichen Hütte. Zunächst wird das Neugeborene auf ein großes Wegerichblatt gebettet. Nach dem ersten Schrei wird es ins Haus getragen, gewaschen und auf ein am Boden liegendes Brett, das Mgbo gelegt. Das Mgbo ist von da an ausschließlicher Schlafplatz für Mutter und Kind.

Die Geburt von Zwillingen oder anormal geformten Kindern wurde in alten Zeiten als eine Katastrophe betrachtet. Man sah in solchen Kindern die Inkarnation böser Geister, die sich für irgendwelche Untaten der Eltern oder anderer Familienmitglieder rächen wollten, und glaubte fest, daß schweres Unheil über die Familie hereinbrechen würde, wenn man diese Kinder am Leben ließe. So tötete man sie und betrachtete diese schmerzliche Tat als einen Akt der Reue, der allein die bösen Geister wieder umstimmen könne. Heute jedoch freut man sich ganz besonders über Zwillinge und feiert ihre Geburt mit fröhlichen Gelagen. Der Geburt folgt eine ganze Reihe von Festen und Riten, die dazu bestimmt sind, die Neugeborenen in die Welt einzuführen. Die Beschneidung findet im allgemeinen zwei oder drei Wochen (bei den *Ibo* entspricht eine Woche vier Tagen) nach der Geburt statt, aber sie kann auch bis zur Pubertät verschoben werden. Die Operation, die an Knaben und Mädchen gleichermaßen ohne religiöse Riten vorgenommen wird, kann von Männern oder Frauen durchgeführt werden. Die *Ito-Nwa*zeremonie findet zwölf Tage nach der Geburt statt. Bis dahin darf die Mutter weder mit ihrem Mann essen, noch in seiner Hütte er-

10 *Für seine Frau zahlte dieser Mann zwölf Ziegen (Elfenbeinküste)*

11 *Marktfrauen (Elfenbeinküste)*

12 *Mbumfrau mit ihrem Baby kurz nach der Geburt*

13 *Moderne Vorsorgeuntersuchung bei einer schwangeren Senegalesin* ▷

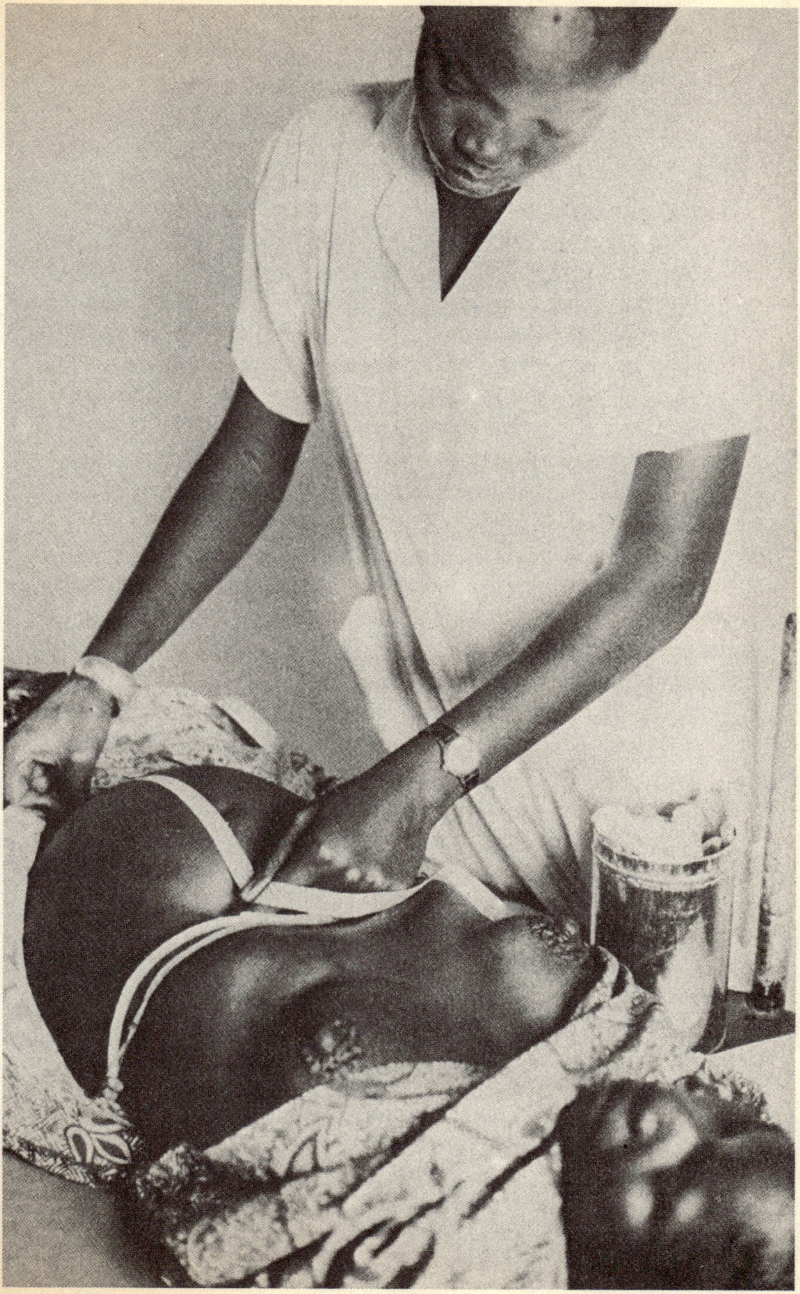

14 *Traditionelle Herstellung von Haushaltsgeräten (Nordkamerun)*

scheinen, noch irgendwelche Hausarbeit verrichten oder an einem Begräbnis teilnehmen. Erst am zwölften Tage wird die Mutter als von ihrer Niederkunft »gereinigt« betrachtet. Das Mgbo wird gewaschen und bis zur nächsten Geburt weggestellt. Nun dürfen Mutter und Kind schlafen, wo es ihnen beliebt. Die Mutter nimmt ihre Arbeit wieder auf und das Kind wird ins väterliche Haus gebracht. Die eigentliche *Ito-Nwa*-zeremonie wird vom Familienältesten geleitet. Alle Mitglieder der Familie (die *Umunna*) sind anwesend. Der Familienälteste gießt etwas Palmwein und Kola auf das Okpensi (ein extra dazu bereiteter Holzklotz, der einen Ahnen des Kindes darstellt), Gebete werden gesprochen, das Kind wird gesegnet und seinen Ahnen vorgestellt. Sodann wird ein Festmahl aus süßen Kartoffeln, Gemüse und Palmwein bereitet. Sechzehn Tage nach diesem Fest folgt das *Asa-Nwa*, eine viel kompliziertere Zeremonie, in der das Kind der Dorfgemeinschaft vorgestellt wird. Bis zum *Asa-Nwa* darf die Mutter nicht auf dem Marktplatz erscheinen, wo ihr erstes Wiederauftreten wiederum mit der *Afia-Nwa*zeremonie gefeiert wird. Es folgen noch die *Igba-Agu*zeremonie, in der ein Huhn geopfert wird und die Ahnen zur Teilnahme am Festmahl geladen werden, indem der Familienälteste das Blut des Tieres auf das Okpensi spritzt und es mit Federn schmückt, und die *Ofo*zeremonie, in der dem Kind der Zweig des heiligen Baums geschenkt wird, damit es seinem Ahnen und geistigen Beschützer näher verbunden ist.
Bei den *Aschanti* in Ghana wird es als gutes Omen betrachtet, wenn die Mutter während ihrer Wehen den Namen ihres Mannes ruft. Die Plazenta wird so rasch wie möglich von einem Mann und einer kinderlosen Frau bei der Kloake vergraben, und die kinderlose Frau uriniert über dieser Stelle, um fruchtbar zu werden. Sie bezahlt dafür der jungen Mutter einen Penny oder mehr, falls es Zwillinge sind. Wünscht keine kinderlose Frau von der Plazenta auf diese Art Gebrauch zu machen, so vergräbt man sie unter einen Baum, der dann viele Früchte tragen wird. Das *Aschanti*kind erhält stets den Namen des Wochentages seiner Geburt. Während

der ersten acht Tage seines Lebens wird das Kind als »Geisterkind« betrachtet, das jederzeit ins Geisterreich zurückkehren mag, weshalb man sich bemüht, ihm in diesen Tagen nicht allzuviel Beachtung zu schenken. Man läßt es auf einer Matte liegen und ermutigt es nicht besonders, an der Brust seiner Mutter zu trinken. Am Hals und an den Armen des Kindes befestigt man Amulette. Mutter und Kind verlassen die Hütte während dieser Zeit nicht, da die Mutter »unrein« ist. Stirbt das Kind im Laufe dieser acht Tage, so wird es begraben, und die Eltern trauern nicht, sie nehmen sogar an Freudenriten teil, denn es war ja schließlich nur ein »Geisterkind«, das keine Absicht hatte, auf der Erde zu verweilen. (In früheren Zeiten galten alle Kinder, die vor der Pubertät starben, als Geisterkinder. Sie wurden ebenfalls ohne Trauer begraben, denn man glaubte, die Mutter würde unfruchtbar werden, ließe man ihnen die richtigen Begräbnisriten zuteil werden.) Lebt das *Aschanti*kind sieben Tage lang, so hat es sieben Gefahren überstanden und wird als eine Person angesehen, stirbt es vor dem achten Tag, so betrachtet man es als nie geboren und namenlos.

Die *Wollof*frau in Senegal gebiert in Hockstellung auf nacktem Boden oder über einem Stück Sackleinwand. Um die Wehen zu beschleunigen, stampfen die anwesenden Frauen Körner in ihren Mörsern. Die Geburtshelferin schneidet die Nabelschnur mit einem metallenen Messer ab. Die Plazenta wird im Gehege einer kinderreichen Frau vergraben. Dann wird das Baby gewaschen. Oft wird aus der Nabelschnur ein Amulett verfertigt, das dem Kind umgehängt wird. Bevor die Mutter sich nach der Niederkunft auf ihr Lager begibt, springt sie viermal in verschiedenen Richtungen über das Feuer. Dann reicht die Geburtshelferin ihr dreimal das Kind hin, gibt es ihr aber erst beim vierten Male. Diese Riten sollen vor Wahnsinn schützen. Während der ersten Woche werden rituelle Vorsichtsmaßnahmen getroffen. Ein Feuer brennt ununterbrochen im Haus, nebem dem ein Metallstab, der gewöhnlich zum Auspressen der Kerne aus der Baumwolle dient, in die Erde gepflanzt wird. In der Nähe des Feuers wird ein Topf mit »Rattenkraut« aufgestellt. Das Wasser, in dem das Rattenkraut gekocht wurde, dient zur Linderung von Leibschmerzen. Das Messer, mit dem die Nabelschnur durchschnitten wurde, oder sonst ein metallischer Gegenstand wird unter das Kopfkissen des Kindes gelegt. Mutter und Kind bleiben während der ersten Woche im Haus. Ist die Mutter aus irgendeinem Grund gezwungen, das Haus zu verlassen, so nimmt sie das Messer an sich und stellt einen Grasbesen ans Kopfende des Kinderbettes.

Das *Yoruba*kind (Nigerien) wird mit Wasser besprenkelt, bis es schreit. Zuvor darf kein Wort gesprochen werden, weil das Kind sonst impotent oder unfruchtbar wird. Die Nabelschnur wird mit Faden abgebunden und mit einem Palmenblatt oder einem Stück Glas durchschnitten, da ein metallenes Messer »Bauchschmerzen hervorrufen würde«. Die Plazenta wird von einer Frau in ein von einem Mann im Hinterhof gegrabenen Loch versenkt, das Loch wird dann mit Steinen aufgefüllt. Über dieser Stelle wird das Baby mit einem Schwamm gewaschen und mit Palmöl eingerieben. Die Mutter darf erst sprechen, wenn das Bad beendet ist. Dann wird das Kind bei den Füßen gehalten und dreimal geschüttelt, wodurch es stark und tapfer werden soll.

Bei den *Xhosa* in Südafrika nimmt die werdende Mutter vom siebenten Schwangerschaftsmonat an und bis zur Niederkunft ein aus medizinischen Wurzeln gebrautes Abführmittel, das *Isicakati* ein, um ihr Blut zu reinigen und die Geburt zu erleichtern. Wenn die Wehen einsetzen, werden der Mutter die Haare geschnitten. Ein anderes *Isicakati* wird für das Baby zubereitet und ihm so lange verabreicht, bis die Nabelschnur sich gelöst hat. Das Mittel soll das Kind kräftigen, verhilft ihm aber vor allem zu leichterem Stuhlgang. Die Nabelschnur wird täglich mit einer Mixtur aus Kaminruß, der Asche eines Maiskolbens, Mäuseexkrementen, gemahlenen Muscheln, Wasser und Muttermilch gesalbt; sie löst sich erwartungsgemäß zwischen dem dritten und zehnten Tag nach der Geburt. Dann wird das Kind gewaschen, mit Vaseline und danach mit Ocker eingerieben. Die Plazenta wird von der jungen Mutter in Abwesenheit der Geburtshelferinnen unter der Türschwelle begraben; ebenso die Nabelschnur, falls sie kein Hexendoktor gestohlen hat. Läßt die Niederkunft auf sich warten, so gibt man der Schwangeren eine getrocknete und zu Pulver zerstampfte Gebärmutter einer Pavianäffin oder einer Stute. Sowie das Kind zur Welt gekommen ist, bringt man glühende Kohlen in die Hütte, und beim ersten aufsteigenden Rauch hält die Mutter das Neugeborene, schwenkt es behutsam darüber und spricht: »Wusch, wusch, wusch, wusch«, dann wird das Feuer ausgelöscht. Nach dem zehnten Tage, wenn die Mutter die Zeit ihrer Absonderung beendet hat, wird die Hütte mit Kuhdung ausgelegt und ein Festmahl bereitet.

Bei den *Basuto* in Lesotho kehrt die schwangere Frau im fünften oder sechsten Monat in den Kraal ihrer Mutter zurück, um das Kind dort zu gebären (besonders ihr erstes Kind). Man hängt ihr ein Amulett um den Hals, um die Gesundheit des Kindes vor physischen und moralischen bösen Einflüssen zu schützen. Für die Niederkunft wird ein Lager aus getrocknetem und gestampftem Kuhdung bereitet (damit das Blut besser aufgesogen wird). Wenn das Kind geboren ist, schlachtet der Vater ein Tier und sendet den Sippenmitgliedern je nach ihrem Rang und Geschlecht ein bestimmtes Fleischstück. Bevor das Kind der Gemeinschaft vorgestellt wird, läßt man einen Zauberheiler kommen, der den Kopf des Babys einsalbt. Zu dieser rituellen Handlung benutzt er eine Mixtur aus einem Spinnennest (die Eier der Spinne stellen die Seelen der Ahnen dar) und Erde aus einem Maulwurfshaufen, die im Fett eines schwarzen Lammes gesotten werden. Auch der Mutter werden mit dieser Mixtur die Stirn und die Fußsohlen gesalbt, »damit sie gut über die Hindernisse auf ihrem Weg hinwegkommt«. Auch eine Räucherzeremonie findet statt, in der man das Kind durch den Rauch eines brennenden Buschs trägt, »damit es weise, tapfer und redegewandt wird«.

Bei den *Gongi Ngombe* in Zaïre sitzt die gebärende Frau auf einer Bodenmatte und lehnt sich mit den Schultern und dem

Kopf gegen den Schoß einer hinter ihr auf einem Sessel sitzenden Frau. Die Schwiegermutter oder eine andere erfahrene Verwandte des Mannes inspiziert ihre Vagina und wäscht ihren Bauch mit einer Brühe aus Blättern und Baumrinde. Die Nabelschnur wird, nachdem sie abgefallen ist, in den Wurzeln eines jungen Wegerichbaums im Garten der Großeltern vergraben, die dann allein berechtigt sind, von den Früchten zu essen. (Bei einer Erstgeburt sind es die mütterlichen, bei allen weiteren die väterlichen Großeltern.) Das Erstgeborene wird kurz nach der Geburt von den Brüdern, Schwestern oder Eltern der Mutter in deren Elternhaus gebracht und dort mindestens ein Jahr behalten. Dort leben Mutter und Kind in völliger Geborgenheit, werden verwöhnt und von der ganzen Dorfgemeinschaft versorgt. Der Vater darf kurze Besuche machen, muß aber seinen Schwiegereltern jedesmal, wenn er sein Kind liebkosen will, ein kleines Geschenk machen. Bevor er nach dieser »Schonzeit« Frau und Kind abholt, setzt er mit der Schwiegerfamilie fest, welche Gaben sie von seiner Familie für die Pflege erhalten wird.
Wenn eine junge *Yao*frau (Malawi) zum ersten Male schwanger ist, wird für sie eine besondere Zeremonie, das *Litiwo* veranstaltet, bei der nur Frauen, die Kinder gehabt haben, anwesend sind. Es ist eine Art von Initiationsritus, der den neuen gesellschaftlichen Rang kennzeichnet. Der gesellschaftliche Rang der Frau richtet sich nach der Anzahl der Kinder, die sie geboren hat. Vor der Niederkunft berichtet die junge Frau ihrer Schwiegerfamilie alle ihre Sünden (besonders Ehebruch). Lügt sie dabei, wird das Kind sterben. Nach der Geburt darf die Mutter während vier oder fünf Monaten keinen Beischlaf mit ihrem Mann haben. Er darf in dieser Zeit zwar mit einer seiner anderen Frauen verkehren, muß aber gewisse Medizinen einnehmen, damit das Leben seines Kindes nicht in Gefahr gerät. Nach dieser Periode üben die Eltern »rituellen Beischlaf« aus und verabreichen dem Kind eine Medizin, die es vor den mystischen Gefahren sexueller Betätigung schützt.
Bei den *Ngoni* in Malawi ist dem Ehemann jeder Beischlaf –

auch mit einer seiner anderen Frauen – verboten, solange die Nabelschnur sich nicht vom Kind gelöst hat. Drei Monate nach der Geburt des Kindes werden die ehelichen Beziehungen wiederaufgenommen. Während das Kind schläft, üben die Eltern den »rituellen Beischlaf« aus. Es ist ein Koitus Interruptus, bei dem der Mann seinen Samenerguß auf die Schenkel der Frau fallen läßt, die sich damit einreibt, dann das Kind ihrem Manne reicht, der es ihr wieder zurückgibt. Dieser Ritus ist obligatorisch, weil das Leben des Kindes von ihm abhängt.

Die *Tschagga*frau in Tansania wird besonders dazu ermahnt, während der Niederkunft tapfer zu sein und weder zu weinen noch zu schreien, da solches Betragen das Leben des Kindes höchster Gefahr aussetze. Sind die Wehen zu lang, so macht man die Mutter dafür verantwortlich, da sie vielleicht jemanden vor der Niederkunft beleidigt hat. Dann wird eine Halskette unter den Anwesenden herumgereicht, und die angeblich beleidigte Person nimmt sie, spuckt darauf und drückt damit ihr Verzeihen aus. Läßt die Nachgeburt auf sich warten, so ist der Mann dafür verantwortlich, weil er seinen Vater beleidigt hat. Dann muß er die Halskette seiner Frau in den Mund nehmen. Sowie das Kind zur Welt gekommen ist, schlägt man auf Trommeln, Töpfe und Geschirr, um es zum Atmen zu bringen. Die Nabelschnur wird in die Rinde eines Bananenbaums gebunden (der Baum wurde zu diesem Zweck bei der Hochzeit der Eltern gepflanzt), zwei Monate lang getrocknet, zu Pulver zerstampft und mit Wasser vermischt. Diese Mixtur wird einer alten Frau zu trinken gegeben, damit das Kind lange lebt. Die Mutter trinkt bei der Niederkunft eine Mixtur aus Kräutern, Butter und dem Urin ihres Mannes; das hilft ihr, die Plazenta schneller auszustoßen. Die Plazenta wird in Bananenblätter gewickelt. Die Mutter des Ehemannes reinigt das Kind mit ihrer Zunge. Dann werden zwei geröstete Bananen mit Kräutern in Milch aufgekocht, die Schwiegermutter kaut dieses Gericht und spuckt es in den Mund des Babys, um ihm »den Mund zu öffnen« und es von der »Nahrung der Welt« kosten zu lassen.

Bei den *Zaramo* in Tansania spuckt die Geburtshelferin dem Baby in den Mund, nachdem die Plazenta ausgeschieden ist. Auch hier, wie bei den meisten Völkern Afrikas, wird das Kind nicht angerührt, bis die Plazenta ausgeschieden und der ganze Geburtsprozeß sich vollzogen hat. Bis dahin gehört das Kind noch zur Geisterwelt, zur Welt der Ahnen. Es wird ja auch von seinem »Zwilling« (Plazenta) in die Welt begleitet.

Die *Bena* in Tansania betrachten die Niederkunft als »unrein«, deshalb findet sie im Busch statt. Alle Kleidungsstücke der Mutter werden nach der Geburt weggeworfen. Der Ehemann löst während der Niederkunft seinen Gürtel, weil er symbolisch an den Schmerzen seiner Frau teilnimmt. Vor der Geburt des Kindes wird er auf Hämorrhoiden untersucht und muß sich pflegen lassen, weil das Kind sonst von Fieber befallen wird. Man achtet darauf, daß die Nabelschnur nicht zwischen die Beine der Mutter zu liegen kommt, weil sie sonst unfruchtbar wird.

Die *Nyakyusa*frau (Tansania) gebiert ihr Kind auf einem Lager aus Bananenblättern. Dann werden Mutter und Baby von der Schwiegermutter in einer aus Bananenblättern geflochtenen Wanne gewaschen. Dem Wasser wird gestampftes Ikipitzi beigefügt, womit der Reinigungszeremonie magisch-symbolische Bedeutung verliehen wird. Während der Stillzeit, die oft bis zu zwei Jahren dauert, ist der Mutter jeder sexueller Verkehr verboten, denn man nimmt an, daß die sexuellen Säfte dem Kinde schädlich sind. Mißachtet eine *Nyakyusa*frau diese alte Sitte und ihr Kind bekommt z. B. Durchfall, so schreibt sie es allein der Tatsache zu, daß sie vor der Entwöhnung des Kindes Geschlechtsverkehr hatte.

Die *Schona*frauen (Rhodesien) bedienen sich gewisser Mittel, die zu möglichst schmerzloser Geburt verhelfen sollen. Eine Mixtur aus medizinischen Wurzeln und eine Vaginalmassage, die die Frau sich selbst unter Anleitung einer Geburtshelferin verabreicht – die *Masua* – dienen zur Erweiterung der Vagina und geben der Gebärenden mehr Mut und Selbstvertrauen. Die werdende Mutter sitzt zu ebener Erde und stützt

den Rücken gegen den großen Mörsertopf. Sie sitzt mit gespreizten Beinen und angezogenen Knien, die sie mit ihren Händen packt, während sie die Bauchmuskeln anspannt. Ihre Mutter, Schwester oder eine andere nahe Verwandte steht oder kniet hinter ihr, hält sie mit den Vorderarmen unter den Achseln und zieht sie nach oben und hinten, während sie selbst nach vorne stößt. Die Geburtshelferin kniet vor ihr, um das Baby in Empfang zu nehmen. Wenn der Kopf des Kindes sich zeigt, reibt die Geburtshelferin – wenn nötig – die Vagina nochmals mit einer seifig-öligen Flüssigkeit ein, um die Geburt zu beschleunigen. Nachdem das Kind geboren ist, preßt man der Mutter ein in warmes Wasser getauchtes Tuch auf den Rücken, damit sie möglichst rasch die Plazenta ausscheidet. Die Nabelschnur wird mit einem scharfen Instrument abgeschnitten, und danach sprüht die Geburtshelferin dem Kind ein paar Tropfen Wasser in den Mund. Dann wird das Kind gewaschen, mit Öl eingerieben und auf eine Matte vor dem Feuer gelegt. Wenn es an der Zeit ist, zu stillen (das geschieht zwei oder drei Tage nach der Geburt, bis dann wird dem Baby warmes Wasser gegeben), werden der Mutter allerlei Heilkräuter und viel Salz in die Nahrung gemischt, damit sie möglichst viel Milch hat. Nachdem die Nabelschnur abgefallen ist, verrichtet die Geburtshelferin ihre letzte Arbeit: Sie sammelt frischen Kuhdung und schmiert damit die Hütte aus. Die Geburtshelferin muß zu dieser Zeit entlohnt werden, denn wenn das versäumt wird, oder wenn man sie bezahlt, nachdem die ehelichen sexuellen Beziehungen wiederaufgenommen worden sind, wird die Geburtshelferin unter Rückenschmerzen leiden.
Auch bei den *Swasi* in Swasiland wird das Kind nicht eher von der Mutter gestillt, bis die Nabelschnur abgefallen ist. So erhält es in den ersten vier Tagen seines Lebens eine Nahrung aus stark verdünntem Maisbrei, den alte Frauen in ihren Handflächen zerreiben und ihm in den Mund stopfen. Es erhält auch regelmäßig bis zu seinem zweiten Lebensjahr Klistiere aus Heilkräutern. Die Nabelschnur wird von der Mutter in ihrem Gürtel getragen, bis sie verwest ist, dann zerrie-

ben und im Winde zerstreut. Damit ist das Kind vor allen Übeln, die seinen Nabel bedrohen, geschützt. In den ersten zwei Wochen seines Lebens wird das Baby mit Lehm eingeschmiert, um seine Haut widerstandsfähig zu machen. Am Tage, an dem die Nabelschnur sich gelöst hat, werden Fellfetzen oder Haare von Tieren, die Kindern besonders gefährlich sind, verbrannt, und das Kind wird durch den Rauch getragen. Man nimmt an, daß die Fontanelle sich nach dieser Zeremonie schließen wird. Beim ersten Vollmond wird das Kind mit weißen Arm- und Fußbändern geschmückt, und bei Nacht trägt ein kleines Mädchen aus dem Dorf es zur Viehweide, zeigt ihm den Mond und sagt: »Das ist dein Freund, la la la.« Dann bringt sie es zurück. Jetzt erst – da es den Vollmond gesehen hat – ist das Kind eine Person, und erst dann darf es dem Vater gezeigt werden. Kurz nach der Geburt wird dem Kind ein »Preislied« gesungen. Dieser Brauch wird wiederholt, wenn es die Pubertät erreicht hat. Solche Preislieder werden im Sprechgesang vorgetragen. Sie drücken den Stolz der Eltern sowie ihre Wünsche für die Zukunft des Kindes aus und sind ein wesentlicher Bestandteil der Volkspoesie der *Swasi*. Sie leben in mündlicher Überlieferung fort und zeugen von der Freude dieses Volkes am Erzählen und Dichten – ebenso wie die zahlreichen Fabeln, Legenden und Märchen, die man sich nachts in den Kraals erzählt.

Um schwierigen Geburten, Fehlgeburten oder der Geburt von Zwillingen (deren Geburt meist schwierig ist und die zu schwächlich sind) vorzubeugen, werden die schwangeren Frauen der *Kpe* und der *Duala* in Kamerun besonderen medizinischen Riten unterzogen. Eine nahe weibliche Verwandte besucht einen Wahrsager, der die angemessenen Heilkräuter verschreibt. Sodann begibt sich die werdende Mutter zum *Nganga*, dem Medizinmann, der ihr ein Bündel Kräuter auf dem Bauch reibt. Aus diesen Kräutern bereitet sie eine Mixtur für einen Einlauf, den ihr ihr Mann oder eine Verwandte durch ein Schilfrohr verabreicht. In komplizierten Fällen wird das Blut einer Ziege, eines jungen Hundes und einiger Hühner dieser Mixtur beigegeben. Das Fleisch dieser Tiere wird von der Frau zu Hause gegessen. Diesen Riten wird große Wichtigkeit zugemessen. Weigert sich der Ehemann, für ihre Einhaltung zu sorgen, so kann das zur Ehescheidung führen.

Die *Lenge*frau in Mosambik wird ihrem Mann erst im zweiten Monat ihrer Schwangerschaft mitteilen, daß sie ein Kind erwartet. Denn falls sie sich geirrt hat, setzt sie sich Strafe und Schlägen aus, weil man sie beschuldigen wird, die Frucht abgetrieben zu haben. (Es gibt dreierlei Abtreibungsmittel oder Bhaka: die frischen Wurzeln der *Pupalia Atropurpurea Mbuluvati*, die *Momordica Clematidea* und die gekochten Blätter und Wurzeln des *Helichrysum Firembwati Wamatsuni*. Die beiden ersteren werden eingeführt, das dritte wird eingenommen.) Wenn die Frau sich ihrer bevorstehenden Niederkunft sicher ist, geht sie in den Regen hinaus und schöpft ein Gefäß Wasser aus dem See. Mit diesem Wasser wäscht sie sich in den Hütten ihrer Verwandten und spritzt es danach auf deren Felder, die nun reiche Ernte bringen werden. Desgleichen reißt sie ihr Kleid in Fetzen und hängt je einen davon an einen Busch in den Gärten ihrer Freunde. Während der Schwangerschaft nimmt auch sie besondere Medizinen ein. Die Geburtshelferin macht ihr einen kleinen Einschnitt in den Arm und reibt ihr ein Pulver aus gestampften Kräutern ein. Bei der Niederkunft hält sie ihr die gleiche Medizin vor die Scheide, um die bereits im Körper befindliche Medizin zu »rufen«. Steht zu befürchten, daß das Kind nicht normal (mit dem Kopf zuerst) herauskommt, so massiert die Geburtshelferin mit ihrem Kopf den Bauch der Gebärenden. Nachdem die Nabelschnur abgeschnitten ist, wird sie dem Kind in den Mund gesteckt, um es zu »nähren« und um es vor späteren Konvulsionen und epileptischen Anfällen zu schützen.

Die *Thonga*frau (Mosambik, Zambia, Südafrika) muß bei ihrer Schwangerschaft verschiedene Tabus beachten: Sie darf keine zu heiße oder zu gewürzte Brühe essen, weil sonst das Kind verbrüht wird und mit schwarzen Flecken auf der Haut zur Welt kommt. Sie darf kein Taubenfleisch essen, denn Tauben haben kein Blut in der Brust, weshalb sie keine Milch für ihr Baby haben wird. Sie darf keinen Affen ansehen, damit ihr Kind nicht einem Affen gleicht. Sie darf auch keinen Kranken besuchen, da dieser sonst sterben würde. Wenn einer Thongafrau bei ihrer ersten Schwangerschaft die Brüste zu schwellen beginnen, ritzt der Medizinmann sie leicht neben der Brust und auf den Schenkeln und läßt etwas Blut herauslaufen, denn man nimmt an, daß sich mit dem Ausfallen der Regeln zuviel Blut im Körper ansammle. Nach der Geburt wird die Hütte von der Schwiegermutter mit nassem Lehm ausgeschmiert, weil das Blut auf dem Boden »unrein« und gesundheitsgefährdend ist. (Aus dem gleichen Grunde wird bei anderen Völkern Kuhdung verwendet.) Auch hier gibt es eine Mondzeremonie: Nach der ersten Wiederkehr ihrer Menstruation legt die Mutter sich neue Kleider an und trägt das Kind, von der Großmutter gefolgt, zum Aschenhaufen hinter der Hütte. Die Mutter wirft einen brennenden Zweig in die Richtung des Mondes, die Großmutter schwingt das Kind in die Luft und ruft: »Das ist dein Mond«. Dann legt sie das Kind in die Asche, von wo die Mutter es aufliest und in die Hütte zurückbringt. Diese Zeremonie, das *Yandla*, soll dem Kind »die Brust öffnen«. Unterläßt man sie, so werden ihm »die Ohren absterben«, d. h. es wird dumm bleiben. Daher sagt man oft zu einem dummen Kind: »Man hat dir nicht deinen Mond gezeigt.«

Den *Ila*frauen in Zambia ist es verboten, im Heim der Eltern zu gebären, denn da das Kind aus der Geisterwelt durch den Mutterleib in die Menschenwelt kommt, könnten mit ihm böse Geister ausgeschieden werden. Daher findet die Niederkunft in einem provisorisch errichteten Verschlag statt. Hat eine *Ila*frau eine Fehlgeburt gehabt, so ist sie unrein, und die Sitte verlangt, daß sie mit einem Fremden Beischlaf hat, bevor sie die ehelichen Beziehungen wiederaufnimmt: Ihre Unreinheit ist dann auf den Fremden übergegangen.

Für die *Tschiga*frau in Uganda ist die erste Schwangerschaft auch deshalb ein sehr wichtiges Ereignis, weil sie erst dann in ihre eigene Hütte ziehen und ihre eigenen Felder bestellen kann. Die schwangere Frau muß eine Anzahl von Tabus beachten. So darf sie z. B. kein Salz essen, weil dem Kind sonst keine Haare wachsen. Ihr Zustand wird ihr also ständig zu Bewußtsein gebracht, und doch darf sie keinerlei Vorbereitungen treffen, sondern muß sich nach außen hin so benehmen, als habe sich ihr Leben nicht verändert. Sie geht wie gewöhnlich ihrer Arbeit nach, bis die Wehen einsetzen. Deshalb entbindet die *Tschiga*frau, wo sie sich gerade zu diesem Zeitpunkt befindet. Nachdem sie das Kind zur Welt gebracht und die Nabelschnur abgeschnitten hat, wickelt sie es behutsam in ihren Rock, schützt es so vor allen gefährdenden Blikken der Fremden, bringt es nach Haus, wäscht und salbt es und legt sich dann auf ihr Lager. Eine den Tschiga eigene Zeremonie ist der »Mutterfluch«, der als eine Art magischer Impfung aufgefaßt wird. Die Mutter gibt dem Baby einen leichten Schlag mit der Nabelschnur und sagt: »Ich verfluche dich, indem ich dich gebar, und jetzt kann der Fluch, vom Blitz erschlagen zu werden, dir nichts mehr anhaben, der Fluch, in der Schlacht zu fallen, wird dich nicht fallen lassen, denn ich habe dich verflucht, indem ich dich gebar, und ich bin deine Mutter, und wenn dich nun irgendwer verflucht, wirst du nicht sterben.« Wenn Zwillinge geboren werden, muß die Nachgeburt an einer wohlmarkierten Stelle vergraben werden, denn wer sich auf diese Stelle setzt, wird an Lepra erkranken.

Das *Ganda*kind (Uganda) wird zwar vom Augenblick seiner Geburt an als der väterlichen Sippe zugehörig ausgegeben, aber erst anläßlich einer besonderen Zeremonie, die nach der Entwöhnung des Kindes stattfindet, als Clanmitglied anerkannt. Nach einem Festmahl setzen sich die Mütter mit ihren Kindern im Schoß vor das Haus, und die Väter stellen sich ihnen gegenüber. Die Mütter haben die sorgfältig konservierten Nabelschnüre ihrer Kinder mitgebracht. Ein großer wasserdichter und mit Wasser und Bier gefüllter Korb wird herbeigetragen, und die Großmütter werfen nun die vorher mit Butter eingeriebenen Nabelschnüre in den Korb. Schwimmen sie an der Oberfläche, so ist die Legitimität der Kinder bewiesen. Danach waschen die Schwestern der Ehemänner Mütter und Kinder mit dem Wasser und Bier aus dem Korb, die Mütter wickeln die Nabelschnüre in ein Stück Rinde ein und bringen sie ins Haus. Am nächsten Tag werden die Clannamen der Kinder offiziell verkündet. Dieser Brauch ist heute fast verschwunden.

Bei der *Gisu* (Uganda) ist der Akt der Geburt kaum Vorschriften und Tabus unterworfen – außer, daß die Frau auf keinen Fall im Hause ihres Vaters niederkommen darf. Erweist sich eine Geburt als schwierig, so wird die Mutter dafür verantwortlich gemacht und bisweilen sogar für ihre »Dummheit« mit Schlägen bestraft. Zwillinge gelten als ein glückliches Omen, aber sie bergen auch magische Gefahren, und um ihr Leben und die Gesundheit der Eltern zu schützen, müssen einige Riten vollzogen werden. So dürfen die Eltern und Kinder einen Monat lang die Umzäunung ihrer Hütte nicht verlassen. Verwandte und Nachbarn besuchen sie während dieser Zeit und bringen obligatorische Geschenke mit, die aber stets genau durch zwei teilbar sein müssen, weil sonst der schwächere Zwilling sterben würde.

Wenn eine *Kikuyu*frau in Kenia einen Knaben geboren hat, stößt sie fünf Schreie aus, bei einem Mädchen vier. Dann schneidet der Vater je vier oder fünf Zuckerrohre, deren Inhalt von Mutter und Kind gegessen wird, die Schalen werden vor der Hütte aufgepflanzt, und zwar rechts, wenn es ein Junge, und links wenn es ein Mädchen ist. Die Plazenta wird mit Saatkörnern und Gras bedeckt und in unbestelltem Land vergraben. Das Kind erhält seinen Namen bei der Geburt. Der erste Knabe wird nach dem väterlichen Großvater genannt, dessen Leben er fortführt, der zweite nach seinem mütterlichen Großvater, das erste Mädchen nach der väterlichen, das zweite nach der mütterlichen Großmutter. Eine besonders wichtige Zeremonie ist die der »zweiten Geburt«, die irgendwann zwischen Geburt und Pubertät stattfindet. Bis dann darf das Kind weder dem Begräbnis seines Vaters beiwohnen, noch eine Erbschaft antreten, noch kann es den Initiationsriten unterzogen werden oder an anderen Riten und Feierlichkeiten teilnehmen. Die Zeremonie der »zweiten

Geburt« spielt sich folgendermaßen ab: Das Kind wird zwischen die Beine der Mutter gesetzt (wenn die Mutter nicht mehr lebt, wird eine Stellvertreterin ernannt, die danach als Mutter des Kindes gilt) und mit Ziegendärmen an sie gebunden, dann werden die Därme durchschnitten und das Kind ahmt den Schrei des Neugeborenen nach.
Bei dem Hirtenvolk der *Massai* (Kenia) kommt die Frau in ihrer Hütte nieder. Die ihr beistehende Geburtshelferin, die Enkaitoyioni beißt die Nabelschnur mit den Zähnen ab, heizt darauf einen Stein, auf dem das Ende der Nabelschnur kauterisiert wird. Dann sagt sie zu dem Baby: »Jetzt bist du für dein Leben genauso verantwortlich, wie ich es für das meine bin.« Damit drückt sie aus, daß das Kind den schützenden Mutterleib verlassen hat und nun ein selbständiges Wesen ist. Die Plazenta wird weggeworfen, und die Mutter erhält eine aus Rinderblut und Honig bereitete Speise.* Der Vater darf zehn Tage lang nach der Geburt die Hütte nicht betreten und auch dort seine Mahlzeit nicht einnehmen, bis das Kind entwöhnt ist. Desgleichen wird der eheliche Beischlaf eingestellt, sowie die Frau weiß, daß sie schwanger ist, und erst wieder nach der Entwöhnung des Kindes aufgenommen. Am vierten Tag nach der Geburt erhält das Kind seinen Namen. Zu diesem Anlaß werden die Köpfe von Mutter und Kind kahl rasiert, dann trägt die Mutter das Kind aus der Hütte und zeigt ihm die Sonne. Bei den Festlichkeiten werden an verschiedenen Tagen schwarze und braune Lämmer geschlachtet (Schwarz und Braun sind bei den Massais heilige Farben).
Die *Galla*frauen Äthiopiens stehen im Ruf, äußerst fruchtbar zu sein, und die meisten Familien sind sehr kinderreich. Die Geburt eines Kindes ist Anlaß zu Festlichkeiten. Der Vater setzt mit einem Wahrsager den günstigsten Tag fest, lädt alle Freunde und Verwandte ein, setzt sich mit dem Kind in die Mitte des Raums, gibt ihm Milch und erteilt ihm seinen Na-

* Die *Massai* nähren sich zum großen Teil von Rinderblut, das sie den lebenden Tieren abzapfen. Auf diese Weise erhalten sie ihren Viehbestand.

men. Während der acht ersten Tage nach der Geburt darf keiner der Eltern ein Nachbarhaus betreten oder Besuche machen. Am achten Tage schneidet man das Haar des Kindes und läßt ihm eine kleine Krone.
Die *Udhuk*frau Äthiopiens gebiert ihr Kind im Busch. Sie mag eine Verwandte bitten, ihr beizustehen, aber falls sie vermutet, sie könne Zwillinge bekommen, wird sie es vorziehen, allein zu sein, denn nach altem Glauben haben Zwillinge und ihre Mutter den »bösen Blick«, und wer sich ihren Blicken aussetzt, wird krank werden und sterben. Deshalb hat man früher die Zwillinge mit ihren Müttern lebendig verbrannt, sowie man sie entdeckte, und noch heute sagen manche *Udhuk*, daß die Abschaffung dieser Sitte Leiden und Krankheit im Lande verbreitet habe.
Die *Mao* Äthiopiens betrachten dagegen die Geburt von Zwillingen als einen großen Segen. Der Ehemann wird von einer Nachbarin über die Schwangerschaft seiner Frau in Kenntnis gesetzt, denn die Frau darf auf keinen Fall ihren Mann direkt ansprechen.
Die *Koma* Äthiopiens betrachten Zwillinge zwar nicht als ein Unglück, glauben aber, daß die Kinder schwächlich bleiben, wenn man nicht ständig den Ahnen Opfer bringt. Zwillinge müssen auch am gleichen Tage heiraten.
Bei den *Didina* und *Murle* Äthiopiens darf niemand Nahrung zu sich nehmen, die von einer »unreinen« Frau (d. h. von einer jungen Mutter, die noch nicht die Reinigungszeremonie durchgemacht hat) gekocht wurde.
Bei den *Bio* und *Mander* Äthiopiens war es früher Sitte, daß die Frau kurz vor der Niederkunft die Hütte ihres Mannes verließ. Der Mann durfte sie erst besuchen, nachdem das Baby den ersten Zahn hatte. Dann opferte er zwei kleine Ziegen und verspritzte ihr Blut zum Zeichen der Freude.
Die *Sillox* Äthiopiens betrachten die Geburt von Zwillingen als ein Zeichen, daß die Frau mit einem Ahnen Verkehr hatte, was zum Tode des einen Zwillings führen könnte. Um sein Leben zu schützen, stellt man in der Nähe des Geburtshauses mehrere Gruppen von je drei Stöcken auf. Die Nachge-

burt der Zwillinge wird auf der rechten Seite der Haustür vergraben.
Bei den *Ingassaua* Äthiopiens wird die Plazenta in ein Kürbisgefäß getan und an einem Zweig des Gammeizbaums aufgehängt.
Das *amharische* Volk Äthiopiens nimmt auf dieser langen Liste der afrikanischen Stammeskulturen eine gewisse Sonderstellung ein, da es sich in seiner kulturellen, gesellschaftlichen und geschichtlichen Entwicklung von den sogenannten Naturvölkern unterscheidet. Die koptisch-christliche Zivilisation hat hier das bei den anderen afrikanischen Völkern vorherrschende magische und kosmologische Element verdrängt und den Sitten und Gebräuchen – auch da, wo sie aus vorchristlicher Zeit stammen – einen weniger strengen, weniger rituellen Charakter gegeben. Wir haben es hier weniger mit Geburtsriten als mit überlieferten Gebräuchen und Festlichkeiten zu tun. Bei den oben erwähnten Völkern Äthiopiens, die sich trotz politischer Domination durch die *Amhara* ihr kulturelles Eigenleben bewahrt haben, ist das nicht der Fall.
Sowie sich die Kunde von der Geburt eines amharischen Babys verbreitet hat, rufen alte Frauen der Nachbarschaft freudig »Elelta« und eilen zum Haus der jungen Mutter. Die älteren Frauen waschen das Kind, während die jüngeren dazu besondere Lieder singen. Die junge Mutter wird auf Diätkost gesetzt und ißt einen »Genffo« genannten Brei aus Mehl, Butter, Salz und Pfeffer. Nach dem vierten Tage lädt sie ihre Verwandten ein, die dieses Mahl mit ihr teilen. Dazu gibt es noch einen Topf mit Honig, der mit Butter, Leinsamenöl und Hammelfett vermischt wird. Die Mutter bleibt bei einem Jungen vierzig und bei einem Mädchen achtzig Tage im Haus. Während dieser Zeit darf sie sich nicht der Sonne aussetzen und bleibt meist im Bett. Der Tag, an dem sie »die Sonne wiedersieht« wird feierlich begangen. Sie trägt einen hausgemachten großen Strohhut, hält das Kind in ihren Armen und tritt ins Freie, während die anwesenden Frauen singen. Die Gäste werden bewirtet, und danach werden Mutter und

Kind feierlich ins Haus zurückbegleitet. Kurz darauf findet die Taufe statt. Zu dieser Feier verfertigt die Mutter ein Halsband aus feinen bunten Baumwollfäden, das »Matab«, das ins Taufbuch gelegt und später dem Kind (dem Knaben in der Pubertät und dem Mädchen bei der Hochzeit) angelegt wird.

Die Abgeschiedenheitsperiode

Die bei fast allen afrikanischen Völkern übliche Periode der Abgeschiedenheit, während der Mutter und Kind das Haus nicht verlassen dürfen, kann sich – je nach Volksgruppe – auf einige Tage oder mehrere Monate erstrecken. Die Gründe dafür haben teils praktische (eine Schon- und Ruhezeit nach der anstrengenden Niederkunft) und teils magisch-religiöse Bedeutung. Die magisch-religiösen Bedeutungen sind wiederum sehr unterschiedlich und komplex.

Die Geburt ist wie der Tod, mit dem sich der Lebenszyklus schließt, ein Tor, das sich in eine andere Welt öffnet – oder besser gesagt zu anderen Aspekten und Ebenen der einen Gesamtwelt. Denn die Afrikaner trennen selten die Welt der Geister von der Wirklichkeit und der Materie, sie sind beide eng miteinander verbunden, aber in Augenblicken wie denen der Geburt oder des Todes laufen sie direkt ineinander. Meist sieht man in der Geburt eines Kindes die Wiedergeburt eines Ahnen. Der Glaube an die Reinkarnation ist ja auch bei den großen asiatischen Religionen verbreitet, und der afrikanische Glaube ist ihnen darin ähnlich, außer, daß hier die Seele auf ewig in der Sippe, dem Clan oder dem Stamm bleibt.

Bei manchen Völkern ist das Kind zwar nicht die Reinkarnation eines Ahnen, ist ihm aber besonders verbunden, und die Verbindung wird oft dem Vater oder der Mutter in einem Traum kundgetan. In jedem Fall aber kommt das Kind aus der unsichtbaren Welt, der Geisterwelt, und wenn sich bei der Geburt die Tür geöffnet hat, so könnten vielleicht auch andere Geister mit durchschlüpfen, böse Geister, die das Le-

ben der Gemeinschaft stören und aus der vorgeschriebenen Bahn werfen. Daher ist es notwendig, die Mutter und das Kind zu isolieren, bis man sicher ist, daß das Kind allein gekommen ist. Diese Isolation wird von Riten begleitet, in denen das Wasser als Symbol der Geburt und der Reinigung sowie das ebenfalls reinigende und vor bösen Mächten schützende Feuer eine bedeutsame Rolle spielt.
Erst wenn diese »Quarantäne« vorüber ist, ist das Kind nach seiner langen Reise in die Welt der Menschen gelangt und wird der Gemeinschaft als ihr neues Mitglied vorgestellt, und die Mutter kann ihren neuen gesellschaftlichen Rang einnehmen.

Die Namengebung

Der dem Kind verliehene Name hat bei den afrikanischen Völkern eine besondere Bedeutung, da ihm ein starker Einfluß auf die Identität und Persönlichkeit des Kindes beigemessen wird.
Die Art des Namens und die Riten, die die Zeremonie der Namengebung begleiten, sind sehr unterschiedlich, aber man kann ganz allgemein drei Namenstypen feststellen: Namen, die sich auf eine Besonderheit oder ein Ereignis zur Zeit der Geburt beziehen, Namen, die man dem Kind zu Ehren eines Ahnen oder einer besonders angesehenen lebenden Person gibt; und Namen, die die Zugehörigkeit zur Sippe oder dem Clan ausdrücken.
In manchen Fällen erhält das Kind einen Babynamen, den es bei Eintritt der Geschlechtsreife wechselt. Es mag sich auch später einen »geheimen« Namen zulegen, wenn es in eine geheime Gesellschaft eingeweiht wird.
Die Geburt von Zwillingen ist, wie wir sahen, überall in Afrika ein besonderes Ereignis – ganz gleich, ob sie als ein Segen oder böses Omen angesehen wird. Zwillinge erhalten deshalb stets auch besondere Namen. Oft sind diese Namen ein für allemal festgesetzt, so daß der Betroffene stets als ein Zwilling erkannt werden kann: Bei den *Yoruba* in Nigeria

wird der erstgeborene Zwilling, den man für den jüngeren hält, weil er von seinem Bruder oder seiner Schwester »vorausgesandt« wurde, Taiwo genannt, d. h. der Vorausgesandte, und der Zweitgeborene heißt Kehinde, d. h. der Spätergekommene. Es gibt besondere Namen für die ersten, zweiten, dritten und vierten Kinder, die einem Zwillingspaar gefolgt sind, für Kinder, die mit der Nabelschnur um den Hals, mit dem Gesicht nach unten, mit einer Mißbildung oder unter besonderen Umständen geboren sind.

Wird ein Kind nach einem angesehenen Ahnen genannt, der dem Vater oder der Mutter im Traum erschienen ist, so steht das Kind unter der Protektion dieses Ahnen und wird dessen gute Eigenschaften haben.

Bei den *Ibo*, die an die Reinkarnation glauben, erhält das Kind zwei Namen: der erste nennt den Tag der Geburt mit dem Zusatz »Nwa« (Kind), wie etwa Freitagskind, und der zweite ist der eines Ahnen, mit dem das Kind eine wirkliche, eingebildete oder auch nur gewünschte Ähnlichkeit trägt. Es ist nicht ungewöhnlich, daß ein älterer Mann zu einem kleinen Mädchen sagt, sie sei seine Mutter. In einem solchen Fall wird er ein Fest veranstalten und die Rückkehr seiner Mutter in die Welt freudig feiern.

Wird in einer *Basuto*familie (Lesotho) ein Kind geboren, dessen ältere Geschwister frühzeitig gestorben sind, so geben die Eltern ihm einen schandvollen Namen wie A Sa Moselasela (Hundeschwanz) oder Nthesele (Ungeziefer), anstatt es nach einem Ahnen zu nennen. Mit dieser Maßnahme wollen sie die Aufmerksamkeit der Ahnen ablenken, die den Tod der ersten Kinder verursacht haben.

Bei den *Schona* in Rhodesien gibt der Vater dem Kind einen Namen. Schreit dann das Kind, so wird angenommen, daß die Ahnen es quälen, weil es nicht den richtigen Namen erhalten hat. Dann wird das Knochenorakel befragt, und der Wahrsager, der die Knochen wirft, muß den Namen feststellen, der dem Kind zukommt.

Die Familiennamen sind nicht immer die des Vaters oder der Mutter, sondern die der Sippe oder des Clans. Heute allerdings wird der Familienname – wie in Europa – vom Vater auf die Kinder übertragen – außer in Äthiopien, wo Familiennamen nicht üblich sind. Auch christliche oder islamische Vornamen sind heute in vielen Ländern gebräuchlich, wenn das Kind auch oft daneben noch einen »einheimischen« Namen trägt.

KINDHEIT

Solange ein Kind noch sehr klein ist, sind die Eltern natürlich bemüht, ihm eine günstige körperliche Entwicklung zu sichern. Sie werden es vor bösen Geistern und magischen schädlichen Einflüssen zu schützen versuchen, denen es besonders in diesem frühen Stadium seines Lebens ausgesetzt ist. Deshalb müssen besondere Vorsichtsmaßnahmen getroffen und besondere Riten abgehalten werden. Wenn das Kind eine Zeitlang vollkommen abgeschlossen wird, ist das eine solche Vorsichtsmaßnahme. Die Bedeutung der Riten ist vielfältig und bei jedem Volk wieder anders. Sie beziehen sich im allgemeinen auf die Ereignisse nach der Geburt, so etwa auf das Ende der Periode der Abgeschlossenheit, auf die erste Nahrung, das erste Bad, den ersten Stuhlgang, den ersten Zahn usw.; sie schützen das Kind vor Krankheit und bösem Blick, sie versöhnen die Ahnen und verhelfen dem Kind zu Kraft und Intelligenz.
Wurde bei den *Kxatla* in Botswana ein Kind geboren, werden vor dem Hütteneingang Stöcke über Kreuz auf die Erde gelegt. Diese Kreuzbalken verkünden, daß sich in der Hütte eine »kranke« Person aufhält. Solange die Kreuzbalken dort liegen, darf kein »heißblütiger« Mensch die Hütte betreten. (»Heißblütig« ist jeder zeugungsfähige Mensch kurz nach dem Geschlechtsakt. Der Kontakt mit ihm, solange er sich nicht »abgekühlt« hat, kann die normale Entwicklung von Mutter und Kind gefährden.) Auch der Vater darf während dieser Zeit die Hütte nicht betreten.

Erst wenn die Nabelschnur vom Kind abgefallen ist, darf der Vater in die Hütte kommen und sein Kind sehen. Jetzt befreien sich die Eltern von dem durch die Kreuzbalken dargestellten Tabu und nehmen – wenigstens symbolisch – die ehelichen Beziehungen wieder auf. Man nennt diesen Ritus das »Überschreiten der Kreuzbalken«: Nach einem Koitus Interruptus verreibt der Vater seinen Samen auf dem Rücken des Kindes, um ihm das Rückgrat zu festigen.
Heutzutage wird dieser Ritus in einer veränderten Form ausgeführt, da die Ehemänner häufig abwesend sind, weil sie fern von ihrem Heimatdorf arbeiten. Die Mutter geht früh am Morgen zum Fluß, holt etwas Wasser und Schlamm und reibt damit in Kreuzform Rücken und Brust des Babys ein. Dann wird ein kleines Fest abgehalten, zu dem alle Verwandten und Freunde, die der Mutter beigestanden haben, eingeladen werden. Dieses Fest heißt »Kot«, weil es die Reinigung des Kindes von seinem Babykot symbolisiert.
Die ganze frühe Kindheit ist von dem »bösen Blick«* gefährdet, der vor allem Hauterkrankungen, oft sogar den Tod hervorruft. Die als »Giftmischerinnen« bezeichneten »Hexen« wenden verschiedene Methoden an, um ihren Opfern Böses zuzufügen. Manche kennen besonders schädliche Gemüsesäfte, die sich leicht mit der Nahrung vermischen lassen oder mit denen man direkt die Lippen des Babys berührt. Manchmal schaut die Hexe oder der Zauberer auch nur beim Essen zu. Man glaubt, daß die Nahrung dann in der Leber in Stein verwandelt wird, was natürlich immer zum Tod des Kindes führt.
Solange der Säugling in die Hütte eingeschlossen ist, darf kein Fremder in ihre Nähe kommen, und kein Gegenstand

* Den bösen Blick besitzen meist Fremde. Bekannte Personen können manchmal gefährlich werden, wenn sie alt sind oder entzündete Augenlider haben. Einsame Frauen, Geistesschwache und Personen mit besonderen geistigen Begabungen werden zuallererst verdächtigt, denn sie gehören zu jener Gruppe von Menschen, die man »die inneren Feinde der Gesellschaft« nennt. Für solche Feinde hält man allgemein jede Art von Straftätern sowie Krüppel und Geistesgestörte, die auf die Hilfe anderer angewiesen sind.

darf die Hütte verlassen, da die Hexen ihre Verwünschungen leicht mit Hilfe von Gegenständen – besonders denen aus Eisen – verwirklichen können.
Der Vater trifft gewisse Vorsichtsmaßregeln, um Mutter und Kind zu schützen. Er schlachtet eine Ziege und ruft einen Magier, der zwei Ringe aus der Stirnhaut des Tieres schneidet, wovon einer auf den Arm der Mutter und der andere auf den Arm des Kindes gelegt wird.
Schutz bietet zum Beispiel das Beinfell eines Tieres, an dem der Huf belassen wurde und das sich die Mutter um den Hals hängt. Das Amulett des Kindes kann aus mehreren kleinen Säcken bestehen, in die man Bananenwurzeln, gewisse Kräuter, Baumfrüchte und einen Leopardenzahn eingenäht hat. Mancher Magier verordnet Mixturen aus Blättern und Schafwolle, die vorher gebrannt und zu Pulver gestampft wurden. Auch andere Zaubermittel werden eingenommen oder unter dem Kamin vergraben – z. B. Elefantendung, der nicht nur die Gesundheit des Kindes, sondern auch die des Viehs beschützt.
Von all diesen Zaubermitteln wird behauptet, daß sie böse Geister und übelwollende Menschen fernzuhalten vermögen, deshalb wird ihr Besitz auch nicht geheimgehalten. Ganz im Gegenteil. Wenn die Mutter alle ihre Nachbarn zu einem Festmahl aus Ziegenfleisch einlädt, dann bekundet sie damit, daß sie Zaubermittel besitzt, und versucht gleichzeitig deren Wirkung zu verstärken, indem sie an das Gewissen der vermeintlichen Übeltäter appelliert.
Normalerweise ist die Zeit, in der dem Kind Gefahren vom »bösen Blick« drohen, mit der Zeit, in der es eingeschlossen bleibt, identisch. Wenn dann die Mutter die Hütte verläßt, wird das Baby feierlich der versammelten Menschenmenge vorgestellt. Es wird auf die Strohmatte über der Tür gesetzt, wo der Magier es viermal anspuckt und ihm kleine Perlenarmbänder anlegt. Dann ermuntert er das Baby, stark, tapfer und erfolgreich zu sein. Es folgt ein weiteres Ritual, das das Baby von aller Gefahr befreien soll. Der älteste Bruder des Vaters tötet eine Ziege, um einen Beinknochen, den »Kno-

chen, der das Leben des Babys schützt«, herauszuschneiden. Dieser Knochen wird sorgfältig abgeschabt, so daß kein Fleisch darauf bleibt, und als Symbol für die Vitalität des Kindes aufbewahrt. In der Nacht sammeln der Vater und der Magier kleine Fleischstückchen aus allen Teilen der Ziege zusammen und legen sie als Opfer für die Ahnen auf einen Stein; sie verfertigen Amulette aus Hautringen und Hufen des Tieres und hängen seinen Schädel als Glücksbringer an die Tür.

Die erste Nahrung des Kindes hat nicht nur nutritive Funktion und ist deshalb von ganz besonderer Bedeutung. Die Nahrung ist der erste Kontakt, den das aus der Geisterwelt kommende Kind mit der irdischen Materie hat. Außerdem kann die erste Mahlzeit sich bestimmend auf die Zukunft des Kindes auswirken, denn sie soll ihm zu Kraft und Intelligenz verhelfen und ihm den Weg in die Welt öffnen.

Die *Ganda* sehen in der ersten Mahlzeit, die hauptsächlich aus Butter oder anderem Fett besteht, ein Mittel, das die Luftwege öffnet. Auf diese Weise wird das Kind vor Krämpfen und Konvulsionen geschützt, von denen es vielleicht später durch »Hexerei« befallen werden könnte. Eine andere »Medizin« besteht aus verbrannten Wurzeln, in deren Rauch Mutter und Baby gemeinsam baden. Dann muß das Baby ein wenig von der zerriebenen Asche essen. Der Rest wird mit Fett zu einer Salbe vermischt, mit der man dem Kind die Ohren, die Nasenlöcher und die Fontanelle einreibt. Erst nach diesen Vorsichtsmaßnahmen darf das Kind an der Brust seiner Mutter trinken. Nach einer anderen, traditionelleren Methode wird der Speer des Vaters neben den Sohn oder ein Messer neben die Tochter gelegt, um die gute Nahrungsaufnahme des Kindes zu sichern.

Bei den *Dschagga* wird dem neugeborenen Kind »die Nahrung der Welt« gezeigt, nachdem es zum erstenmal gebadet und danach von der Mutter allen Verwandten je nach Rang und Würde gereicht wurde. Die Berührung mit dem frisch gewaschenen Baby hat eine gute Bedeutung. Ist die Mutter des Kindsvaters nicht anwesend, wird deshalb manchmal

das Badewasser für sie aufbewahrt, damit sie sich darin die Hände waschen kann.
Die »Nahrung der Welt« besteht aus zwei grünen Bananen, die zuerst geröstet, dann in Milch und Butter gekocht wurden und denen meist Zutaten mit magischen und medizinischen Kräften beigemischt sind. Die väterliche Großmutter zerkaut diese Nahrung und spuckt sie stückchenweise dem Baby in den Mund.
Man erzählt, daß in alten Zeiten die Hebammen eine solche Mahlzeit für sich selbst gekocht, darauf die Hütte verschlossen und eine Geheimzeremonie abgehalten hätten, in der sie die Überlegenheit des weiblichen über das männliche Geschlecht feierten, da die Frau allein für das Fortbestehen der Menschheit sorge, sie allein fähig sei, die Schmerzen der Geburtswehen zu ertragen.
Die Hauptnahrung der jungen *Dschagga*mutter ist das »Kitawa«, ein Gemisch aus in Milch gekochten Bananen und Bohnen. Außerdem muß der junge Vater ihr ein besonderes »Mlasi«-Mahl zubereiten, das aus Fleisch, Fett, Blut und Milch besteht und milchtreibend wirken soll. Die Mutter erhält diese Speisen mehrere Male während sie mit ihrem Neugeborenen abgeschlossen von der Außenwelt lebt.
Wenn die *Dschagga*mutter dem Kind ihre Brust gibt, stillt sie damit nicht nur seinen Hunger, sondern stellt eine Verbindung zwischen dem Kind und seinen Ahnen her. Schon bei den Hochzeitsfeierlichkeiten findet ein Ritus statt, der sich auf die Muttermilch bezieht. Die Mutter der Braut nimmt ein Stück Leder, auf dem sich Reste des ersten Menstruationsblutes der Tochter befinden, reinigt es, schmiert vier Schichten von Kuhdung darüber, und segnet ihre Tochter mit den Worten: »Deine Milch sei süß wie die der Kuh und des Schafes.« Da die Brüste der Frau nach dem Glauben der *Dschagga* den Geistern Eintritt gewähren, kann die Muttermilch unter dem Einfluß böser Geister verderben. In einigen Clans müssen die Frauen ihre Brüste von einem Zauberer mit Medizin einreiben lassen, bevor das Kind daran saugen darf. Dabei wird der dunkle Kreis um die Warze herum eingeschnitten,

15 *Eingeborene bei der Hausarbeit*

16 *Moderner Hauswirtschaftsunterricht (Kamerun)*

damit er vernarbt und die Milch das Baby nicht mehr »verbrennen« kann, es sich also auch nicht mehr erbrechen muß. Falls die Mutter krank ist, darf sie dem Kind die Brust nicht geben. Der Medizinmann kann ihr sogar eine Droge verabreichen, die ihr zeitweilig die Brust verschließt.

Nur die wahre Mutter kann ihr Kind ernähren. Wird es von einer Fremden gefüttert, so muß das Kind sterben.

Stirbt die Mutter im Kindbett, so übernimmt im allgemeinen die Mutter des Ehemannes die häusliche Pflicht. Das Baby wird der Großmutter an die Brust gegeben. Sie erhält dafür die besondere Nahrung, die auch die Mutter während ihrer Abgeschlossenheit erhalten hatte, und braucht keine harte Arbeit zu leisten. Die *Dschagga* glauben, daß die Muttermilch nicht ausreicht, und spucken deshalb mehrere Male am Tag und zwei bis dreimal in der Nacht dem Kind zusätzlich Nahrung in den Mund. Daß die Großmutter das Kind an die Brust nimmt, dient also nur dazu, das mutterlose Kind zu beruhigen.

Das Kind wird von der Mutter ernährt, sowie ihre Brust sich mit Milch gefüllt hat. Bis dahin säugt es die väterliche Großmutter. Bevor die Mutter ihrem Kind die Brust geben darf, wird dem Baby etwas Milch ins Gesicht gespritzt, dann spuckt die Mutter etwas Wasser über ihre Brüste, danach erhält das Baby einen Schluck Kuhmilch. Erst nachdem all diese Vorsichtsmaßnahmen durchgeführt worden sind, darf das Kind an der Mutterbrust trinken.

Daß ein Baby täglich gebadet wird, ist üblich. Afrikanerinnen baden ihre Babys noch öfter, aber nicht nur aus hygienischen Gründen. Auch in Afrika symbolisiert Wasser Reinheit, Weiblichkeit und Fruchtbarkeit, aber außerdem ist es in vielen afrikanischen Gebieten eine große Kostbarkeit. In den ersten Monaten wird das Kind morgens, mittags und abends vor dem Schlafengehen in einem Wasser, das mit Heilkräutern verfeinert ist, gebadet.

Afrikanische Babys werden schon sehr früh zur Sauberkeit erzogen. Es ist seit altersher Brauch, daß die Mutter damit beginnt, wenn das Kind zweieinhalb bis drei Monate alt ist.

Immer wenn das Kind dann erwacht oder seine Mahlzeit beendet hat, hält die Mutter es so, daß es mit den Füßchen die Erde berührt. Mit den Armen stützt die Mutter ihm den Rükken und hält es weit von sich ab. Sobald das Baby alleine sitzen kann, hält die Mutter es im Hocksitz, wenn es Stuhlgang hat. Da diese Prozedur sich häufig wiederholt, wird sie dem Kind rasch zur Gewohnheit, so daß es mit etwa einem Jahr bereits gelernt hat, sich von allein hinzuhocken. Sobald das Kind verständiger geworden ist, braucht man ihm nur noch den dazu bestimmten Ort zu zeigen.

Die *Dschagga* versuchen mit Magie ihre Kinder vom Bettnässen zu heilen. Wenn das Kind etwa neun Monate alt ist, sammelt die Mutter im Huf einer Ziege Regentropfen, den sie dann dem Baby mit den Worten überreicht: »Nimm und trinke diese Medizin, und dann wirst du nicht mehr dein Bett nässen.« Hilft dieses Mittel nicht, zeigt man dem Kind, wenn es älter geworden ist, die Pfütze oder den Fleck und schimpft es aus. Manchmal wird das Kind in seine Exkremente gestoßen und darin gerollt, um ihm Ekel davor einzuflößen. Knaben dürfen so lange nicht in der Hütte des Vaters schlafen, bis sie absolut sauber sind. Wenn dieser Anreiz sich als nutzlos erweist, versucht man es mit Schlägen. Da das Bettnässen bei den erwachsenen *Dschagga* ein Scheidungsgrund ist, wird bei diesem Stamm die Reinlichkeitserziehung besonders streng durchgeführt.

Bevor das *Dschagga*kind entwöhnt wird, unterzieht man es dem Ritus »des ersten Zahns« und dem Ritus der Namengebung. Der erste Zahn des Babys wird nach etwa sechs Monaten erwartet. Vor dieser Zeit nennt man das Baby »Mnangu«, was »unvollkommen« heißt. Kommt der Zahn mit Verspätung, so ist der Großvater dafür verantwortlich. Vermutlich hat er sich geärgert, weil er nicht genügend Bier und Fleisch bekommen hat. Die Eltern müssen sich nun bei ihm entschuldigen, damit er seinen Fluch rückgängig macht, indem er dem Kind in den Mund spuckt. Sowie der Zahn erscheint, wird die väterliche Großmutter gerufen; sie bringt ein Kraut mit Namen »Kinderzahnkommrauskraut«, reibt

dem Baby damit das Zahnfleisch ein und segnet es, um ein gesundes Wachstum der Zähne zu fördern. Die Mutter jubelt, als habe sie erst jetzt ihr Kind bekommen, und ihre Schwiegermutter segnet sie mit den Worten: »Möge dein Schoß wieder gebären.«
Solange das Kind ein *Matuma*, ein Wesen ohne Zähne ist, darf es auch keinen Namen erhalten. Erst, wenn der erste Zahn da ist, kann die Zeremonie der Namensgebung gefeiert werden. Erst wird dem Ahnen, nach dem das Kind benannt werden soll, ein Gebet dargebracht: »Oh, Du Vater, wir möchten dieses Kind mit Deinem Namen nennen, so daß Dein Name wieder unter uns ist; freue Dich also über Dein Enkelkind und nimm es ihm nicht übel, daß es Deinen Namen trägt. Wir bitten Dich um Deinen Namen, so daß wir ihn dem Kind geben können.« Dann wird ein Festmahl zubereitet, zu dem alle Verwandten eingeladen werden. Sie beglückwünschen das Kind zu seinem neuen Namen und schenken ihm kleine Perlen und Münzen.
Die Zeremonie der Namensgebung stellt noch in anderer Hinsicht eine Verbindung mit den Ahnen her. Erst von dem Augenblick an, da es einen Namen trägt, ist das Kind vom *Mongama*, dem Zustand des Tabus, befreit. Wird ein Kind krank, bevor es einen Namen erhalten hat, so bedeutet das, daß ein verstorbener Ahne ihm seinen Namen zu geben wünscht. Während der Zeremonie legt man dem Kind einen kleinen Ring aus Ziegenfell um den Finger und schützt es damit vor den bösen Geistern, denn jetzt, da es einen Namen trägt, ist es ihnen bekannt und kann von ihnen heimgesucht werden.
Der Erstgeborene wird meist nach dem väterlichen Großvater und der zweite nach dem mütterlichen Großvater benannt. Die folgenden Kinder tragen die Namen jener Ahnen, denen sie nach Ansicht der Familie am meisten ähnlich sind. Während der ersten zwei oder drei Jahre seines Lebens bleibt das Kind ausschließlich unter der Obhut seiner Mutter, die es ständig auf dem Rücken trägt und es nährt, wann immer es hungrig ist.

Den ersten drastischen Einschnitt erfährt dieses enge und zärtliche Verhältnis, wenn das Kind entwöhnt wird, denn die Entwöhnung ist meist mit Strafe und Züchtigung verbunden. Die *Dschagga*mutter z. B. streut sich etwas roten Pfeffer (oder irgendeine bittere Substanz) auf die Brustwarzen. Da die Zeit der Entwöhnung von der Mutter als eine Störung in ihrem Verhältnis zu dem Kind empfunden wird, gibt sie das Baby oft zur väterlichen Großmutter.
Bei den *Basuto* in Lesotho wird das Kind meist im Alter von zwei bis drei Jahren entwöhnt. Die Nachbarn bereiten es darauf vor, indem sie es auslachen, wenn es zu seiner Mutter will, um an ihrer Brust zu trinken. Sie tun so, als seien sie angeekelt, und versuchen, das Kind von der Mutter wegzuziehen. Anfangs mag das Kind glauben, es handle sich um ein neues Spiel, aber allmählich wird ihm klar werden, daß sein Wunsch nach der Brust der Mutter plötzlich etwas Unrechtes geworden ist, denn auch die Mutter wird es ihm immer schwerer machen und sich schließlich weigern, ihm die Brust zu geben. Sollte die Entwöhnung (z. B. wegen einer neuen Schwangerschaft) sehr dringend sein, so greift die Mutter zu härteren Mitteln. Sie bindet sich etwa ein Tuch um die Brust oder schmiert bitteren Tabaksaft auf ihre Brustwarzen. Allerdings kann sich eine so drastische Entwöhnungskur sehr störend auf die weitere Entwicklung des Kindes auswirken. Die Entwöhnung, die dem Kind seine Lieblingsnahrung und die ungeteilte Aufmerksamkeit der Mutter raubt, ist vielleicht das schmerzlichste Erlebnis in der frühen Kindheit. Deshalb entwöhnen die *Acholi*mütter in Uganda ihre Kinder, indem sie für ein paar Tage fortgehen und das Kind zu Hause lassen, so daß das Kind sich während ihrer Abwesenheit daran gewöhnt, ohne Muttermilch auszukommen.
Wenn das Kind ins Krabbelalter kommt und anfängt, mit kleinen Gegenständen zu spielen, wird es auch zum Spielgefährten für seine älteren Geschwister. Sein Horizont erweitert sich, erstmals erkennt es, wie groß seine Familie ist, und kann nun, wenn es hungrig ist, zu jeder der anwesenden Frauen, die es alle »Mutter« nennt, gehen.

Die eben beschriebene Art der Kindererziehung ist in Afrika weit verbreitet, es gibt aber zahlreiche andere Varianten: Die Kinder der *Ewe* in Ghana z. B. verbringen eine längere Zeit bei den Verwandten der Mutter. Meist laden die Großeltern die Kinder ihrer Tochter zu sich ein. Neben den Großeltern hat der älteste Bruder der Mutter ein besonderes Verhältnis zu den Kindern seiner Schwester, da sie seine Erben sind. Die Beziehungen zur Familie des Vaters sind weniger eng. Allerdings wird der Schwester des Vaters besonderer Respekt bezeigt, da ihre Segnungen oder Flüche große Bedeutung haben.

Wenn die Mutter das Kind während der Entwöhnungszeit den Großeltern anvertraut, so hat das seinen Grund nicht nur in den Spannungen zwischen Mutter und Kind, sondern die Großeltern übernehmen für ein bis zwei Jahre die Erziehung. Manche Kinder bleiben dann sogar bis zu ihrer Heirat bei den Großeltern (bei den *Dschagga*).

Die Großmutter erzählt den Kindern abends Geschichten, Märchen und Legenden, tagsüber lehrt der Großvater sie allmählich die Gesetze des Stammes: Solidarität mit allen anderen Stammesangehörigen, Gehorsam den Eltern gegenüber, Verehrung für die Ahnen, brüder- und schwesterliche Pflichten und vor allem die Verantwortung der älteren für die jüngeren Geschwister. Auch heiklere Themen, wie zum Beispiel das der Eheschließung, werden diskutiert, und der Großvater erteilt Ratschläge bei der Wahl des Partners. Dieser »Unterricht« bezieht sich auf alle Lebensbereiche, und selbst mit Sechs- oder Siebenjährigen wird bereits über Dinge gesprochen, die hierzulande für sie tabu sind, so etwa über Sexualität.

Bei den *Dschagga* besteht noch eine besondere Beziehung zwischen dem Kind und dem ältesten Bruder der Mutter. Diesen Onkel nennt man *Meni-luwa* (Der Herr der Nachkommen). Diesen Status erbt er von seinem Vater. Der *Meniluwa* hat Rechte und Pflichten, die ihm vor allem die Religion zuschreibt und die sich auf Zeugung und Empfängnis beziehen. Hat man ihn gekränkt, so wird seine Schwester nicht schwanger werden; daher muß man ihn versöhnen. Man bittet ihn dann, zu den »Ahnen der Linken« zu beten, damit sie den Zauber brechen. Ohne freundliche Beziehung zwischen dem Bruder der Frau und ihrem Ehemann kann es keine gesegnete Ehe geben, denn der *Meni-luwa* hat Macht über das Embryo und das Kleinkind, und wenn die schwangere Frau infolge von Schlägen oder Mißhandlung durch ihren Mann eine Fehlgeburt hat oder im Kindbett stirbt, verlangt ihr Bruder Genugtuung in Form von »Blutgeld«, d. h. acht Ochsen und acht Ziegen. Falls seine Schwester vorher bereits ein Kind geboren hat, verlangt er nur je einen Ochsen und eine Ziege (sogenannte Tränentiere).

Der *Meni-luwa** besucht das Kind häufig. Nach seinem ersten Besuch, zwei bis drei Monate nach der Geburt, tötet er zu Hause ein Tier und schickt seiner Schwester ein Fleischgeschenk, »das Willkommensgeschenk«, und auch einige Hautringe für das Baby, die aus der Stirne des Tieres geschnitten wurden und als Zeichen der Freundschaft gelten. Bei späteren Besuchen wird er mit einer perlenbestickten Kürbisflasche empfangen, und seine Neffen und Nichten werden aufgefordert, ihm den Kopf zu streicheln, um ihn auf jeden Fall zu besänftigen. Die Kinder werden ständig ermahnt, ihren Onkel nicht zu ärgern und ihn nicht zum Fluchen zu bringen, da er dann dem Kind schaden und ihm Krankheit zufügen kann. Hat der Vater alle Pflichten seinem ältesten Schwager gegenüber erfüllt, wie es die Gesetze des Stammes vorschreiben, so wird dieser ihm seine Macht zur Verfügung stellen. Der Speichel des *Meni-luwa* ist von besonderer Heilkraft, und man schenkt dem *Meni-luwa* Bier, um sich seinen Speichel zu verschaffen. Das kranke Kind bringt dem Onkel, begleitet von Mutter, Schwestern und Brüdern das Bier ins Haus. Der Onkel bietet zuerst den mütterlichen Ahnen einen Trunk, dann wendet er sich dem Berge zu und betet. Das Kind wird mit Butter eingerieben, und der Onkel spuckt ihm in die offenen Hände. Falls das Kind sterben soll-

* Siehe auch S. 101

te, ohne diese magische Behandlung erhalten zu haben, wird man die Eltern für den Tod verantwortlich machen. Andererseits muß der *Meni-luwa* dem Mann seiner Schwester, der die Kinder seiner Schwester in seiner Gewalt hat, in allen Lebenslagen helfen. Falls er diese Hilfe verweigert, wird seine Schwester ihn verfluchen, wodurch er unfruchtbar werden wird.

Solange das Kind heranwächst, spielt der *Meni-luwa* bei allen Riten eine große Rolle: so beim Ritus des Ohrendurchstechens, der an den Kindern im Alter von vier bis sechs Jahren vorgenommen wird; der Vater durchsticht das rechte, der *Meni-luwa* das linke Ohr.

Auch bei den *Yoruba* in Nigeria beteiligen sich gern Onkel, Tanten, Großeltern oder ältere Nebenfrauen neben den Eltern an der Erziehung. Gelegentlich wünschen sich die Großeltern eines ihrer Enkelkinder ins Haus, um Gesellschaft und Hilfe im Haushalt zu haben, und einem solchen Wunsch dürfen sich die Eltern nicht widersetzen.

Heute beginnt man an der Zweckmäßigkeit dieser strengen Disziplin zu zweifeln. Besonders gebildetere Eltern ziehen es vor, ihre Kinder selbst zu erziehen, da sie durchaus nicht immer mit den Methoden der Großeltern und Verwandten einverstanden sind.

Im allgemeinen bringt man in Afrika dem Baby viel Wärme und Zärtlichkeit entgegen. Nie läßt man es lange weinen, nie läßt man es lange allein, und bei dem ersten Anzeichen von Unruhe nimmt die Mutter es tröstend in die Arme, spielt mit ihm oder gibt ihm die Brust.

Fast überall in Afrika trägt die Mutter das Kind den ganzen Tag lang auf dem Rücken, schläft mit ihm und läßt es ständig die Wärme ihres Körpers fühlen. Bei allen Verrichtungen im Haus und auf den Feldern trägt sie das Kind mit sich. Dadurch fühlt es sich sicher und geborgen, wird nicht nervös und ängstlich. Die Mutter braucht weder ein Säuglingsheim noch einen Kindergarten – in kinderreichen Familien trägt oft die älteste Tochter eines ihrer jüngsten Geschwister an Mutterstelle auf dem Rücken.

Das Ziel der Erziehung in den alten Stammeskulturen ist die Erhaltung des kulturellen Erbes der Familie, des Clans und des Stammes. Man lehrt das Kind, sich seiner Umwelt anzupassen und sie sich zunutze zu machen, erklärt ihm, daß seine eigene Zukunft und die der Gemeinschaft, in der es lebt, von der strikten Beachtung der Institutionen, Gesetze und anderer kultureller Eigenheiten und einem ausgeprägten Traditionsbewußtsein abhängen. Heute wird diese Erziehung immer weiter verdrängt, denn sie verliert mehr und mehr ihre Basis in einer Welt, die so gar nichts mehr mit dem Afrika der Vergangenheit zu tun hat. Trotzdem ist es für das Verständnis Afrikas wichtig zu wissen, wie diese Erziehung aussah, was sie geleistet hat und wieviel von ihr heute noch vorhanden ist.

Das traditionelle Erziehungssystem war je nach der geographischen und sozialen Lage unterschiedlich, was nicht weiter erstaunt, da es sich vor allem auf die Gemeinschaft und die unmittelbare Umwelt bezog. So erhielt ein Kind in den Bergen nicht die gleiche Erziehung wie eins, das in einer Ebene, auf einem Fluß oder im tropischen Urwald lebte, denn es mußte lernen, wie man Gefahren begegnet und wie man sich Bodenschätze, Pflanzen- und Tierbestand zunutze macht. Und vor allem lernte das Kind, daß es nicht allein leben kann, daß es sich der Gemeinschaft, der es sein Leben verdankt, anpassen, sich den Sitten und Gebräuchen fügen, den Gesetzen gehorchen, sie verteidigen und durch die Zeugung von Kindern ihr Weiterbestehen sichern muß. Man lehrt es, sich in Sprache und Betragen Mäßigung aufzuerlegen, die Älteren und die Ahnen der Familie zu achten und an allen gemeinsamen Aufgaben daheim und auf den Feldern teilzunehmen.

Vom frühen Pubertätsalter an lernten die Kinder, daß jeder Stamm seinen Angehörigen gewisse Verbote, Tabus und Rechte auferlegt, ohne die ein Gemeinschaftsleben nicht möglich sei. Für jeden in dieser Tradition erzogenen Men-

schen sind die Stammesgesetze und der Moralkodex von ganz besonderer Bedeutung.
Die Methoden der traditionellen Erziehung sind sehr verschiedenartig; man sitzt des Abends vor dem Kaminfeuer beisammen, erzählt immer wieder die alten Sagen und Legenden, gibt den Kindern Rätsel auf, um ihr Urteilsvermögen auf die Probe zu stellen, erklärt die Mythen, die Geschichte des Stammes und die der Menschheit. Diese mit viel Sorgfalt vorgetragenen Geschichten sind fester Bestand der traditionellen Erziehung.
Die Kinder fangen schon früh an, in ihren Spielen die Beschäftigungen der Erwachsenen nachzuahmen: Die Knaben spielen mit Pfeil und Bogen und hölzernen Speeren; sie bauen kleine Hütten und Ställe für das Vieh, denn das werden die Aufgaben sein, die sie später einmal verrichten müssen. Die Mädchen basteln sich Puppen und Körbe aus Gras zusammen, stampfen Körner wie ihre Mütter, verfertigen kleine Töpfe und kochen Phantasiemahlzeiten.
In fast allen afrikanischen Gesellschaftsformen ist die Kinderliebe groß, und wenn man davon absieht, daß das Leben eines Kindes stets von Krankheit und Tod bedroht ist, sind die frühen Kinderjahre wirklich unbeschwert. Dummheiten und schlechte Manieren werden den kleinen Kindern meist verziehen, und gutes Benehmen bringt man ihnen frühestens nach der Entwöhnung, also mit zwei bis drei Jahren bei; vorher ist das Kind unzurechnungsfähig.
Bei den *Ngombe* in Zaïre fühlt sich die ganze Gemeinschaft, d. h. die gesamte väterliche Familie für das Kind verantwortlich. Viele Sprichwörter haben eben dieses Zusammengehörigkeitsgefühl und das Vertrauen in Verwandte, in Menschen, die älter sind als man selbst, zum Thema, denn die *Ngombe* leben in einer kollektivistischen Gemeinschaft, in der jeder vom anderen abhängig ist und stets bei den Älteren Rat suchen soll. Dieses Prinzip bestimmt das Verhältnis zwischen den Generationen.
Das *Ngombe*kind wird selten körperlich bestraft. Hat es etwas Unrechtes getan, wird eine der Älteren einen kleinen Fluch,

wie z. B. »Kind, du wirst nie ein Dorf haben« aussprechen. Da allein die Ahnen Belohnungen oder Bestrafungen austeilen können, glaubt man, daß ein Kind schließlich von den Ahnen bestraft wird, wenn es oft den Älteren nicht gehorcht. Die Folge soll sein, daß das Kind es im Leben zu nichts bringt. Natürlich begreift ein Kleinkind die Bedeutung dieser Flüche erst allmählich.

Die Kinder basteln ihr eigenes Spielzeug und benutzen dann alles, was ihnen in die Hände fällt: Steine oder Früchte mit einer besonderen Form sind sehr beliebt; Bananen und Kartoffeln benutzen die Kinder als Vieh; als Puppen verwenden sie Maisstauden und Bananen oder schnitzen sie sich aus Holz und kleben ihnen kleine Perlen oder Körner an die Stelle der Augen. Die Mädchen machen sich Hüte aus Blättern, die sie mit Dornen aneinander befestigen, Blumen werden zu Halsketten gebunden, und aus Bananenblättern verfertigen sie sich Röckchen. Auch eine Anzahl von Musikinstrumenten werden von Kindern hergestellt: z. B. Flöten aus Bambus und den Zweigen des Paupaubaumes, bei denen das verschlossene Ende zusammengebunden wird und zwei bis vier Löcher in die Nähe des offenen Endes gebohrt werden; diese Flöten blasen nur die Mädchen.

In der Regenzeit bleiben die Kinder zu Hause, tanzen, singen und spielen Versteck. Die einfachste Form des Versteckspielens geht folgendermaßen: Die Kinder verkriechen sich hinter Büschen, Bananenbäumen oder anderswo oder liegen flach auf dem Boden. Der Sucher macht Witze und schneidet Grimassen, und das versteckte Kind, das sich zuerst durch sein Gelächter verrät, hat verloren.

In der sehr frühen Kindheit haben die Mädchen ziemlich die gleichen Beschäftigungen und Spiele wie die kleinen Jungen, es gibt aber auch Spiele, die nur die Mädchen spielen.

Mädchen nehmen viel früher an den Beschäftigungen der Erwachsenen teil als die Jungen, und wenn sie das Pubertätsalter erreichen, leisten sie bereits dieselbe Arbeit wie ihre Mütter. Heute kommt durch den europäischen Einfluß noch die Arbeit für Schule und Kirche als zusätzliche Belastung

dazu, denn die Arbeit im Haushalt müssen die jungen Mädchen trotzdem – vor oder nach der Schule – tun.
Im Alter von fünf oder sechs Jahren nehmen die Mädchen bereits an allem teil, was die Mutter tut. Aber in diesem Alter ist das für sie nur eine Fortsetzung ihrer Spiele.
Das kleine Mädchen begleitet die Mutter an den Fluß zum Wäschewaschen. Man gibt ihm ein kleines Stückchen Stoff zu waschen, und wenn die Mutter Wasser heimbringt, so gibt sie ihm eine kleine mit Wasser gefüllte Kürbisflasche, die es mit beiden Händen auf dem Kopf trägt, so wie die Mutter ihren Eimer. Wird es dem Kind zu schwer, so gießt die Mutter etwas Wasser heraus und gibt ihm die fast leere Kürbisflasche zu tragen. Kleine Mädchen tragen auch in altgewohnter Frauenart Lasten auf dem Rücken; und wenn sie mit ihren Müttern ihre täglichen Gänge machen, nehmen sie auf dem Wege Brennholz auf. Ist ein Mädchen sechs oder sieben Jahre alt, so muß es beim Wassertragen, Kornstampfen und beim Ausfegen von Hütten und Vorhöfen helfen.
Die traditionelle, strenge Erziehung will dem Kind zu wirtschaftlicher und psychischer – nicht aber zu sozialer – Unabhängigkeit verhelfen. Das Kind wird dazu erzogen, sich in die Verwandtschaft und Gemeinschaft zu fügen, soll aber auch einen Beruf erlernen, um sich wirtschaftlich selbständig zu machen und eigene Entschlüsse fassen zu können. Daher wird in der frühen Erziehung des afrikanischen Kindes das Hauptgewicht auf das Leben in der Gemeinschaft gelegt, wobei dem Kinde immer wieder die Vorsätze und Vorbilder gezeigt werden, deren es sich würdig erweisen muß. Man bringt den Kindern auch bei, welchen Rang sie innerhalb der Familie und des Stammes einnehmen und wie sie sich den Älteren oder Jüngeren gegenüber zu verhalten haben. In alten Zeiten war es Aufgabe des Vaters, periodisch den Ahnen Opfer zu bringen und sie zu bitten, seinen ganzen Haushalt zu beschützen. Das fand vor allem in Zeiten der Not oder bei Festlichkeiten statt. Nur das Familienoberhaupt durfte diese Riten ausführen, und von ihnen hing das Wohlergehen aller Familienmitglieder ab. Dieses Privileg gab dem Vater eine

gewisse Macht über seine Kinder, denn er allein konnte ihnen die Hilfe und den Schutz der magischen Welt der Ahnen verschaffen.
Die Autorität der Eltern stützte sich damals außerdem auf den Glauben an die Macht des Fluches. Benahm ein Kind sich seinem Vater oder einem älteren Familienmitglied gegenüber respektlos, so wurde es mit irgendeinem Fluch belegt, und man glaubte fest, daß diese Flüche wirkten. Selbst wenn kein solcher Spruch offen ausgesprochen wurde, glaubte man, der Zorn allein würde eine magische Strafe auslösen. Erkrankte z. B. jemand nach einem Familienstreit, so schrieb der Wahrsager die Ursache oft der Verärgerung eines älteren Verwandten zu. Solch eine Krankheit nannte man *Dikgaba*. Man nahm an, daß sie von den Geistern geschickt worden war, um den Betroffenen für seine Respektlosigkeit zu bestrafen, und die einzige Heilungsmöglichkeit bestand darin, den Beleidigten zu besänftigen, damit er dann den Kranken mit einer Tinktur von Medizinkräutern waschen und dabei sagen würde: »Falls ich es war, der diese Krankheit verursachte, möge er jetzt geheilt werden.« Auch heute ist der Glaube an die *Dikgaba*krankheit noch sehr verbreitet, und falls ein Kind einem älteren Familienmitglied eine Bitte ausschlägt, sagt man ihm: »Gehorche den Alten, sonst kriegst du die *Dikgaba*.«
Ein anderes wichtiges Element der alten Erziehung ist das Erzählen von Fabeln, Märchen und Sprichwörtern, das meist in der Freizeit stattfindet, um die Kinder zu vergnügen. Allerdings findet man in fast allen Erzählungen und Sprichwörtern ein obskures Element, eine Warnung oder Drohung, einen Hinweis auf Strafe und böse Folgen, falls man die Älteren nicht ehrt.
Man erwartet in Afrika von einem Kind, daß es seinen Eltern Ehrfurcht und Gehorsam entgegenbringt, und ein afrikanisches Kind wird auch stets ohne Widerrede oder Fragen das tun, was seine Eltern ihm befehlen.
Höflichkeitsregeln spielen in der Kindererziehung eine wichtige Rolle, und viele dieser Regeln werden bereits dem Klein-

kind beigebracht. So lehrt man es von früh auf, die Älteren der Familie, des Clans und des Stammes mit den althergebrachten Höflichkeitsformen zu begrüßen, die Verwandten gemäß ihrer Rangordnung zu unterscheiden und sich dementsprechend ihnen gegenüber zu benehmen, den Gleichaltrigen Kameradschaft, den Jüngeren Rücksicht zu zeigen, auf körperliche Sauberkeit und Kleidung zu achten, sich bei Tisch manierlich zu benehmen, sich niemals ohne Erlaubnis Essen zu nehmen und nie bei den Nachbarn zu betteln, nie zu fluchen, zu lügen, zu stehlen oder ältere Leute in der Rede zu unterbrechen. Einem Mädchen bringt man außerdem bei, Besucher zu empfangen, sich anständig hinzusetzen, sich schamhaft zu zeigen und alle Tabus strikt zu beachten. Die kleinen Kinder lernen die üblichen Begrüßungssätze, sowie sie sprechen können, und man bringt ihnen auch bei, sich vor dem Besucher niederzuknien und ihm beide Hände zu reichen.

Das äthiopische *Amhara*mädchen tritt im Alter von sieben Jahren in das gesellschaftliche Leben ein. Dann muß es wissen, wie man einen Besucher in der zeremoniösen äthiopischen Art begrüßt: Älteren Verwandten oder vornehmen Besuchern muß es die Knie küssen. Das junge *Amhara*mädchen genießt überdies eine strenge religiöse Erziehung, man erklärt ihm die Bedeutung des Fastens und verlangt strikte Befolgung der Riten. Ein siebenjähriges Kind kennt im allgemeinen alle Anstandsregeln und ist in dieser Beziehung auf sein zukünftiges, erwachsenes Leben vorbereitet.

Spätere Kindheit

Mit etwa sieben Jahren beginnen die Mädchen eigene Pflichten zu übernehmen. Mit zehn oder elf Jahren erwartet man bereits, daß sie selbständig arbeiten können. In dieser Lebensphase, die bis zur Pubertät oder Geschlechtsreife andauert, hört die sorglose Kindheit auf und der »Ernst des Lebens« beginnt. Bei verschiedenen Völkern wird der Eintritt in diesen Lebensabschnitt gefeiert.

Bei den *Dschagga* z. B. gibt es eine besondere Zeremonie, die man »das Altervondembodenhebenfest« nennt, mit der das Kind in seine häusliche oder landwirtschaftliche Arbeit eingeführt wird. Bei diesem Fest gibt man ihm neuartige Nahrung zu essen. In manchen Familien erhält das Kind von da an Erlaubnis, gewisse Gemüsemischungen zu essen, in anderen darf es jetzt Bier trinken oder Wild essen.*

Um dem heranwachsenden Kind seine künftigen Aufgaben schmackhafter zu machen, gibt man ihm (bei den *Kikuyu* in Kenia) ein kleines Feld im Garten seiner Mutter, wo es alles nach eigenem Geschmack anpflanzen und über die Ernte frei verfügen kann, also selbstgepflanzte Bohnen oder Mais alleine verkaufen darf (solange es noch sehr jung ist, wird ihm die Mutter dabei helfen). Die *Kikuyu* betrachten diese Sitte als eine erzieherische Maßnahme, dank der ein Mädchen sich schon früh Kenntnisse in Landwirtschaft und Handel aneignet und die Regeln von Angebot und Nachfrage, Besitz, Verteilung und Verbrauch von Lebensmitteln lernt.

Viele Erziehungsschritte beziehen sich beim Mädchen in diesem Alter auf die bevorstehende Beschneidung. Man bemüht sich, dem Kind Mut zu machen, damit es lernt, Angst und Schmerz zu überwinden und nicht zu schreien oder zu weinen, wenn etwas weh tut. Zur Vorbereitung auf die große Mutprobe werden dem Mädchen die Ohren durchbohrt und Zähne ausgerissen.

Wenn das *Dschagga*mädchen etwa zwölf Jahre alt geworden ist und seine zweiten Zähne wachsen, entfernt man ihm wie

* Bei den *Dschagga* gibt es einige Essenstabus für Kinder. Sie dürfen keine Teile von Tiermäulern essen, vor allem nicht die Zunge, da sie sonst zänkisch werden. Sie dürfen kein Euter essen, weil sonst die Mutter an der Brust erkranken und sterben wird. Auch Köpfe (besonders die von Schafen) dürfen Kinder nicht essen, weil sie sonst dickköpfig werden (oder ein Schafskopf). In manchen Fällen gilt sogar ein allgemeines Verbot: z. B. dürfen Kinder das von Verwandten geschenkte Fleisch nicht anrühren. Die Erklärungen für dieses Verbot sind verschieden. So erzählt man den Kindern, daß gewisse Nahrungsmischungen ihnen schädlich sind und ihre Bäuche zum Anschwellen bringen, oder man nimmt an, daß das Fleisch von einem Feind mit einem Zauber belegt wurde.

beim ersten Zahnritual die beiden unteren Schneidezähne. Damit soll die Verbundenheit mit den Ahnen betont werden. Nachdem man dem Kind die Zähne gezogen hat, muß es zuerst seinen Großvater anspucken, dann die Zähne auf das Dach der Hütte werfen und dabei sagen: »Hier sind die ersten Früchte, die ich dir bringe.« Man nimmt an, daß die Zähnchen von den auf dem Strohdach lebenden Eidechsen, die den Geist des ersten Ahnen verkörpern, gefressen werden. Auch die Großmutter hat das Recht, die beiden Zähne zu werfen und dabei die Rolle der Vermittlerin zwischen Kind und Ahnengeist zu spielen. Dann betet sie: »Liebe Eidechsen. Bittet Großvater und Großmutter, daß sie die neuen Zähne weiß und eng aneinander wachsen lassen. Der Himmel schenke dir ein langes Leben, mein Kind, und stehe den Älteren bei.«

Das Spucken durch diese Zahnlücke ist ein beliebter Zeitvertreib und Sport, und wer am weitesten spucken kann, wird von seinen Freunden mit Beifall belohnt. Für diese Sitte des Zahnausziehens gibt es verschiedene Erklärungen. Die »medizinische« Erklärung meint, man habe, wenn ein Kinnbakkenkrampf eintritt, die Möglichkeit, den Betroffenen durch diese Lücke zu ernähren; die animistische Erklärung sagt, daß die Lücke dazu bestimmt sei, die Seele nach dem Tod entweichen zu lassen oder ihr zu gestatten, nach einem Ohnmachtsanfall in den Körper zurückzukehren.

Falls sich ein Kind in diesem Alter rebellisch oder ungehorsam zeigt, schreibt man sein Betragen magischen Ursachen zu und berät sich zunächst mit einem Wahrsager. Oft wird dann eine besondere Zeremonie abgehalten, die *Kisusa*zeremonie, bei der man eine Ziege schlachtet und aus ihrer Kopfhaut die üblichen Armbänder schneidet. Eins zieht sich der Zauberer über das Armgelenk. Wenn man dem Kind ebenfalls ein Armband anlegt, steckt man vier Fleischstücke zwischen seinen Arm und den Armring, die das Kind herausziehen und essen muß. Ein Stück ist von der Zunge des Tieres und soll das Kind vor dem Fluchen bewahren, das zweite ist vom Herzen und soll es vor schlechten Angewohnheiten schützen, das dritte vom Vorderbein soll ihm die Streitsucht nehmen, das vierte vom Hinterbein soll es zum Fleiß antreiben. Anschließend werden die Kinder ermahnt, sich anständig zu benehmen. Nach einem Monat wird das Hauptarmband abgenommen und eine Reinigungszeremonie gefeiert, bei der die Mutter etwas Mehl in den Mund nimmt und viermal auf das Armband spuckt. Dann wiederholt sie dasselbe mit Bier, singt dabei ermahnende Lieder und bietet den Ahnen Opfer an.

Oft werden Kinder auch mit übernatürlicher Strafe bedroht. So erzählt man den *Basuto*mädchen, sie müßten unbedingt nach dem Wasserholen direkt heimkehren, da es sonst an ihrem Hochzeitstag regnen werde; bei ihrer Rückkehr von der Wasserquelle sollen sie keinen Mann aus dem Topf trinken lassen, da sonst ihre Rinder nur Bullen werden und sie nur Buben gebiert. Überhaupt werden magische Drohungen und Flüche viel häufiger ausgesprochen als Segnungen. Die *Dschagga*mutter ermahnt ihre Tochter: »Komm rasch nach Hause, oder ich werde dich in einen Vogel verwandeln.« Um sicher zu sein, daß ein Kind nach einer kleinen Besorgung gleich wieder heimkehrt, spuckt ihm die Mutter in die Hand und sagt: »Wenn du nicht zurück bist, bevor die Spucke getrocknet ist, dann wirst du wie sie verschwinden.« Die meisten Flüche drohen mit Verzauberung in ein Tier, mit Irrsinn, Unfruchtbarkeit oder Tod. Wenn die Eltern sehr verärgert sind, sagen sie: »Wenn du nicht gehorchst, übergeben wir dich den Geistern und die werden dich schon holen.« Manchmal werden diese Flüche noch von einem Ritus unterstrichen. So kann ein zorniger Vater den Ahnen ein Opfer anbieten und dabei sagen: »Helft mir, dieses Kind zu töten, das mich verachtet. Kommt und tanzt mit ihm.« Dabei spielt er auf die Zeremonie an, in der verkleidete Männer um einen Stier tanzen, der geopfert werden soll. Allerdings sind solche Flüche auch gefährlich, denn wenn darauf wirklich eine Strafe eintritt, muß eine sofortige Versöhnung stattfinden. Dazu bedarf es wieder eines feierlichen Ritus, bei dem die Ehrlichkeit der Versöhnung durch ein Opfer besiegelt wer-

17 *Eine Flüchtlingsfrau aus Angola bei der Arbeit (Sambia)*

18 *Im Hof eines Krankenhauses (Obervolta)*

19 *So sieht die Küche einer Durchschnittsfamilie in Abidjan aus*

den muß. Der Vater spuckt dem geopferten Tier zwischen die Hörner und fleht die Ahnen an: »Nehmt dieses Opfer hin. Hört nicht auf das, was ich zuvor gesagt habe. Macht mein Kind wieder fröhlich und gesund, und erhebt sein Herz wie den Dampf des gebrauten Biers.« Nach dem Opfer legen sich Vater und Kind je einen Hautring an und essen das Opfermahl.

Erziehung zur Sexualität

Auf dem Gebiete der Sexualerziehung gibt es in Afrika sehr alte Traditionen, von denen manche vor allem in den ländlichen Gebieten noch sehr lebendig sind. Hier einige Beispiele: Ein Mädchen erhält seine Sexualerziehung von der Mutter oder anderen Frauen. Die Rolle des Vaters ist unbedeutend, bis das Mädchen sieben Jahre alt ist. Spätestens ab diesem Zeitpunkt muß es aber beim Vater leben.

Die Mutter weckt die Sinne des Mädchens fast von Geburt auf, und das tägliche Bad bietet eine der besten Gelegenheiten dazu.

So erregt die Mutter die Klitoris des Kindes, indem sie etwa zehn Minuten lang einen leichten Strahl warmes Wasser darüber laufen läßt, sie leicht massiert und an den Schamlippen zieht. Genauso reizt sie den After (wie bei den Knaben), um auch hier eine erogene Zone zu schaffen. Diese Behandlung soll Frigidität vermeiden, die man für ein Zeichen der Unfruchtbarkeit hält. Diese Praktiken werden angewandt, bis das Mädchen etwa vier Jahre alt ist (Dahomey).

Ebenfalls aus Dahomey wird berichtet, daß man beobachtet habe, wie bei vier- bis siebenjährigen Mädchen die Sexualität von älteren Männern erweckt wird. Das Mädchen sitzt auf den Knien eines älteren Mannes, der sich mit ihr oder anderen Männern unterhält und ihr dabei die Klitoris und die Schamlippen mit dem kleinen Finger massiert. Wenn das Mädchen zwölf Jahre alt ist, gehört diese Massage dann zum Initiationsritus.

Die Bedeutung der Sexualität in den afrikanischen Kulturen

ist oft mißverstanden worden, weil die christlichen und islamischen Missionare stets bemüht waren, sexuelle Freiheit zu unterdrücken und alles, was nicht den Auffassungen ihrer Religion entsprach, als unmoralisch zu diffamieren. Der Afrikaner hat zur Sexualität ein sehr natürliches Verhältnis und schämt sich ihrer nicht. Für ihn hat sie eine göttlich-magische Bedeutung, da sie Leben spendet, das Leben seiner Familie fortsetzt, Glück und Reichtum beschert und überdies ein Vergnügen ist. Man kann aber keinesfalls behaupten, die Auffassungen seien in allen Teilen Afrikas die gleichen, denn kolonial-religiöse Einflüsse haben mehr oder weniger die alten Kulturen verändert, und gewisse Praktiken sind auch unter den animistischen Völkern verschieden. So gibt es z. B. Stämme, in denen völlige sexuelle Freiheit herrscht, wo Jungen und Mädchen von Kindheit an an gewisse sexuelle Praktiken gewöhnt werden; es gibt solche, die außerehelichen Geschlechtsverkehr tolerieren, ja geradezu dazu ermutigen (z. B. im Falle der Unfruchtbarkeit eines der Ehepartner) und wieder andere, bei denen die Jungfräulichkeit des Mädchens außerordentlich hoch bewertet wird.

Bevor wir jedoch näher auf diesen Problemkreis eingehen, bedarf es einiger Erklärungen über die oft kritisierten und häufig falsch interpretierten Initiationsriten, die Beschneidungszeremonien, die meist im Pubertätsalter stattfinden. Während uns die Beschneidung der Knaben natürlicher erscheint, weil sie auch bei Juden und Mohammedanern üblich ist, oft aus hygienischen Gründen sogar bei Christen vorgenommen wird (wie z. B. in den Vereinigten Staaten), so ist die Beschneidung der Mädchen eine Sitte, die von vielen als barbarisch und unmenschlich angesehen wird und in der man in der westlichen Welt eine Erniedrigung der Frau zum reinen Sexualobjekt sieht. Man hat bei der Beschneidung der Mädchen zwischen verschiedenen Praktiken zu unterscheiden. Es gibt die Exzision, bei der dem Mädchen die Klitoris abgeschnitten wird. Bei einigen Völkern werden auch die Schamlippen beschnitten oder abgeschnitten, bei manchen kommt dazu noch die »Infibulation«, d. h. eine Operation,

bei der den jungen Mädchen die Vagina zugenäht wird. Es ist offensichtlich, daß die Infibulation eine Maßnahme darstellt, mit der man die Jungfräulichkeit vor der Ehe garantieren will. Die Beschneidung hat keine hygienischen oder religiösen Motive. Sie ist zwar ein heiliger Akt, aber ihr einziges Ziel ist *die absolute Geschlechtsbestimmung* der in die neue Altersstufe eingeführten Person, denn es herrscht der Glaube, daß jeder Mensch bei der Geburt zweigeschlechtlich ist. Diese Zweigeschlechtlichkeit bleibt bis zum Initiationsritus bestehen. Die Beschneidung entfernt das überflüssige Geschlecht, so daß das richtige sich besser entwickeln kann.
Die *Dogon* und die *Bambara* glauben beispielsweise, daß die Vorhaut einen Knaben weiblich und die Klitoris ein Mädchen männlich macht. Bei manchen Völkern wird diese Annahme dadurch bekräftigt, daß beim Initiationsritual die Knaben in Mädchen-Kleidern, die Mädchen in Knaben-Kleidern erscheinen.
Die Initiationsriten und Beschneidungsriten werden im folgenden Kapitel eingehender beschrieben.

Pubertät

Der Übergang von der Kindheit ins Erwachsenenalter ist eine der wichtigsten Phasen im Leben des afrikanischen Menschen, und die Initiationsriten oder besser die *Rites de Passage,* die ihn begleiten, sind von entscheidender Bedeutung. Sie werden von vielen Völkern als eine zweite Geburt angesehen. Jetzt beginnt erst das eigentliche Leben als vollwertiges Mitglied der Gemeinschaft, denn mit der Geschlechtsreife legt das Mädchen jene präpubertäre Zwitterhaftigkeit ab und wird zur Frau. Da die meisten afrikanischen Gesellschaftsformen die Altersklassen als Gliedersystem haben, sind die Initianten der gleichen Generation ihr Leben lang zu gegenseitiger Hilfe verpflichtet.
Die Geschlechtsreife beginnt mit den ersten Regeln, d. h. im Alter von 10 bis 13 Jahren. Die Initiationsriten finden – je nach Völkerstamm – kurz davor oder kurz danach statt. Die *Rites*

de Passage sind sehr verschiedenartig, und die Sitte der Beschneidung ist durchaus nicht allgemein verbreitet. Man unterscheidet drei Kategorien von Beschneidungsriten:

1) Beschneidungsriten für Knaben und Mädchen im Alter der Pubertät
2) Beschneidungsriten ausschließlich für Knaben
3) Beschneidungsriten ausschließlich für Mädchen

Bei manchen Völkern, bei denen die Beschneidung der Geschlechtsorgane nicht üblich ist, werden den Initianten die Schneidezähne herausgebrochen, oder sie müssen andere schmerzvolle Mut- und Kraftproben bestehen.

Die im folgenden beschriebenen Beispiele behandeln sowohl die Gebräuche und Tabus beim Auftreten der ersten Regeln als auch die Beschneidungsriten – und natürlich auch abweichende Einstellungen zur Sexualität.

Bei den *Xhosa* in Südafrika gibt es eine *i-ntonjane* genannte Sitte (das Wort stammt von *Uku-tomba* und bedeutet »erste Menstruation«), wonach ein Mädchen für mindestens einen Monat in vollkommener Abgeschlossenheit leben muß, wenn es seine erste Menstruation bekommen hat. Es bleibt in seiner Hütte, solange sein Vater in der Lage ist, für seine Gefährtinnen (*aba-kapi*), die einen Teil des Tages und die Nacht mit dem Mädchen verbringen, zu sorgen.

Das Mädchen, die *Ntonjane*, darf auf keinen Fall tagsüber die Hütte verlassen, denn »keine Augen dürfen es erblicken«, sondern nur ganz kurz einmal nachts, um seine Notdurft zu verrichten. Für diesen kurzen Gang wickelt es sich in eine Decke und wird von einer seiner Schwestern begleitet.

Wenn die Zeit der Abgeschlossenheit beendet ist, wird ein Tier geschlachtet und ein Festschmaus abgehalten.

Wenn ein Mädchen aus dem Volk der *Kung*-Buschmänner in Angola seine erste Regel hat, muß es für die Zeit der Blutungen in einer besonderen Hütte leben. Es muß seinen Körper bedecken, da die Sonne es nicht bescheinen darf, und seine Füße dürfen nicht den Boden berühren, auch wenn es zur Verrichtung seiner Notdurft die Hütte verlassen muß. Eine alte Frau, die es betreut, trägt es dann auf dem Rücken ins

Freie. Das Tabu bezieht sich hier nicht auf das Menstruationsblut, sondern auf das Mädchen selbst, das abmagern würde, falls es während dieser Zeit mit den Füßen den Boden berührt.
Sowie die erste Blutung vorüber ist, wird das Mädchen gewaschen, mit Fett eingerieben, und sein Gesicht wird mit roten Streifen bemalt. Dann darf es wieder in das Dorf zurückkehren.
Da die *Herero*mädchen in Südwestafrika die Pubertätsriten einzeln erleben, fühlen sie sich nicht mit den anderen im gleichen Jahr geweihten Mädchen solidarisch. Die Zeit der Abgeschiedenheit verbringen sie in der Hütte des Vaters. Man tötet ein Tier und bewirtet die Gäste mit seinem Fleisch. Dann wird dem Mädchen der Kopf glatt rasiert, und von nun an trägt sie einen Turban und darf nicht mehr barhäuptig in der Gegenwart von Männern aus dem Hause gehen.
Sie bleibt so lange im Hause, bis das Fleisch des für sie geopferten Schafs von den Gästen aufgegessen ist.
Das *Ovimbundu*mädchen in Angola wird offiziell von der väterlichen Tante über die Bedeutung der Menstruation aufgeklärt. Von Freundinnen und Verwandten hat es meist schon früher erfahren, daß es in diesem Zustand gewisse Tabus zu beachten hat. So darf es nichts berühren, was einem Mann gehört, und darf ihm auch kein Essen zubereiten.
Sind die jungen *Ovimbundu* im zeugungsfähigen Alter, schlafen sie nicht mehr in der Hütte ihrer Eltern. Jeder Knabe baut sich seine eigene Hütte, in die er seine Braut einladen kann.
Er schickt einen Freund oder Verwandten zur Mutter des erwählten Mädchens, um sie zu bitten, daß ihre Tochter die Nächte mit ihm in seiner Hütte verbringen darf. Diese Sitte heißt *Okutumisa*, was soviel wie »einen Sendboten schicken« bedeutet. Falls der junge Mann in der Lage ist, dem Mädchen angemessene Geschenke zu machen, willigen die Eltern in diese »Probeehe« ein. Allerdings wird das Mädchen ermahnt, es nicht zum richtigen Beischlaf kommen zu lassen, und im allgemeinen wird dieses Gebot auch befolgt. So ist

diese Probeehe gleichzeitig eine Schule sexueller Disziplin und soll außerdem dazu dienen, daß die künftigen Eheleute sich besser kennenlernen und sich an das Zusammenleben gewöhnen. Wird das Mädchen während dieser Zeit trotzdem schwanger, so muß der junge Mann oder seine Familie eine hohe Strafe bezahlen.

Bei den *Basuto* in Lesotho findet die Initiation der Mädchen im Alter zwischen fünfzehn und zwanzig Jahren statt. Sie leben gemeinsam in einer Hütte im Dorf und stehen unter der Aufsicht einer älteren Frau, die sie in ihren künftigen Pflichten unterrichtet und sie lehrt, bescheiden, fügsam und höflich zu sein. Sie werden auch einem kleinen körperlichen Eingriff unterzogen, indem die ältere Frau ihnen mit dem Finger oder mit einem Horn die Jungfernhaut durchsticht.

Die Initiation der Mädchen wird ausschließlich von Frauen zelebriert. Die jüngeren Mädchen dürfen die Hütte der Initiantinnen besuchen, mit ihnen essen und gelegentlich auch ihre besonderen Trommeln schlagen.

Die Riten werden von den *Basuto* nicht nur als eine notwendige Einführung in die Welt der Erwachsenen betrachtet, sie glauben auch, daß sie zur Fruchtbarkeit in der Ehe beitragen. Deshalb wird ein junger Ehemann, dessen Frau noch nicht dieses Zeremoniell absolviert hat, sie nachträglich zur Initiation schicken.

Bei den *Kxatla* in Botswana ist man der Ansicht, daß der Koitus äußerst schmerzhaft sein kann, falls die Vagina zu »eng« ist, um ein leichtes Eindringen zu gestatten. Deshalb üben sich die *Kxatla*mädchen früh im Ausweiten ihrer Scheide durch Einführen eines und dann mehrerer Finger. Diese Sitte ist so allgemein verbreitet, daß man sie als einen Brauch betrachten kann.

Die Initiationsriten der *Kxatla* wurden früher an einem sorgfältig allen unbefugten Blicken verborgenen Ort durchgeführt. Sie begannen mit einer Operation, bei der jedem Mädchen ein Einschnitt in den inneren rechten Schenkel gemacht wurde. Danach wurde die Wunde mit einem glühenden Stock ausgebrannt. Nachdem die Wunde verheilt war, verbrachten die Mädchen den Tag im Grasland, wo ältere Frauen sie in fraulichen Angelegenheiten, Haus und Feldarbeit, Sex und Betragen Männern gegenüber unterrichteten. Am Abend tanzten und sangen die Mädchen, aber tagsüber wurden sie schweren Bestrafungen und Härten ausgesetzt und mußten strenge Tabus beachten. Sie trugen eine besondere, aus Maishalmen verfertigte Kleidung, bemalten ihren Körper mit weißem Kalk und trugen gebogene Stöcke, mit denen sie auf jeden Mann einschlugen, der sich ihnen nähern wollte. Alles, was sich auf dem Initiantengebiet zutrug, mußte streng geheimgehalten werden. Nach etwa einem Monat erhielten die Mädchen neue Namen und waren dann heiratsfähig.

Heute sind die Riten einfacher geworden. Während etwa einer Woche singen und tanzen die Mädchen unter Anleitung älterer Frauen am Abend, gehen aber tagsüber ihren gewohnten Beschäftigungen nach. In einer Gruppe werden sie für einen Tag in das Grasland geführt. Dort stellen sie sich nach Alter der Reihe nach nebeneinander auf und hören so die Einführung in ihre zukünftigen Pflichten an. Danach werden sie symbolisch ausgepeitscht, bevor sie sich zum Fluß begeben, wo sie gewaschen werden. Dann werden sie zum Stammeshäuptling geführt, der ihnen ihre neuen Namen erteilt.

Das *Bemba*mädchen in Sambia wurde früher bis zu drei Monaten eingeschlossen. Heute ist diese Periode auf 6 Wochen reduziert, und sie endet mit der *Cisungu*zeremonie, in der ihm vierzig bis fünfzig Bilder gezeigt werden, die seine künftigen Pflichten als Ehefrau darstellen. Diese Zeremonie ist eigentlich auch gleichzeitig der Beginn der Hochzeitsfeier. Der Bräutigam schießt einen Pfeil auf einen bestimmten Punkt auf der Wand der Hütte ab, und die formelle Vollziehung des Eheaktes findet am folgenden Tag statt.

Das *Lozi*mädchen in Sambia wird beim Auftreten der ersten Blutung mit einigen verheirateten Frauen in eine eigens dafür erbaute Hütte in den Busch geschickt. Die Gefährtinnen verbringen den Tag mit ihr und kehren am Abend in ihr Dorf zurück. Während dieser Zeit werden die *Rites de Passage* abgehalten: Die Frauen singen und tanzen um das Mädchen, schlagen es mit Stöcken und unterrichten es in seinen künftigen Ehepflichten. Zum Schluß findet eine Reinigungszeremonie statt, bei der das Mädchen von einer der Frauen gewaschen wird.

Auch bei den *Lamba* in Sambia wird das Mädchen bei der ersten Menstruation abgesondert, erhält Unterricht im Kochen und gutem Betragen. Man lehrt es auch die besonderen Tabus bzgl. der Menstruation. So darf es z. B. während der Regeln kein Essen zubereiten, kein Salz und kein Feuer berühren. In dieser Einschließungsperiode, dem *Ichisungu*, beginnt das Mädchen, sich die Vagina mit den Fingern auszuweiten, damit es später bei einer Niederkunft keine Schwierigkeiten hat. Man ruft eine ältere Frau – gewöhnlich eine Hebamme – zu Hilfe, die ihre Hand in die Vagina des Mädchens einführt, sie zur Faust ballt und dann herauszieht. Diese Prozedur wird zwei oder drei Tage lang mehrere Male wiederholt. Vor der Initiation darf das Mädchen keinen sexuellen Kontakt mit einem Mann haben, aber danach ist sie sofort heiratsfähig.

Wenn ein *Subiya*mädchen in Sambia seine erste Menstruation verspürt, muß es in den Busch laufen, sich dort hinhokken und warten, bis die Mutter oder eine andere Frau aus dem Dorfe sie findet. Von diesem Augenblick an müssen bestimmte Verhaltensregeln befolgt werden. Vor allem darf das Mädchen nicht zu einem Fremden sprechen. Zunächst wird eine weitere Frau gerufen, um die Geschlechtsreife des Mädchens bezeugen zu können, dann wird es von Kopf bis Fuß in eine Decke gehüllt und in seine Hütte gebracht, wo die Vorbereitungen für die Initiationsriten beginnen. Diese Phase spielt sich ausschließlich unter Frauen ab. Als erstes teilt das Mädchen laut heulend den anderen Frauen seinen Zustand mit. Dann erklärt ihm die Mutter den Sinn der Geschlechtsreife, und das ist der eigentliche Anfang eines in Lektionen, Erzählungen und Legenden erteilten Aufklärungsunterrichts, den das Mädchen während der folgenden Einschließungszeit bedenken soll. Die Dauer der Einschließungszeit hängt ganz von den Eltern ab. Sind sie reich genug, um sich die teure Abschlußfeier bald leisten zu können, so wird nur die Mindestzeit von einem Monat eingehalten. Oft aber müssen sich die Eltern erst für das Fest die Mittel zusammensparen, dann muß die Tochter oft gut drei Monate in der Einsamkeit verbringen.

Die Initiantin wird während dieser Zeit aufgefordert, ihre Körperpflege zu vernachlässigen. Man kleidet sie in schmutzige Lumpen, erlaubt ihr nicht, sich zu waschen oder ihr Haar zu schneiden und zu pflegen, denn in dieser Phase darf sie nicht anziehend auf junge Männer wirken. Man erteilt ihr allerlei Ratschläge, aber während dieses Unterrichts darf das Mädchen nicht sprechen und antwortet auf Fragen nur mit Händeklatschen. Begegnet ihm tagsüber ein Fremder, so muß sie sich auf den Boden setzen und den Kopf abwenden, um ihn nicht zu einem Gespräch zu ermuntern. Sie wird ihn aber mit dem traditionellen Händeklatschen begrüßen.

Fünf Tage vor Ende der Einschließungszeit brauen die Eltern und nahen Verwandten Bier und laden die restlichen Einwohner des Dorfes zu den bevorstehenden Festlichkeiten ein.

Am Tag des Festes wird ein Feuer gemacht, Bier ausgeschenkt, Xylophone und Trommeln in der Nähe des Feuers aufgestellt, und nun wird die ganze Nacht hindurch getanzt und getrunken – aber nicht gegessen. Währenddessen bereiten nahe Verwandte das Mädchen auf den nächsten Morgen vor, wo es sich zum ersten Mal als Frau in der Öffentlichkeit zeigen wird. Man wäscht es, kleidet es an und schneidet und flicht ihm das Haar.

Sowie die Initiantin am Morgen aus der Hütte tritt, trennen sich die bisher tanzenden Frauen von den Männern und gehen ihr entgegen. Die Männer halten sich im Hintergrund. Einen Augenblick lang herrscht Schweigen.

Nun folgt der wichtigste Teil der Feier – die Namengebung. Das Mädchen tritt in die Mitte des Platzes, stützt die Hände auf die Knie und blickt zu Boden. Die anderen Frauen singen ein Lied, und ein naher Freund der Familie ruft durcheinan-

der alle möglichen Namen aus – Familiennamen, Namen von Verwandten und Ahnen – und das Mädchen blickt schweigend zu Boden, bis es den Namen hört, den es sich ausgesucht oder erwünscht hat. Dann erhebt es den Kopf und beginnt zu tanzen. Nun brechen die anderen Frauen in ein Freudengeschrei aus und tanzen um das Mädchen. Damit endet die Feier eigentlich – aber die Gäste bleiben, bis alles Bier ausgetrunken ist.
Heute hat sich natürlich vieles geändert, besonders wenn die Familie in der Stadt lebt. So versteckt sich das Mädchen nicht mehr, sondern geht sofort zur Mutter, wenn die erste Regel auftritt. Während der Einschließungsperiode besucht es weiterhin die Schule. Das Mädchen hält sich auch sauber, verbringt aber möglichst viel Zeit zu Hause, um dem traditionellen Unterricht zu folgen. Bei der eigentlichen Feier verfügt man nicht immer über Trommeln und Xylophone, und oft kann man auch kein Feuer machen, um das getanzt wird. So begnügt man sich mit der verfügbaren Musik und ersetzt das Feuer durch eine Lampe.
Es sei noch vermerkt, daß die Feier – falls die Eltern geschieden sind – im Hause des Vaters beginnt und in dem der Mutter beendet wird.
Bei den *Karanga* in Südrhodesien spielt bei den Pubertätsriten der *Mutimwi* (ein Gürtel aus Baumrinde, der vor Sterilität schützt) eine besondere Rolle.
Beim Auftreten der ersten Regel besucht das Mädchen seine Tante und versteckt sich bei ihr. Die Tante unterrichtet es in den Pflichten ihres zukünftigen Lebens und klärt es über seinen gesellschaftlichen Rang auf. Während dieser Zeit darf es nicht in das Haus ihrer Eltern zurückkehren, womit ihr bedeutet wird, daß sie in eine neue Lebensphase getreten ist. Da man annimmt, daß das erste Menstruationsblut einen leichten Einriß der Jungfernhaut verursacht, wird der bisher getragene Mutimwi zerrissen, und das Mädchen erhält einen neuen Gürtel. Wenn die Tante es in die Hütte der Eltern zurückführt, wird der neue Mutimwi auf die Türschwelle gelegt. Nun schreiten Eltern und Tochter gemeinsam »symbo-

lisch« über den Gürtel in die neue Lebensphase. Danach legt das Mädchen den Gürtel wieder an.
Bei den *Lenge* in Mosambik wird dem jungen Mädchen mitgeteilt, daß es nun erwachsen sei, dann nimmt sein ältester Bruder an ihm den *Rites de Passage* vor, indem er etwas Holzkohle kaut und sie der Schwester auf den Rücken und auf den Nabel spuckt.
Bei den *Dschagga* in Tansania werden die Initiations- und Beschneidungsriten kurz vor dem Auftreten der ersten Regelblutung vorgenommen. Mit diesen Riten soll dem jungen Mädchen Gelegenheit gegeben werden, seinen Mut und seine Fähigkeit, Schmerzen zu ertragen, unter Beweis zu stellen, da es diese Eigenschaften im späteren Leben braucht, wenn es Kinder gebären soll. Zu gegebener Zeit verabreicht man dem Mädchen eine Medizin namens *Mvungi,* die die Regeln bis zu den Beschneidungszeremonien zurückhält.
Am Tag der Feier wird das Mädchen im Morgengrauen zum Fluß geführt, wo der Teil des Geschlechtsorgans, der operiert werden soll, mit dem kalten Wasser gewaschen wird. Dann bringt man es nackt zu einem vorbereiteten Lager aus Bananenblättern. Alle Verwandten des Mädchens sowie ihr Verlobter und seine Familie sind anwesend.
Die *Dschagga* glauben, daß die Beschneidung dem Mädchen körperliche Kraft gibt, wogegen ein nichtbeschnittenes Mädchen schwach wird und vorzeitig sterben muß. Überdies muß das Mädchen Mut zeigen, und falls es weint, schreit oder Angst hat, können die Vereinbarungen für ihre künftige Ehe rückgängig gemacht werden.
Nach der Operation wird die Wunde mit Butter gesalbt, der herausgeschnittene Teil* in Kuhdung gepackt und unter einem Bananenbaum vergraben. Danach bleibt das Mädchen für eine gewisse Zeit in ihrer Hütte mit ihrer Großmutter, die ihr Unterricht in gutem Betragen erteilt. Nach dieser Zeit der Abgeschiedenheit bemalt das Mädchen sich das Gesicht mit rotem Ocker, schmückt sich den Kopf mit Straußenfedern,

* die Klitoris

hängt sich ein Ziegenfell über die Schultern und zeigt sich so zum ersten Mal in der Öffentlichkeit.
Heute wird die Beschneidung nur noch in Gegenwart einiger Frauen vorgenommen.
Während der Initiationsriten bei den *Dschagga* fungiert eine ältere Frau, die in die Geheimnisse der männlichen Initiationsriten eingeweiht ist, als Lehrerin. Ein besonders wichtiger Teil der männlichen Riten ist das *Ngoso*, das Zupfropfen des Afters. Bei den Mädchen wird auf diesen Brauch angespielt, indem die ältere Frau etwas Männerkot mit Ocker und Wasser vermischt und den Mädchen auf den Kopf reibt. Darauf findet die »Schiga Feier« statt, bei der besondere Lieder zur Lobpreisung der Frauen gesungen werden. Man bindet einen Grashüpfer fest und legt ihn in ein Grasbüschel, daher singen die Mädchen, sie hätten einen Leoparden (*Schiga*) gefangen. Dieser Leopard soll die Macht symbolisieren, die man den Frauen geraubt hat – »In alten Zeiten gehörte uns, was jetzt den Männern gehört, aber dann kamen die Gehörnten und raubten uns unsere Männlichkeit.« Hier wird wieder auf das *Ngoso* (der Pfropfen) angespielt, das die Frauen ursprünglich für sich in Anspruch nahmen, denn das *Ngoso* hielt bei einer Schwangerschaft die Regeln zurück. Die Männer dagegen leiteten ihre Überlegenheit zum großen Teil auf ihr Geheimnis des *Ngosos* zurück, das ihnen gestattete, nach der Initiation keinen Kot auszuscheiden. Demnach wäre das männliche *Ngoso* das Gegenstück zum weiblichen *Ngoso* und drückte den männlichen Neid auf die weiblichen Körperfunktionen aus, besonders auf ihre Möglichkeit der Fortpflanzung. So dauern die männlichen Initiationsriten neun Monate, und in dieser Zeit wird der Knabe zeugungsfähig gemacht und neu geboren. Die Symbolik des *Ngosos* und ihre Interpretationen, vor allem das *Schiga*fest, lassen vermuten, daß sich bei den *Dschagga* der Übergang zur Männerherrschaft nicht reibungslos vollzogen hat.
Die *Nyamwezi* und *Sukuma* in Tansania messen der Sexualität in der Ehe große Bedeutung bei, und vielleicht halten es gerade deshalb die Älteren für notwendig, daß ein Mädchen

schon vor der Geschlechtsreife sexuelle Beziehungen pflegt. Ein Mädchen ist nur dann begehrenswert, wenn es sexuelle Erfahrung besitzt, und Jungfräulichkeit wird als etwas Kindliches angesehen. Andererseits könnte ein uneheliches Kind den Wert einer Frau vermindern, weshalb die Eltern ihre Tochter überwachen und sie lehren, empfängnisverhütende Mittel zu benutzen.

Bei den *Nyakyusa* in Tansania gibt es sogar eine Art Kinderehe. Das Mädchen wird zu ihrem zukünftigen Mann geschickt, um sich an ihn zu gewöhnen. Sie fegt seine Hütte, holt ihm Wasser aus dem Brunnen, kocht für ihn und lernt von ihm, wie man sich liebt. Wenn es im präpubertären Alter auch nicht zum vollen Geschlechtsverkehr kommen sollte, so ist das keine strikte Regel, und ein Mädchen, das bei den Pubertätsriten nicht mehr unberührt ist, wird trotzdem als Jungfrau angesehen.

Die Riten zur ersten Menstruation bei den *Zaramo* in Tansania sind mit großen Festlichkeiten verbunden. Das Mädchen bleibt dann einige Monate – oft auch jahrelang – alleine in seiner Hütte. Früher konnte diese Zeit der Isolation bis zu fünf Jahre dauern.

Heute werden die Schulmädchen in dieser Zeit wenigstens für ein paar Tage in ihre Zimmer verwiesen, so daß das Fest des »Herauskommens« gefeiert werden kann. Bevor das Mädchen abgesondert wird, wird es ausgezogen, jeder Schmuck wird ihm abgenommen, sein Haar wird in viele kleine Zöpfe geflochten, man hängt ihm eine Kette aus Holzperlen oder Eisen um und kleidet es in ein Lendentuch, das es während der Zeit der Abgeschlossenheit tragen muß. Man gibt ihm auch eine Puppe aus Kürbisrinde, die *Mwana Seselo*, die ihm an einer langen Schnur um den Hals hängt oder am Pfosten seines Bettes gebunden wird. Während das Mädchen eingeschlossen bleibt, ist diese Puppe das Baby, um das sich die Initiantin kümmern muß, als sei es ihr eigenes Kind. Sie kocht und wäscht für die Puppe, nährt sie, ölt sie ein und trägt sie in einem Tragtuch mit sich herum.

Ein Lappen mit dem Menstruationsblut wird allen Verwandten gezeigt und dann im Bett der Großmutter bis zur Feier des »Herauskommens« versteckt.

Während seiner Einsamkeit bleibt das Mädchen in der Hütte. Es darf nicht die Sonne, und es darf keine Männer sehen (besonders nicht ihren Vater), es darf weder sprechen noch bei Mondlicht aus der Hütte treten, ohne sich vorher die Stirn mit Asche eingerieben zu haben, es darf kein Feuer machen und sich weder die Fingernägel noch das Haar schneiden. Da die Tabus nicht mehr so streng wie früher sind, darf die Initiantin heute wenistens in den Hinterhof gehen. Zur Rechtfertigung dieser Sitte wird angeführt, daß das Mädchen weiß und fett werde und die Isolation es vor sexuellen Kontakten schütze. Sollte die für das Mädchen verantwortliche Person (eine Tante oder Großmutter) trotzdem Besucher einlassen – wie z. B. den Verlobten – so muß dieser zuerst die Hand in Asche legen und dann das Mädchen berühren, um nicht »unrein« zu werden.

Das Fest des »Herauskommens« wird mit Gesang und Tänzen begangen, und man feiert die Zeremonie des »Kornstampfens«, bei der Körner in drei Farben verwendet werden (Mais, Hirse und Reis), die Blut, Haar und Samen symbolisieren. Der Mörser ist die Frau, der Stößel der Mann. Nur verheiratete Frauen, die bereits Kinder geboren haben, dürfen an dieser Zeremonie teilnehmen.

Die *Zaramo* halten auch heute noch sehr an diesem Brauch fest, zumal bei ihnen die Zeit der Einschließung die längste und strengste ist.

Die *Chewa* in Malawi glauben, ein Mädchen müsse sterben, wenn es im Pubertätsalter keinen Geschlechtsverkehr hat, während z. B. die zugewanderten *Ngoni* auf Jungfräulichkeit bis zur Ehe bestehen.

Hat ein geschlechtsreifes *Chewa*mädchen keinen Liebhaber, so holt die Großmutter einen jungen Mann, der in der großmütterlichen Hütte mit dem Mädchen schläft, um festzustellen, ob sie in der Liebeskunst gewandt ist. Er wird dafür von der Großmutter belohnt.

Das *Ngoni*mädchen lebt unter strenger Bewachung einer älteren Frau, die es jeden Monat untersucht, um seine Jungfräulichkeit zu überprüfen. Im Alter von zehn bis zwölf Jahren leben die Mädchen gemeinsam in einer Hütte und erhalten dort Haushaltsunterricht. Sie werden ermahnt, stets sorgfältig ihre Geschlechtsteile zu verbergen.

Das *Chewa*mädchen dagegen wird im gleichen Alter von den Eltern ermutigt, sich in einer besonderen Hütte, der *Masanjo*, an Liebesspielen mit den Knaben zu beteiligen. Oft schickt man auch zwei Mädchen zusammen in den Busch, damit sie sich dort gegenseitig die Schamlippen massieren, um sie auszuweiten.

Das *Chiga*mädchen in Uganda berichtet nur der Mutter und dem engsten Freundeskreis, daß sie die erste Periode hat. Die *Chiga* halten diesen Zustand nicht für so gefährlich, daß sie ihre Töchter deshalb einschließen. Allerdings dürfen sie keine Milch trinken, da sonst die Kuh »austrocknen« würde. Auch die Berührung mit jungen Bohnen- oder Tabakpflanzen könnten den jungen Mädchen jetzt schädlich sein.

Früher haben sich die *Chiga*mädchen im Pubertätsalter auch zahllose Narben im Gesicht und am Körper einschneiden lassen. Gewöhnlich waren es mehrere Reihen von Narben, die von der Brust bis an den Nabel oder noch darunter reichten und eine Reihe kleinerer Narben auf der Stirn. Bei manchen Mädchen wurden die unteren Schneidezähne ausgezogen, andere trugen ein Loch in der Unterlippe, in das ein Ornament – ein Stein, ein Holzteller oder ein Knochen – eingesetzt wurde.

Bei den *Chiga* herrschte auch die Sitte, daß die Mädchen, wenn sie die Geschlechtsreife erreichen, sich die Schamlippen massieren, um sie zu verlängern. Die älteren Frauen unterweisen die jungen Mädchen in diesen Praktiken.

Das *Ganda*mädchen muß sich in dieser Zeit sein eigenes Essen kochen und darf nur hinter einem verschlossenen Vorhang speisen. Gleich nach der ersten Periode wird ein Ritus abgehalten, bei dem nur die Eltern anwesend sind.

Bei den *Gisu* in Uganda wird das Mädchen vor allem ermahnt, darauf zu achten, daß keine feindliche Person sich in den Besitz auch nur eines Tropfens des Menstruationsblutes bringen kann, da es sonst verhext werden kann. Gewöhnlich besucht es in dieser Zeit einen Bruder seiner Mutter, der es beschenkt und als einen besonders zu ehrenden Gast behandelt.

Während der ersten Regeln darf das Mädchen nicht mit den Händen essen, sondern muß sich zweier Stäbchen bedienen. Es darf auch nicht mehr mit seinem Vater unter einem Dach schlafen.

Bei den *Massai* in Kenia wird die Beschneidung der Klitoris im Pubertätsalter durchgeführt. Zuerst vergewissert man sich des Namens des Mädchen, denn aus ihm ist ersichtlich, ob die Operation nicht bereits während der Kindheit vorgenommen wurde.

Vor der Operation füllt man Gräben mit kaltem Wasser, in dem die Initiantin sitzen muß, bis der zu entfernende Teil des Geschlechtsorgans gefühllos geworden ist. Im allgemeinen wird eine Glasscherbe oder ein spitzer Stein als Operationsinstrument benutzt. Sowie das Mädchen beschnitten ist, kleidet man es schwarz und zieht ihm Ohrringe aus geflochtenem Leder durch die durchstochenen Ohrläppchen.

Bei den *Kikuyu* in Kenia verläuft die Beschneidung ähnlich wie bei den *Massai*, nur daß ein scharfes Messer benutzt wird. JOMO KENYATTA hat in seinem Buch »Facing Mount Kenya« diese Riten detailliert beschrieben und erklärt:

> »Es geht hier in Wirklichkeit nicht darum, den chirurgischen Eingriff oder die Art seiner Ausführung zu verteidigen, sondern um das Verstehen eines sehr wichtigen Faktors der Stammespsychologie der Kikuyus – nämlich darum, daß diese Operation immer noch als der wesentliche Teil einer Institution betrachtet wird, die – abgesehen von der Operation an sich – von grundsätzlicher erzieherischer, sozialer, moralischer und religiöser Bedeutung ist. Auch heute noch ist es für ein Stammesmitglied unmöglich, sich eine Initiation ohne die Beschneidung der Klitoris vorzustellen. Deshalb würde die Abschaffung des chirurgischen Eingriffs für einen *Kikuyu* die Abschaffung der

20 *Baumwollernte (Kamerun)*

21 *Dieses kleine Mädchen bringt den Bergarbeitern von Kano ihr Essen*

gesamten Institution bedeuten ... Die Initiation beider Geschlechter ist bei den *Kikuyu* die wichtigste Sitte. Sie wird als der entscheidende Faktor betrachtet, der einem Knaben oder Mädchen den Rang eines Mannes oder einer Frau innerhalb der Gemeinschaft verleiht. Diese Sitte herrscht bei der großen Mehrheit der afrikanischen Völker in allen Teilen unseres Erdteils ... Es ist wichtig, sich darüber klar zu sein, daß diese Sitte eng mit dem Moralkodex des Stammes verbunden ist und als Symbol für die Einheitlichkeit der gesamten Stammesorganisation gilt. Die *Irna* (Beschneidung der Geschlechtsteile) bedeutet den Beginn der Teilnahme an den verschiedenen verantwortlichen Gruppen in der Stammesverwaltung, denn die Zugehörigkeit zu einer wirklichen Altersgruppe beginnt am Tage des physischen Eingriffs. Die Erklärung und Überlieferung der Geschichte und der Legenden des Volkes lebt mit den Namen der verschiedenen Altersgruppen zur Zeit ihrer Initiationsriten fort. So wird z. B. eine zur Zeit einer Hungersnot initiierte Gruppe *Ng-aragu* (Hungersnot) heißen ... Jedes noch nicht durch Entfremdung von seinem Stamm verdorbene Kikuyukind kann sich anhand der Namen seiner vor Hunderten von Jahren initiierten Vorfahren ein Bild von der gesamten Geschichte seines Volkes von den Ursprüngen an machen ... Den Bemühungen vieler europäischer Missionare, die in den Beschneidungsriten nur eine barbarische und verwerfliche Sitte sehen, stehen die *Kikuyu* äußerst mißtrauisch gegenüber, denn sie glauben, daß man damit nur insgeheim das Ziel verfolgt, die soziale Ordnung des Stammes zu zerstören und die Europäisierung unseres Volkes zu beschleunigen. Die Abschaffung der *Irna* würde das Stammessymbol, die Identifizierung der Altersgruppen, zerstören und die Kikuyus jenes Kollektivgeistes und der nationalen Solidarität, die sie sich von altersher erhalten haben, berauben.«

Den *Bari*mädchen im Sudan werden bei der Initiation die vier unteren Schneidezähne gezogen. Ohne diese Operation gel-

ten sie als nicht heiratsfähig. Während der Initiationszeit schlafen die Mädchen gemeinsam in einer Hütte. Hat die Initiantin einen Verlobten, so darf sie zwar mit ihm schlafen, soll aber keinen Geschlechtsverkehr haben. Sie darf sich in dieser Zeit auch nicht den Kopf rasieren, allein ausgehen oder den Gruß eines Mannes erwidern – es sei denn, er bietet ihr ein Geschenk. Sowie das Zahnfleisch verheilt ist, feiern die Mädchen ihre Initiation mit Tanz, Gesang und Bier. Vor und nach der Initiation lassen sie sich in verschiedenen Operationen dekorative Narbeneinschnitte machen: Wenn sie fünfzehn sind, werden am unteren Teil des Rückens – drei Reihen kleiner Narbenschnitte im rechten Winkel zum Rückgrat angebracht, wenn sie siebzehn sind, werden Bauch und Unterleib eingeschnitten, und mit achtzehn wird der Rükken, diesmal parallel zur Wirbelsäule, geritzt. Nach jeder dieser Operationen wandern sie von Hütte zu Hütte, singen und tanzen und erhalten Essensgeschenke, bevor sie nach Hause zurückkehren.
Bei den *Kuku* im Sudan wird das Reißen der vier unteren Schneidezähne bei der Initiation der Mädchen als eine Mut- und Kraftprobe betrachtet. Man befestigt außerdem eine lange weiße Perlenkette mit einer Klammer an der Unterlippe und zieht sie über die Ohren, so daß sie am Rücken herunterhängt.
Bei der Beschneidung der *Kuku*mädchen entfernt man einen großen Teil der Labia Majora und die Labia Minora ganz und gar. Diese Operation nimmt eine Hebamme vor, wenn das Mädchen zwischen vier und zehn Jahre alt ist. Nach dem Eingriff werden ihm die Beine vierzig Tage lang aneinandergeschnürt, so daß die Wunden auf beiden Seiten der Vagina vernarben und zusammenwachsen. In dieser Zeit wird eine Röhre in die Vaginalöffnung eingeführt, damit der Urin und später das Menstrualblut ausfließen können. Zur Zeit dieser Operationen stehen die Mädchen im Mittelpunkt des Interesses. Man beschenkt sie reichlich und kleidet sie neu ein. Wenn nach der Operation das Mädchen vierzig Tage in seiner Hütte bleiben muß, darf es aber Besuch empfangen.

Wenn das sudanesische *Nuer*mädchen das Pubertätsalter erreicht, schmückt es seinen Körper mit zahlreichen Halsketten, Armreifen und Kopfbändern aus weißen Perlen. Manchmal bleicht es sich sein Haar mit getrocknetem und dann in Wasser getauchtem Kuhdung, der so lange im Haar bleibt, bis es hellbraun geworden ist. Dann werden die Reste des Kuhdungs ausgebürstet.

Sowie das *Somali*mädchen die erste Periode hat, macht die Mutter ihm eine neue Haartracht. Statt der Kinderfrisur trägt es nun sorgfältig geflochtene Zöpfe, damit jedermann sehen kann, daß es im heiratsfähigen Alter ist. Ein Freier stellt sich dann meist bald ein.

Die *Somali* legen ganz besonderen Wert darauf, daß die Frau als Jungfrau in die Ehe geht, und die in Somalia übliche *Infibulation* dient nur diesem Zweck. Nach der Beschneidung, bei der die Klitoris entfernt wird, werden die Schamlippen so eingeschnitten, daß sie, zusammengeheftet, beinahe auf ihrer ganzen Länge zusammenwachsen. Für das Zusammenheften werden meist Dornen verwendet, die sechs Tage nach der Operation, wenn die Wunde verheilt ist, wieder entfernt werden. Diese Zeremonie findet in der elterlichen Hütte statt, wenn das Mädchen zwischen sechs und zwölf Jahre alt ist. Die Operation kann deshalb eigentlich nicht als Bestandteil der Initiation bei der Geschlechtsreife angesehen werden. Sie wird in Anwesenheit weiblicher Verwandter von einer »Spezialistin« ausgeführt, die sonst nur geringes soziales Ansehen genießt.

Später muß sich die *Somali*frau noch drei weiteren Operationen unterziehen: 1) Ein Teil der Vagina wird geöffnet, um den ehelichen Beischlaf zu ermöglichen. 2) Für eine Geburt wird die Scheide geöffnet. 3) Nach der Geburt wird die Vagina teilweise wieder verschlossen.

Über den Ursprung der Infibulation ist nichts bekannt. Da aber die *Somali* schon seit langem islamisiert sind und in einem Teil Afrikas leben, aus dem früher die Araber ihre Sklaven eingeführt haben, liegt die Vermutung nahe, daß entweder damit die Unberührtheit einer »Ware« garantiert werden sollte – oder aber Fremde entmutigt werden sollten, *Somali*-mädchen zu rauben.

Die koptisch-christlichen *Amhara* in Äthiopien kennen keine Initiationsriten. Die jungen Mädchen lernen im Pubertätsalter, wie sie sich später als Ehefrauen zu betragen haben und werden mit den Besonderheiten der Stammestraditionen vertraut gemacht.

Bei den *Gurage* in Äthiopien ist die Initiation wiederum ein wichtiges Ereignis im Leben eines Mädchens. Die Beschneidung der Klitoris erfolgt im Alter von acht bis zehn Jahren (also vor der Geschlechtsreife und nicht als ein Teil der Initiation). Die Riten beginnen mit einer symbolischen Entführung. Man führt die Mädchen aus der Hütte, während die Eltern sich irgendwo versteckt halten, dann bringt man die ganze Mädchengruppe in den Busch, wo sie etwa einen Monat lang in der Abgeschlossenheit verbringen. Dort lehrt man sie eine rituelle Sprache – *Fedwat* genannt – die nur *Gurage*-frauen bekannt ist, die also kein Mann und kein Fremder versteht.

Wenn die Mädchen wieder ins Dorf zurückkehren, werden sie der Bevölkerung vorgestellt, und von da an ist nur noch der Dorfhäuptling für sie verantwortlich, bis sie verheiratet sind. Die Eltern haben ihnen so gut wie nichts mehr zu sagen.

Bei den *Mende* in Sierra Leone beginnt bei dem Mädchen der vorbereitende Unterricht bereits im Alter von sechs Jahren. Man gibt es dann in die Obhut von Verwandten, da die *Mende* der Ansicht sind, daß ein Kind, das zu lange bei den Eltern lebt, nur verwöhnt und verdorben wird.

Die Verwandten erziehen das Kind, bis es alt genug ist, um in die *Sande* (Geheimgesellschaft), auch *Bundu* genannt, einzutreten.

Dieser Zeitpunkt ist gekommen, wenn das Mädchen vierzehn oder fünfzehn Jahre alt ist. Vorher lernt es, bescheiden und höflich zu sein, den Älteren Respekt zu bezeigen und seine späteren Pflichten als Hausfrau zu erfüllen.

Bis sie in die *Sande* aufgenommen wird, behält die junge

*Mende*frau den Namen, den sie nach ihrer Geburt erhalten hat. Nach der Initiation nimmt sie einen neuen Namen an, und oft ist es der ihrer »Lehrerin«. Die *Sande* ist eine Organisation, die von älteren Frauen geleitet wird. Ihr Ziel ist, die Mädchen zu strenger Disziplin zu erziehen. So müssen die Initiantinnen den Älteren das Wasser holen und es zum Bad erwärmen, während sie sich selbst nur mit kaltem Wasser waschen dürfen. Sie müssen die Ranghöheren stets mit einem Lied begrüßen.

Während sie abgeschlossen im Busch leben, schmiert man ihnen Lehm auf das Gesicht und den Körper, damit die Haut zart bleibt. In dieser Zeit findet auch die Beschneidung statt. Angeblich wird heute nur noch ein symbolischer kleiner Einschnitt vorgenommen, während früher die Klitoris entfernt wurde.

Die Rückkehr ins Dorf und zu den Eltern wird mit einem großen Fest mit viel Tanz und Gesang gefeiert. In einer von den Ältesten angeführten Prozession verkörpern Masken tragende Mitglieder der *Sande* verschiedene »Geister«. Die Mädchen werden mit Öl gesalbt und prunkvoll gekleidet. In der Hütte der Eltern nehmen sie auf einer Art Thronsessel Platz und begrüßen Verwandte und Freunde, von denen sie reich beschenkt werden. Jetzt gelten sie als Mitglieder der *Sande* und dürfen an allen Aktivitäten des Erwachsenenlebens teilnehmen.

Bei dem *Schai*volk in den südöstlichen Ebenen Ghanas dauerten diese Zeremonien in früheren Zeiten, als die *Schai* noch in den Bergen wohnten, manchmal mehrere Jahre lang, d. h. sie begannen mit dem Pubertätsritual und endeten erst mit der Hochzeit.

Vor dem Pubertätsalter wurde kein Mädchen als Kandidatin für die Initiation zugelassen, und falls ein Mädchen vor oder während dieser Zeremonie schwanger wurde, so schloß man sie aus dem Stamm aus, und kein *Schai*mann würde sie jemals noch zur Frau nehmen.

In der sogenannten *Dipo*zeremonie hat man das alte Ritual beibehalten, die Dauer jedoch auf sieben Wochen verkürzt.

In der alten Zeit wurde der zukünftige Ehemann von der sexuellen Reife seiner Braut informiert, bevor die Initiation vorgenommen wurde. Dann war es seine erste Pflicht, ein Stück Land seines Schwiegervaters urbar zu machen, auf dem die für die *Dipo*zeremonie bestimmte Hirse angepflanzt werden sollte.
Wenn es für das Mädchen an der Zeit war, in die Berge zu gehen, sammelte der zukünftige Ehemann mit seinen Freunden Feuerholz und brachte es in das Heim seiner Braut.
Heutzutage begehen viele Mädchen den Initiationsritus, bevor sie jemandem zur Ehe versprochen worden sind. Deshalb kann natürlich der zukünftige Ehemann auch nicht daran teilnehmen.
Zunächst führt man die Kandidatin zu einem Schrein, wo ein Priester oder eine Priesterin den Segen und den Schutz der Götter für die Initiantinnen während der Riten erfleht. Die Vorfeier findet an einem Sonntagmorgen im Heim des Großvaters oder des ältesten väterlichen Onkels des Mädchens statt. Man bindet dem Mädchen eine Art Bastband um den Hals und legt ihm ein einfaches Band mit einer roten Perle um die Hüften. Damit hat das Mädchen die ersten äußerlichen Zeichen erhalten, die es von nun an als *Dipo-Yo* (*Dipo*mädchen) kenntlich machen. Am selben Tage begibt man sich zu der alten Frau, der *Yomoya*, die die Pubertätriten ausführen wird. Eine Priesterin leitet meist die Zeremonien. Die Mädchen werden zu einem Mühlstein geführt. Sie haben in ihren Kürbisflaschen etwas Hirse mitgebracht, denn das ist ihre Grundnahrung. Die *Yomoya* mimt das Mahlen der Hirse, so wie es die Tradition vorschreibt. Sie tut es dreimal und führt den Mädchen die Hände und sagt dabei: »Dies ist die Hirse. Sie ist unsere überlieferte Nahrung. Ich gebe sie dir heute zum Mahlen, damit du eine erwachsene Frau wirst.« Mit diesem Ritus soll dem Mädchen bedeutet werden, daß das Mahlen der Hirse eine ihrer wichtigsten hausfraulichen Aufgaben sein wird.
Erst am folgenden Sonntag wird die Zeremonie fortgesetzt. Die Mädchen gehen früh am Morgen zum Fluß, wo sie ihre

eigenen Kleider und die der alten Frau waschen. Das ist eine weitere hausfrauliche Pflicht, die nun die Mädchen erst wieder nach Beendigung ihrer Initiation aufnehmen können.
Die Familien bereiten eine Suppe aus Palmnüssen, verschiedenen Arten von Fufu und Huhn, die für diesen besonderen Sonntag übliche Mahlzeit. Früher hatte der zukünftige Ehemann für die Beschaffung der Lebensmittel dieser Mahlzeit zu sorgen. Es versteht sich, daß es dem Mädchen von nun an verboten ist, bis zur Beendigung seiner Initiation diese Speise zu essen.
Am Nachmittag des folgenden Tages wird der allmähliche Übergang vom normalen zum wirklich rituellen Teil der Initiation fortgesetzt. Die Kandidatinnen bringen der *Yomoya* etwas Hirsemehl, getrockneten Fisch und Hirsebier in ihr Haus. Die alte Frau nimmt die Gaben entgegen, schenkt einen Opfertrunk ein und ruft die Ahnen und die Götter an, damit sie die Feier segnen: »Kwablas Töchter sind erwachsen; heute sind sie gekommen um sich zu waschen; darum biete ich Euch Alten diesen Trunk; gebt uns Kraft, damit wir die Riten durchführen können; die Dipo will niemandem Krankheit oder Tod bringen. Abla, Sabu, Ihr Götter der Schai, nehmt und trinkt dieses Bier und helft und schützt uns, so daß uns kein Leid geschieht.«
Danach bespritzt die *Yomoya* jedes Mädchen mit heiligem Medizinwasser und weißem Lehm. Der Lehm und das Wasser werden im Schrein aufbewahrt, und sie enthalten segnende und reinigende Kräfte. Vor dem geheiligten Grund wird das Fell einer Antilope ausgebreitet, auf das die Mädchen sich setzen.
Einige junge Männer warten bereits mit großen Taschenmessern, um den Kandidatinnen den Kopf kahl zu rasieren, während die Frauen um sie herumtanzen.
Danach wird den Mädchen dreimal der *Dipo*, ein zylindrisch geformter Strohhut, auf den Kopf gesetzt, wobei diejenigen, die diesen Teil des Rituals ausführen, jedesmal vorher den Boden berühren müssen. Diese Zeremonie ist wichtig, da die Mädchen nun in den »rituellen Zustand« eingetreten sind.

Bevor die Mädchen nun eine Suppe aus Okrablättern, Fisch und Hirsebrei essen, streut man drei kleine Portionen davon für die toten Ahnen auf den Boden. Am Ende dieses Festmahls mimen die Mädchen ihre Entführung durch die Akan-Entführer und die Flucht vor diesen Feinden aus alter Zeit. Es folgen Tänze, die bis in den Abend dauern, bis die Mädchen schließlich in ihre Häuser zurückkehren.
Am Dienstag frühmorgens kehren die Mädchen zu der alten Frau zurück und begeben sich in die »Einschließung«. Sie bleiben drei Tage lang im *Dipo*zimmer, dürfen aber nach Sonnenuntergang die Nacht bei ihren Familien verbringen. Am Donnerstagnachmittag findet die Zeremonie des »Herauskommens« statt. Die Mädchen tragen rote Lendenschurze und *Dipo*hüte, gehen dreimal um die Hütte herum, wobei jedesmal Wasser auf das Dach gegossen wird, das auf sie herunterrinnt, wenn sie vorbeikommen. Dieser Ritus symbolisiert ihre erste Kontaktnahme mit der Außenwelt. Früher blieben die Mädchen viele Wochen lang in dieser Kleidung, aber heute wird der *Dipo*hut bis zum folgenden Dienstag getragen und dann durch ein schwarzes, mit zwei Kaurimuscheln und Stachelschweinstacheln dekoriertes Band ersetzt, das man »Ayakpa« nennt und das die Mädchen vor bösen Geistern schützt.
Am folgenden Sonntag begeben sich die Kandidatinnen wieder zur *Yomoya*, um ihre Hauptprobe zu bestehen. Dann sagt man »Aya Yomo« (Sie gehen zum Haus der alten Frau). Bis zu diesem Zeitpunkt sollte eigentlich die *Yomoya* wissen, ob eine ihrer Kandidatinnen schwanger ist, denn in dieser Nacht wird sich definitiv herausstellen, ob eine von ihnen deshalb ausgestoßen werden muß. Die ganze Zeremonie wird streng geheimgehalten, und man droht den Mädchen, daß sie sterben müßten, falls sie das Geheimnis preisgeben. Am Abend bereitet die *Yomoya* einen Opfertrunk und besprengt die Mädchen mit geheiligter Medizin und weißem Lehm. Die Mädchen verbringen die Nacht in der Hütte der Alten, und mitten in der Nacht berührt die *Yomoya* nacheinander jedes einzelne Mädchen und weckt es so auf. Die psy-

chophysische Reaktion des Mädchens soll nun beweisen, ob es noch Jungfrau ist oder nicht. Man nimmt nämlich an, daß ein Mädchen, das schon Geschlechtsverkehr hatte, sich erregter betragen würde als eine Jungfrau, wenn man es plötzlich erweckt.

Die *Yomoya* gießt für jedes Mädchen, das die Probe bestanden hat, einen Trunk ein, ruft die Götter an und fordert sie auf, das Hirsebier zu trinken und das Mädchen zu segnen, dann sagt sie zu dem Mädchen: »Vielleicht hat man dich verdächtigt, kein gutes Mädchen zu sein, aber ich habe mich jetzt überzeugt, daß du ehrlich, daß du nicht schwanger und daß du bei gutem Verstand bist. So beenden wir den Ritus dieses Jahres, auf daß du heiraten und viele Kinder haben kannst«. Früh am nächsten Morgen erscheinen die Mütter der Mädchen und führen ihre Töchter im Triumph heim.

Die Mädchen werden wieder mit weißem Mehl, dem Symbol ihres Sieges, betupft, man schießt Gewehrsalven ab, tanzt und singt und teilt dem ganzen Dorf die frohe Kunde mit. Jetzt folgt die *Legeku*feier, bei der die Familie die siegreich zurückgekehrte Tochter empfängt. An diesem Teil der Initiationsriten nehmen ausnahmsweise auch die Männer teil.

Jede Phase dieser *Dipo*zeremonien hat ihre besondere symbolische Bedeutung, und bis das Mädchen definitiv als ein volles Mitglied der Gemeinschaft gilt, d. h. bis es sich verheiraten kann, muß es sich noch einer Reihe von Riten unterziehen, die es in die verschiedenen Tätigkeiten seines zukünftigen Lebens einweihen.

Da es nicht möglich ist, die Pubertätsriten *aller* afrikanischen Völker in allen Einzelheiten zu beschreiben, haben wir uns darauf beschränkt, den *Dipo*zeremonien der *Schai*, die zu den längsten und bedeutungsvollsten gehören, einen größeren Platz einzuräumen.

In Guinea werden bei der »Exzision« die Klitoris und die Labia entfernt. Im allgemeinen werden diese Operationen unvollkommen ausgeführt, denn man benutzt dazu ein schlecht schneidendes Instrument (oft ist es nur eine Glasscherbe) und die Mädchen sind in einem Alter, in dem ihre Schamlippen noch gar nicht entwickelt und kaum sichtbar sind. Die Exzision findet gewöhnlich vor der sexuellen Reife statt. In der westlichen Welt empfindet man diese Operation als eine Verstümmelung, weil sie der Frau ihre sexuelle Empfindungsfähigkeit zerstört, sie also niemals ein erotischer Partner sein kann, sondern zum Objekt erniedrigt wird. Das Problem ist noch viel komplizierter, als es auf den ersten Blick scheint. Bei einer diesbezüglichen Umfrage in Guinea behaupteten die meisten Mädchen, sie fühlten sich keineswegs verstümmelt. Kein einziges Mädchen lehnte sich gegen diese Sitte auf. Es scheint auch nicht, daß die Mädchen willige Opfer einer bis ins zwanzigste Jahrhundert dauernden alten Sitte wurden, denn alle Befragten waren in der Schule über die erotische Rolle der Klitoris aufgeklärt worden. Für sie bedeutet die Exzision vor allem den Übergang von der Kindheit in die Jugend. Zum ersten Mal in seinem Leben muß das Mädchen ohne seine Mutter sein, trägt seine eigene Verantwortung, und diese Verantwortungen bereiten es auf seine Rolle als Frau vor. Vielleicht läßt sich damit erklären, warum die meisten Mädchen sich froh und freiwillig dieser schmerzhaften Operation unterziehen.

Andererseits soll dieser Eingriff auch eine Vorbereitung auf die Menstruation sein. Wir wissen, daß auch in Afrika die erste Regel oft für das betroffene Mädchen ein großer Schock ist. Durch die Exzision, bei der das Kind sich an die Blutung seiner Geschlechtsteile gewöhnt, sollen ihm Angst und Scham genommen werden, bevor zum ersten Mal die Menstruation einsetzt.

Man hat oft behauptet, daß Frauen, deren Klitoris entfernt ist, zum Orgasmus nicht mehr fähig seien und daß diese Operation nur deshalb vorgenommen würde, damit der Mann der sexuellen Treue seiner Frau sicher sein könne. Verfechter dieser Theorie sollten bedenken, daß es bis heute wissenschaftlich nicht erwiesen ist, ob der weibliche Orgasmus ausschließlich in der Klitoris entsteht. Die Frau verfügt, genau wie der Mann, über zahlreiche erogene Zonen, die möglicherweise die Funktion der Klitoris übernehmen. Verschie-

dene Sexologen nehmen sogar an, daß sich auf den Vernarbungen eine neue erogene Zone bilden kann.
Die Initiationsriten mit den dazugehörigen Operationen an einem Geschlechtsorgan erfüllen eine soziale Funktion, und in den guineischen Traditionskulturen wurde und wird auch heute noch der Sexualität eine vorwiegend soziale Bedeutung beigemessen, hinter der die persönlichen Bedürfnisse zurücktreten, was besonders durch die Initiationszeremonien unterstrichen wird. Mögen diese Riten auch tiefe psychologische Ursachen haben, so ist doch ihr Ziel, dem einzelnen seine Zugehörigkeit zur Gemeinschaft, also zur Gesellschaft zu demonstrieren.
Denise Paulme, die französische Soziologin und Ethnologin schreibt in »La femme en Afrique noire«:

> »Fast überall genießen die Mädchen bis zu ihrer Ehe große sexuelle Freiheit – unter der Bedingung, daß sie dabei diskret vorgehen – und die Ehe wird als das kleinere Übel, als eine Notwendigkeit, aber ein unvollkommenes Mittel eines Bündnisses betrachtet, das das Überleben der Gruppe durch Erzeugung legitimer Kinder sicherstellt.«

Dieser Satz erklärt auch zum Teil die besondere Form der in Afrika verbreiteten Polygamie.

EHE

Die Rolle der Geschlechter in den Stammeskulturen

Eines der bemerkenswertesten Charakteristika der afrikanischen Gesellschaftsformen ist die Rollenteilung der Geschlechter, die in den Traditionskulturen streng voneinander getrennte Funktionen ausüben. Oft leben Männer und Frauen voneinander getrennt, führen ihr eigenes gesellschaftliches Leben, gehören getrennten Vereinigungen an, arbeiten getrennt, haben ihren eigenen Besitz und ihr eigenes Einkommen.

Diese Geschlechtertrennung beginnt in der frühen Kindheit. Ein Mädchen wird von der Mutter oder anderen Frauen, ein Knabe vom Vater oder älteren Jungen erzogen, bis sie in eine erwachsene Altersgruppe eintreten. Mädchen und Knaben erhalten eine Erziehung, die sie auf die ihnen später zugedachte Rolle vorbereitet. Die Erziehung eines Mädchens ist der eines Knaben nicht unterlegen, aber sie ist anders.
Die Sitte der Polygamie unterstreicht diese Trennung noch schärfer. Je mehr Frauen ein Mann hat, desto schwächer sind seine emotionalen Bindungen an jede einzelne. Jede Frau hat ihr eigenes Haus, ihre eigenen Felder, ihre eigenen Kinder. Die anderen Frauen leisten ihr Hilfe und Gesellschaft, und wenn es nötig ist, schließen sie sich zusammen, um ihrem gemeinsamen Ehemann Widerstand entgegenzusetzen.
Die Frauen gehören nach wie vor ihren eigenen Familien und Sippen an, und in mancher Beziehung bleiben sie »Fremde« in der Familie des Mannes. Dadurch genießen sie den Vorteil, bei Auftreten einer Ehekrise zu ihrem Clan zurückkehren zu können, und wenn eine Frau beschließt, zeitweilig ihr Heim zu verlassen, um zu ihrer Familie zurückzukehren, kann der Mann sie weder daran hindern, noch seine Ehe als aufgelöst betrachten. Es bleibt ihm nur noch übrig – und das tut er meistens auch – Sendboten mit Geschenken und Versprechungen auszuschicken, um seine Frau zur Heimkehr zu bewegen.
Gemäß der afrikanischen Tradition haben die Eheleute keinen gemeinsamen Besitz. In den vaterrechtlichen Gesellschaften erben die männlichen Nachkommen den Besitz ihres Vaters und in den mutterrechtlichen Gesellschaften den ihres mütterlichen Onkels.* In beiden Gesellschaftsformen beerben die weiblichen Nachkommen ihre Mutter. Die persönliche Aussteuer und die Haushaltsgegenstände, die die Frau von ihrer Familie erhalten hat und in die Ehe mitbringt, gehen in keinem Fall in den Besitz des Mannes über. Sie ver-

* In den mutterrechtlichen (matrilinearen) Familien üben der Bruder und der mütterliche Onkel also eine stärkere Autorität aus als der Ehemann und die Eltern.

fügt auch frei über ihr Einkommen, einschließlich dessen, was sie von ihrem Mann erhält und dessen, was sie sich durch ihre Arbeit verdient hat, sie verfügt also sowohl über ihren eigenen Besitz als über die Früchte ihrer Arbeit und kann sich sogar wirtschaftlich ganz unabhängig machen.

Diese Trennung gilt auch bei der Arbeit. So gibt es z. B. viele Völker, in denen die Frau, die die Fruchtbarkeit symbolisiert, für Saat und Ernte auf den Feldern verantwortlich ist.* Außerdem stampft sie das Korn, braut Bier, kocht, wäscht und bekümmert sich um das materielle Wohlergehen der Gemeinschaft. Der Mann dagegen jagt, fischt, rodet das Land, fällt Bäume und macht Buschfeuer. Seine Arbeit ist hart aber unregelmäßig, die Frau arbeitet ununterbrochen.

Diese Rolleneinteilung bringt kaum Konflikte hervor, da Mann und Frau sich in ihren Arbeiten ergänzen.

Obgleich die afrikanische Frau harte Arbeit leistet, betrachtet sie sich kaum als unterdrückt oder ausgebeutet. Sie fühlt sich durchaus an ihrem angemessenen Platz. Außerdem ist sie das Verbindungsglied zwischen zwei Sippen und spielt daher auch eine wichtige diplomatische Rolle. Besonders als ältere Frau, die das gebärfähige Alter überschritten hat, genießt sie hohes Ansehen, wird um Rat gefragt und übt starken Einfluß in allen Familienangelegenheiten aus. Da sie in diesem Alter nicht mehr nur als »Frau« betrachtet wird, sondern als eine erfahrene und weise Person, ist sie manchmal die Ratgeberin des ganzen Dorfes.

Viele Stämme führen ihren Ursprung auf eine berühmte Ahnherrin zurück, und zuweilen wird auch eine Frau zum regierenden Stammesoberhaupt gewählt. In manchen Sippen gibt es sowohl einen männlichen als einen weiblichen Häuptling, und in den Königreichen regiert stets die Mutter

* Die Anthropologin und Ethnologin Denise Paulme erklärt in ihrem Werk »La Femme«, daß die Frau wegen ihrer periodischen Unreinheit von gewissen Betätigungen, wie der Viehpflege, ausgeschlossen ist. Während der Menstruation darf sie kein Tier berühren und ist deshalb oft zu langen Umwegen gezwungen. Deshalb spielt sie in den Völkern, die vor allem Viehzucht betreiben, eine wirtschaftlich untergeordnete Rolle.

oder die Schwester des Königs über die Frauen, hat ihren eigenen Hofstaat, ihre Ratgeber und befaßt sich mit allen die Frauen betreffenden Angelegenheiten. Den männlichen und den weiblichen Häuptlingen werden die gleichen Ehren zuteil.
Allerdings unterstehen die rein politischen Entschlüsse, wie das Schließen von Bündnissen, Krieg oder Auswanderung in ein neues Gebiet der Befehlsgewalt der Männer. Derartige Entschlüsse werden im allgemeinen vom Häuptling und einem Ältestenrat gefaßt, der natürlich auch oft die Meinungen der älteren Frauen berücksichtigen muß.
Um in einer solchen Sozialstruktur zu überleben, ist die Gemeinschaft auf die Frauen, die für die Ernährung und die anderen täglichen Bedürfnisse zuständig sind, angewiesen.

Hochzeitsriten und Eheregeln

Bei den *Xhosa* in Südafrika wirbt entweder der junge Mann um das Mädchen oder der Vater des Mädchens bemüht sich um einen passenden Schwiegersohn. In beiden Fällen geschieht das wie üblich durch Mittelsmänner (Verwandte oder Freunde der betreffenden Familien). Die Mutter des Mädchens hat entscheidenden Einfluß auf die Wahl des Schwiegersohnes, denn ihr Einverständnis ist unbedingt erforderlich.
Als Zeichen eines Heiratsantrages gilt eine Perlenschnur, die der »Sendbote« im Kraal der Eltern des Mädchens läßt. Er achtet natürlich darauf, dabei von einem Familienmitglied gesehen zu werden.
Die Verhandlungen mit der Brautfamilie werden von einem »Zeremonienmeister« geführt, der später auch die Hochzeitsfestlichkeiten organisiert, das dazu bestimmte Vieh schlachtet und das Fleisch rangmäßig verteilt.
Das Paar gilt zwar als verlobt, wenn der Bräutigam den Brauteltern einen Ochsen oder eine Kuh geschenkt hat, aber die Verlobung bindet die Eltern des Mädchens noch nicht. Sie können immer noch einem anderen Schwiegersohn, der ih-

nen passender erscheint, den Vorzug geben. Ausschlaggebend für die Wahl sind nicht die Geschenke, sondern das Ansehen und die Gesundheit der Familie des Freiers.
Nachdem man sich über alle Bedingungen einschließlich des Brautgutes (*Lobola*) einig geworden ist, wird die Brautgesellschaft (*U-duli*) zusammengestellt, die die Braut zum Hause ihres zukünftigen Ehemanns führt. Vorher erhält sie von ihrer Mutter ein Zaubermittel (*Ubu Lawn*) – meist ein aromatisches Pflanzenpulver – und die Mutter spricht: »Halte es verborgen, denn es erhält dir deinen Charakter. Dank ihm wirst du dir Liebe und einen Ehrenplatz in deinem Hause erwerben.«
Die Brautgesellschaft besteht aus jungen Leuten im heiratsfähigen Alter und älteren Leuten. Sie begibt sich im Gänsemarsch zum Haus des jungen Mannes. Ein Sendbote verkündet dem Oberhaupt des Kraals, daß die Hochzeitsgesellschaft angekommen ist, und dieser schenkt ihnen eine Ziege als Willkommensgabe.
Für die Braut hat man bereits eine Hütte gebaut, die durch einen Vorhang abgeschlossen ist. Dort kann die Braut sich je nach den Umständen für ein paar Tage absondern.
Am nächsten Morgen bittet der Zeremonienmeister um Erlaubnis, den Viehkraal zu benutzen. Er beabsichtigt nämlich, dort ein mitgebrachtes Tier zu schlachten, denn die Brautgesellschaft wird sich von diesem Fleisch ernähren, bis alle Hochzeitsformalitäten erfüllt sind. Das Fleisch wird gemäß einer festgelegten Vorschrift verteilt, dann ruft man das Oberhaupt des Kraals und übergibt ihm die mit Fleischstükken gefüllte Haut des Tieres, die er wiederum an seine Familie verteilt. Insgesamt bringt die Braut drei Tiere mit. Das erste, soeben geschlachtete heißt *Mpotulo* (Tier), das zweite *Iaqakwe* ist gewöhnlich eine Kuh, die im Besitz der Braut bleibt und von deren Milch sie sich nährt. Sie gibt damit ihrem Mann zu verstehen, daß sie nicht materiell von ihm abhängig ist. Das dritte Tier, *Eyobu Lunga*, ist heilig, und der Ehemann hat kein Anrecht darauf. Aus den Schwanzhaaren dieses Tieres macht sich die junge Frau eine Halskette, die ihr als Amu-

lett dient und sie und ihre Kinder vor Unglück und Krankheit schützen wird.

An dem Tag, an dem das *Mpotulo* geschlachtet wird, erscheint ein Sendbote des jungen Mannes und bittet die Braut, sich in das Haus ihres Gatten zu begeben. Am Tag darauf schlachtet der junge Mann einen Ochsen.

Kurz davor, etwa um die Mittagszeit, verläßt die verschleierte Braut mit ihren Brautjungfern, ihrer Anstandsdame und dem Zeremonienmeister ihre Hütte und schreitet langsam zum Viehkraal. Dort hat man eine Strohmatte auf dem Boden ausgebreitet. Die Mädchen setzen sich, und während Anstandsdame und Zeremonienmeister sie mit Decken vor den Blicken Unbefugter schützen, legen sie ihre Schleier ab. Sie blicken leicht verschämt zu Boden, denn mit dem Schleier sind auch ihre Kleider von den Schultern bis auf die Knie gesunken. Jetzt werden sie eingehend von allen Anwesenden betrachtet, später müssen sie sich noch einmal in einer Hütte vor einigen Frauen einer solchen Inspektion unterziehen. Dann erhebt sich die Braut und läßt einen kleinen Geldbetrag auf dem Platz liegen, wo sie gesessen hat. Danach wird der erste Teil des Brautgutes ausgehändigt: Es handelt sich dabei stets um Vieh, und es gibt praktisch keine Beschränkung der *Lobola*, die der Mann sein ganzes Leben lang weiter an die Familie seiner Frau bezahlt.

Die Brautgesellschaft verbringt oft mehr als einen Monat im Kraal des jungen Ehemanns, denn das Vieh wird stückweise übergeben.

Nach der Übergabe der *Lobola* darf die Brautgesellschaft noch ein Rind schlachten, diesmal aus dem Besitz des Ehemannes, und die Verteilung des Fleisches geht genau wie beim *Mpotulo* vor sich. Dieses Festmahl heißt *Uku Rinela* (fertiges Aussehen).

Darauf folgt ein großes Fest mit Tanz und Gesang, das mit einem Ochsenrennen beschlossen wird.

Die Braut wird in die Hütte ihrer Schwiegereltern geführt. Dort legt sie einen kleinen Geldbetrag auf den Boden, um Frieden und Verbundenheit zu bezeugen. Das gleiche tut sie

22 *Kinder bei der Hausarbeit (Tansania)*

23 *Teppichweberinnen in der staatlichen Kunstgewerbeschule in Addis Abeba*

bei den Schwestern ihres Schwiegervaters. Zu Anfang lebt die jungverheiratete Frau bei der Schwiegermutter, schläft aber in einer getrennten Hütte mit ihrem Mann. Sie darf den Kraal des Schwiegervaters nur verlassen, um sich in ihrem eigenen Kraal einzurichten, wenn ihr Mann einen jüngeren Bruder hat, der sich um die Eltern kümmern kann. Dieser jüngere Bruder wiederum darf sich erst einen Kraal bauen, nachdem sein älterer Bruder einen Sohn und eine Tochter hat. Diese Kinder werden gewöhnlich von den Großeltern aufgezogen und müssen für sie sorgen, wenn sie alt sind. Haben sie das heiratsfähige Alter erreicht, so wartet der Bruder, bis die Schwester sich verheiratet hat, und benutzt dann ihre *Lobola*, um sich eine Frau zu nehmen.

Die junge Ehefrau erhält nun einen neuen Namen. Da aber ihr Mann keine Autorität über sie hat, solange er im Kraal seines Vaters lebt, wählen die Schwiegermutter und andere, männliche Mitglieder der Familie den neuen Namen aus.

Bei den *Kung*-Buschmännern im *Kalahari*gebiet Südafrikas, einem ausschließlich von der Jagd lebenden Volk, ist das Mädchen im Alter von zehn bis zwölf Jahren heiratsfähig. Der Bräutigam bringt den künftigen Schwiegereltern einen von ihm selbst erlegten Antilopenbock, um zu beweisen, daß er für seine Familie sorgen kann.

Die Buschmänner sind wahrscheinlich mit den ihnen verwandten *Hottentotten* die Ureinwohner des südlichsten Afrika. Heute existieren noch etwa dreißig- bis fünfzigtausend Buschmänner in Südafrika. Von den aus dem Norden eingewanderten *Bantu* verdrängt, leben sie in Gebieten, in denen Viehzucht und Ackerbau nicht möglich sind. Sie haben keine festen Wohnsitze, führen ein zurückgezogenes Dasein und gelten als eines der »primitivsten« Völker der Erde. Metallgewinnung und Schmiedekunst sind ihnen z. B. unbekannt. Sie erlegen ihr Wild mit vergifteten Pfeilen aus Holz oder Antilopenknochen.*

* Vgl. ELIZABETH MARSHALL-THOMAS: The Harmless People. Secker and Warburg, London 1959.

Da das Mädchen sich der Sitte gemäß gegen die Heirat sträubt, findet ein gespielter Brautraub statt. Die Braut wird von einem anderen Mädchen in eine Decke gehüllt in die Grashütte ihres Bräutigams getragen.
Bei allen Zeremonien der Buschmänner wird die Person, in deren Leben sich ein entscheidender Wechsel vollzieht (Geburt, erste Menstruation, Heirat und Tod), an einem von der Sonne geschützten und über dem Boden erhobenen Ort aufgebahrt – also symbolisch zwischen Himmel und Erde. Da die Sonne den Tod bringt, findet keine Zeremonie vor dem Abend, dem Sonnenuntergang statt, so auch die Hochzeit. Die Eltern der Eheleute können an diesem Fest nicht teilnehmen, denn Braut und Bräutigam sind für sie um diese Stunde so tabu, daß sie nicht einmal ihre Namen aussprechen dürfen.
Vorher aber wird die Braut von ihrer Mutter geschmückt und mit wohlriechendem Puder eingerieben.
Während der Feier, bei der meist nur Kinder anwesend sind, nimmt der Mann, wie es die Sitte vorschreibt, keine Notiz von seiner Frau. Am nächsten Morgen werden Braut und Bräutigam von ihren Müttern mit Fett eingesalbt, und von da an gelten sie als verheiratet und leben zusammen.
»Soundso, der Sohn des Soundso, entbietet dir Grüße und hat mich zu dir geschickt, um dich zu bitten, mir eine Kalabasse mit Wasser zu geben. Der Mund, der dieses spricht, ist diese Kuh.« Mit diesen Worten erscheint der Sendbote eines Freiers der *Basuto* in Lesotho beim Brautvater mit der Kuh als Verlobungsgeschenk.
Während der Verlobungszeit, die Wochen oder Monate dauern kann, müssen einige Tabus beachtet werden. Das Mädchen darf den Namen ihres zukünftigen Schwiegervaters nicht aussprechen, und der Schwiegervater darf sie nicht berühren. Früher durfte auch die Schwiegermutter den Namen des Schwiegersohns – und umgekehrt – nicht nennen.
Das Brautgut wurde zum größten Teil während der Verlobungszeit bezahlt. Der letzte Teil der *Lobola* war bei der Geburt des ersten Kindes fällig. Falls es sich um Söhne und

Töchter von Häuptlingen handelte, betrug die *Lobola* bis zu sechzig Rindern.

Auch bei diesem Stamm gibt die Hochzeit Gelegenheit zu einem Fest mit Tanz, Gesang, viel Fleisch und großen Mengen Bier. Während dieses Gelages findet die *Hlatsuo ea Nyooko* oder Gallentaufe statt. Dem *Malome* (mütterlichen Onkel) obliegt es, diese Zeremonie durchzuführen. Er nimmt die Galle des geschlachteten Tieres, gießt sie den jungen Eheleuten über Kopf und Brust, ruft die Ahnen um Schutz an, schneidet Hals – und Armbänder aus dem Fett der Eingeweide und legt sie dem Paar an, das jetzt am Tanz teilnimmt. Das Fest dauert gewöhnlich drei Tage und Nächte und endet mit einer kurzen Ansprache des Brautvaters: »Oh, meine Tochter, du verläßt uns, um in eine andere Familie einzutreten. Sei deinem Mann treu und ehre deine neuen Eltern. Vor allem mache dich nie des Diebstahls oder der Hexerei schuldig, so daß solche Anklage nie denen zur Schmach wird, die dir das Leben geschenkt haben.«

Falls der Ehemann feststellt, daß seine Frau keine Jungfrau mehr ist, sticht er ein Loch in die Bettdecke und gibt seinen Eltern zu verstehen, daß er betrogen worden ist. Dann bringen seine Eltern die Frau mit dem Ochsen, den man ihnen geschenkt hat, zu ihren Eltern zurück.

Bei den *Ila* in Sambia wird das Brautgut von den Männern der Sippe des Bräutigams aufgebracht und denen der Sippe der Braut übergeben, die es dann an die Familienmitglieder verteilen. Der Brautvater erhält nur wenig davon, während die Mutter den größten Teil bekommt.

Die Ehen der *Ila* sind oft nicht lange von Bestand, denn außerehelicher Verkehr ist dort landesüblich und wird durch verschiedene Abmachungen gesetzlich geregelt. *Lubambo* ist eine Abmachung, durch die der Ehemann seiner Frau öffentlich einen Liebhaber zubilligt, der ihm dafür einen gewissen Preis bezahlt. Die Dauer einer solchen Beziehung kann sich auf Monate oder Jahre erstrecken, ohne daß der Ehemann ein Anrecht auf eine Ehebruchsentschädigung hat, wie es der Fall wäre, wenn die Frau sich ohne Einwilligung ihres Man-

nes einen Liebhaber nähme. Die Sitte ist allgemein üblich. *Musedia* nennt man das ständige Recht des Freundes, dessen Namen die Frau bei der Hochzeit erhält, mit ihr Beischlaf zu haben, wann und sooft er es wünscht, *Kusena* ist ein dem *Lubambo* ähnlicher Leihvertrag, bei dem aber der Ehemann die Initiative ergreift.
Hat ein junger Mann aus dem Stamm der *Lamba* in Sambia sich ein *Imbuli* (ein nicht initiiertes Mädchen) zur Braut erkoren, so gibt er der Mutter des Mädchens einen Ring, mit dem er für sein Eheversprechen bürgt, und muß dann warten, bis die Initiation stattgefunden hat. Die alte Frau, die die Initiation vornimmt, führt dann auch die Braut dem Bräutigam zu. Vorher warnt sie das Mädchen: »Wenn dein Mann dich entjungfert, so weigere dich am Morgen, den Brei zu essen und das Wasser zu trinken.«
Am nächsten Tag findet ein Fest statt.
Früher war es Sitte, daß die Frau dem Mann in der Hochzeitsnacht die Schamhaare auszupfte und sie händeklatschend ihrem Mann übergab, der sie danach heimlich wegwarf. Man sah in diesem Ritual eine Respektsbezeugung dem Mann gegenüber. Heute rasiert die Frau sich und ihrem Mann die Schamhaare ab.
Die ebenfalls in Sambia lebenden *Tonga* sind zum großen Teil christianisiert, aber viele folgen trotzdem noch den althergebrachten Stammesriten.
So stellt der zukünftige Ehemann zuerst sein Brautgut zusammen und schickt dann einen Sendboten damit zum Vater des erwählten Mädchens, um ihm mitzuteilen, daß er jetzt bereit sei, die Braut in seinem Hause zu empfangen.
Der Vater des jungen Mannes ermahnt seinen Sohn, daß er zum Zeichen seiner Zuneigung während der Hochzeitsnacht auch im Schlaf das Gesicht stets seiner Frau zuwendet. Am Morgen darauf erscheinen die Gefährten der Braut ohne anzuklopfen in der Hütte und erkundigen sich, wie es ihr in der Nacht ergangen ist. Zeigt sie sich zufrieden, so kann mit den Hochzeitszeremonien begonnen werden.
Der Ehemann und sein Sendbote schlachten ein Huhn, das

mit Hirsebrei für das Hochzeitsmahl zubereitet wird. Die jungen Eheleute dürfen jedoch nicht davon essen.
Zwei Tage darauf besucht die junge Frau ihre Eltern und bringt ihnen Mais und das Messer, mit dem das Hochzeitshuhn geschlachtet wurde. Der Vater erhält das Messer, der Mais wird für die ganze Familie gekocht.
Wenn die Frau zu ihrem Mann zurückkehrt, bringt sie einen Korb mit Erdnüssen und einen Sack Maisgries mit. Dann braut sie ein leichtes Bier und bewirtet ihren Mann und seinen Sendboten mit Brei und Gewürzen. Damit endet die Hochzeitsfeier.
Die Besonderheit dieser Riten liegt darin, daß die Dorfgemeinschaft die Ehe erst anerkennt, wenn der neue Haushalt gegründet worden ist. Dann findet ein großes Fest im Dorfe statt.
Eine besondere Art der Polygamie gibt es bei den *Lele*, einem Volk, das in Zaïre zwischen den Provinzen Kwilu und Kasai lebt. Neben der normalen Ehefrau gibt es bei diesem Stamm eine »Dorffrau«, die zu allen Männern des Dorfes, außer ihren Sippenverwandten, für die sie als »Schwester« gilt, eheliche Beziehungen unterhält. Diese »Dorfehe« wickelt sich in verschiedenen Phasen ab. Die erste ist eine Art von Flitterwochenperiode, während der alle Männer, die es wünschen, mit ihr in ihrer Hütte schlafen können. Sie braucht dafür keine schweren Arbeiten, die man sonst üblicherweise von den Frauen verlangt, zu verrichten und hat Anrecht auf einen großen Teil der von ihren Männern gewobenen Baststoffe. Danach findet eine Zeremonie statt, in der die Männer den Eltern der »Dorffrau« die als Brautgut festgesetzten hundert Bastmatten übergeben. Von da an wird die Zahl ihrer Männer auf vier und fünf beschränkt. Es sind junge Leute des gleichen Alters, die jetzt ihre Habe in die Hütte der Frau bringen und als einzige das Recht haben, mit ihr zu schlafen. Sie kocht und führt den Haushalt für sie. Allmählich ziehen die jungen Männer wieder aus, um sich mit einer anderen Frau zu verheiraten, weil sie sich untereinander streiten oder auch aus anderen Gründen – bis nur noch ein Ehemann

bleibt. Jetzt steht die »Dorffrau« wieder allen Männern des Dorfes zur Verfügung.
Ihre Kinder gehören allen männlichen Dorfbewohnern gemeinsam (außer ihren Sippenverwandten). Die Söhne erhalten von ihnen das Brautgut, wenn sie sich verheiraten wollen, und das Brautgut, das ihre Töchter erhalten, wird entweder verteilt oder zur Werbung einer neuen »Dorffrau« verwendet.
»Dorffrau« zu sein ist durchaus ehrenhaft, und viele junge Frauen wären gern dazu bereit. Oft sind es Frauen, die schon einmal verheiratet waren, »und fast alle haben sich nicht nur bereitwillig mit ihrer Rolle abgefunden, sondern sich freiwillig darum beworben«.* Dieser Brauch ist heute zwar gesetzlich verboten, lebt aber trotzdem weiter fort.
Bei den *Tonga* in Mosambik kann ein Mädchen all ihre Verführungskünste anwenden, um einen Mann zu gewinnen. Oft zieht sie dabei einen Zauberdoktor zu Rate, der sie mit wohlriechenden Kräuteressenzen einreibt und ihr Liebeszaubermittel verabreicht. Dann »erscheint« sie gesalbt und gewappnet bei ihrem Auserwählten. Erliegt er ihren Verführungskünsten, so muß er den Eltern des Mädchens eine *Lobola* zahlen und gilt als »durch Verführung« verheiratet.
Während ihrer Menstruation hat die Frau strenge Tabus zu beachten. Sie darf keinen Kontakt zu ihrem Mann haben, muß links außerhalb der Hütte schlafen, darf die Hütte tagsüber nur bis zur Mitte betreten, trägt besondere Kleider und berührt beim Kochen die Nahrung nur mit einem Löffel. Am Ende ihrer Periode muß sie den Fußboden der Hütte waschen und sich wieder die gewohnten Kleider anziehen.
Bei den *Lenge* in Mosambik wird die Braut, bevor sie sich zu ihrem Bräutigam begibt, von Mutter, Großmutter und Tante in ihren Ehepflichten unterwiesen: »Du mußt gut und sauber arbeiten. Des Morgens mußt du zum See gehen und baden, und wenn du zurückkehrst, mußt du die Asche in der Hütte

* Tew, D.: A Form of Polyandry among the Lele of the Kasai. Africa XXI, 1951.

deiner Schwiegermutter kehren. Du wirst lernen, deinem Schwiegervater und seiner Mutter das Wasser zu holen. Du wirst lernen, deinem Mann das überflüssige Haar zu zupfen, ihm die Wimpern zu zupfen, ihm das Kopfhaar zu rasieren, und du wirst lernen, den Kraal deiner Schwiegermutter mit Wasser und Sand zu scheuern, und du wirst lernen, den Großeltern deines Mannes und seinem Bruder das Wasser zu bringen, in dem sie sich waschen, und wenn du das alles getan hast, wirst du lernen, leichtes Bier zu brauen.«

Die Braut und ihre Gefährtinnen setzen sich vor die Hütte des Mannes, weigern sich aber einzutreten, wenn man sie dazu auffordert. Erst nachdem die Brautjungfern mit einem kleinen Geschenk bestochen worden sind, begeben sie sich in die Hütte. Dort weigern sie sich zunächst wiederum, auf den eigens für sie ausgebreiteten Matten Platz zu nehmen, bis sie nochmals Geschenke erhalten.

Der Sendbote und die Brautjungfern verbringen auch die Hochzeitsnacht mit dem jungen Paar in der Hütte.

Eine gewisse sexuelle Freiheit vor der Ehe ist bei den *Dschagga* in Tansania zwar üblich, aber uneheliche Kinder sind nicht willkommen. Das junge Mädchen trifft daher Verhütungsmaßnahmen, indem es einen kleinen Stofflappen in die Vagina einführt. Wird es trotzdem schwanger, so zeigt ihr die Mutter, wie durch heftige Bauchmassagen oder das Einnehmen von bestimmten Pflanzensäften die Frucht abgetrieben werden kann.

Die Hochzeitsfeierlichkeiten, die sich über eine lange Zeit erstrecken, sind das wichtigste Ereignis im Leben eines *Dschagga*mädchens. Traditionsgemäß sind alle Riten, von der Initiation bis zur Geburt des ersten Kindes Teile der Hochzeitszeremonie, denn die Initiation bereitet das junge Mädchen bereits auf ihre Ehepflichten vor. In den meisten Fällen wird das Mädchen nach der Initiation von ihrer künftigen Schwiegermutter versorgt und gepflegt, so daß sie möglichst dick wird, wie es dem dortigen Schönheitsideal entspricht. Falls das junge Mädchen einen Widerwillen gegen seinen zukünftigen Ehemann hat, benutzt es gewisse Mittel, um

Fehler vorzutäuschen – wie Bettnässen oder Zähneknirschen während des Schlafs. Dann bringt man es zu seinen Eltern zurück.
Bei den *Zaramo* in Tansania findet die Hochzeit oft am Tage des »Herauskommens« des Mädchens nach der Initiation statt, vorausgesetzt, die Übergabe des Brautgutes ist zufriedenstellend geregelt worden.
Zunächst findet ein großes Fest statt, an dem die Trommeln der Frauen geschlagen werden und halbgegorenes Bier ausgeschenkt wird. Damit beginnen die Vorbereitungen, die sieben Tage in Anspruch nehmen. Am achten Tag wird das »Herauskommen« der Braut gefeiert. Sie wird gebadet, mit Öl eingerieben, und ihr Haar wird in Zöpfe geflochten. Dann wird sie mit den von den Gästen gebrachten Kleidern und Schmuck behängt. Sie muß mit auf dem Boden geheftetem Blick stillstehen, bis sie vollständig geschmückt ist, dann legt man ihre Arme auf die Schultern eines ihrer Beschützer, der sie aus der Hütte führt und sie der Großmutter in den Schoß legt, während die Frauen um sie herum tanzen. Zuerst tanzt die Familie der Braut, dann die des Bräutigams, und man improvisiert mit Musik und Versen Lobgesänge auf ihre Schönheit und Spottgesänge auf ihre Mutter.
Diese Riten der *Zaramo* haben sich bis heute erhalten.
Die *Ngoni* in Malawi halten, kurz bevor die Braut in die Hütte ihres Gemahls zieht, eine *Lusiwa* genannte »Gallenzeremonie« ab, die der bei den *Basuto** ähnlich ist.
Sie findet im Dorf des Mannes in der Hütte seiner Mutter statt. Nachdem die Hochzeitsgäste sich eingefunden haben (man gibt ihnen eine besondere Hütte zum Schlafen, und die Mutter des Bräutigams bewirtet sie), wählt der »Zeremonienmeister« ein Opfertier, meist eine Kuh, schlitzt ihm zuerst die Kehle auf und läßt das Blut in ein Gefäß laufen. Das Fett wird in kleine Stücke geschnitten und mit dem Blut vermengt, dann die Gallenblase vorsichtig herausgeschnitten. Nachdem das Tier gehäutet und das Fleisch zerteilt ist, gibt

* Siehe *Basuto* S. 146 f.

der Hochzeitsführer dem Vater des Bräutigams den Kopf und ein Bein, wie es der Brauch will, den Rest des Fleisches bewahrt er für Gäste der Braut auf.
Die Braut erscheint und betritt die Hütte der Schwiegermutter erst, nachdem man ihr ein Geschenk gegeben hat. Sie setzt sich auf eine Matte, und neben ihr nimmt ein kleines Mädchen der Familie des Mannes Platz, das man nun die »Führerin« nennt. Einer der Dorfältesten hält eine kurze, an die Braut gerichtete Rede und salbt ihr dann den Kopf, die Arme und die Füße mit der Galle ein. Die »Führerin« wird in der gleichen Art gesalbt. Dann wird die Blase aufgeblasen und der Braut im Haar befestigt und bleibt dort, bis sie in ihr Dorf zurückgekehrt ist, wohin sich bald danach die Brautgesellschaft begibt. Vorher werden die Leber, das Blut und das Fett der Kuh gekocht und unter den beiden Familien verteilt. Bei der Rückkehr nimmt die Brautmutter die Gallenblase in Empfang und vergräbt sie. Die »Führerin« verlangt ein Geschenk, bevor sie der Brautfamilie beim Kochen hilft. Dann wird für die Braut Korn und für die »Führerin« etwas Mais gestampft, bevor alle heimlich und leise zum Dorf des Bräutigams aufbrechen, wo die Braut von nun an leben wird.
Die »Gallenzeremonie« bei den *Ngoni* läßt viele Deutungen zu, denn in ihr sind Elemente aller Riten des Lebenszyklus enthalten.
Bei den *Yao* in Malawi werden zwischen den beiden Familien nur kleine Geschenke ausgetauscht, und der Bräutigam ist nur verpflichtet, für seine Frau einen Garten anzulegen, nicht aber für seine Schwiegereltern.
Die *Cewa* in Malawi haben die bei den benachbarten *Ngoni* herrschende Sitte des Brautgutes abgeschafft und durch eine einjährige Arbeitsleistung des Bräutigams bei den Schwiegereltern ersetzt. Danach darf er seine Braut in sein Dorf heimführen.
Früher erwartete man von einer Frau vor allem, daß sie möglichst viele Kinder gebären würde, heute wird mehr Wert auf ihre Fertigkeit in den Liebeskünsten gelegt.
Während jedoch der Mann volle sexuelle Freiheit genießt – er

darf mehrere Frauen und beliebig viele Mätressen haben – ist die Frau zu ehelicher Treue verpflichtet, außer wenn ihr Mann sie vernachlässigt.
Männer und Frauen benutzen zahlreiche Zaubermittel, und ein Mann hat das ausdrückliche Recht, sich mit Hilfe von Kräutern sein ihm angetrautes Gut zu sichern. So gibt es ein Kraut, das er der Frau mit einem kleinen Einschnitt unter die Haut applizieren kann, dessen Wirkung angeblich für jeden ihrer eventuellen Liebhaber tödlich ist. Ein anderes Mittel ruft einen Krampf hervor, der es dem Galan unmöglich macht, sich nach dem Koitus zurückzuziehen und ihn zwingt, ärztliche Hilfe zu suchen, womit die verbotene Liebschaft offenkundig wird.
Die Frau benutzt aus Organen von Haustieren (Eidechsen und Katzen) hergestellte Mittel, um ihren Mann an das Haus zu binden, ihm das Herumstreunen auszutreiben und sich seine Liebe zu erhalten.
Bei einer Eheschließung ist nicht die Einwilligung der Eltern ausschlaggebend, sondern die der sogenannten Ehehüter. Diese sind meist der mütterliche Onkel für die Braut und der älteste mütterliche Onkel oder der Bruder für den Bräutigam. Die »Ehehüter« sind verpflichtet, Ehestreitigkeiten zu schlichten, die jungen Eheleute in all ihren Problemen zu beraten und die Kindererziehung zu überwachen.
In Uganda sind die älteren Frauen der Ansicht, daß ein Mädchen heiraten sollte, sowie sich die Brust zu entwickeln beginnt, denn das sei das beste Mittel, eine voreheliche Schwangerschaft zu vermeiden. Heute ist es nicht ungewöhnlich, daß Schulmädchen Kinder in die Welt setzen. Früher wurden sie dafür bestraft, indem man sie zunächst zwang, den Namen des Vaters zu nennen, so daß sie in seinem Hause entbinden konnten. Bis zur Geburt des Kindes durften sie keinen Kontakt mit ihren Eltern haben. Sie mußten sich ihr eigenes Essen kochen und allein essen. Sie lebten in einer provisorischen Hütte, die man für sie hergerichtet hatte. Bei den ersten Anzeichen der Wehen brachte ihr Bruder sie zu dem Vater ihres Kindes und ließ sie dort. Dem jun-

gen Mann teilte er mit, daß das Brautgut nach der Geburt des Kindes festgesetzt werden würde. Nach der Niederkunft begaben sich die jungen Leute mit ihrem Kind zu den Eltern des Mädchens und brachten ihnen eine Ziege, ein Stück Borkenstoff und einen Krug Bier. Man bereitete ein Mahl aus Bananen und Pilzen, und die Ziege wurde später von den Eltern geschlachtet.
Der junge Mann war nicht verpflichtet, das Mädchen zu heiraten. Falls er sie nicht wollte, kehrte sie zwei oder drei Tage danach zu ihren Eltern zurück. Nachdem das Kind entwöhnt war, durfte der Vater es sich holen, aber er mußte eine Ziege als Geschenk mitbringen und auch später die Mutter gelegentlich mit Fleisch und Zucker versorgen.
Bei den *Chiga* in Uganda beginnen die Hochzeitsriten, sowie die Verhandlungen über das Brautgut abgeschlossen sind. Der erste dieser Riten ist eine Art »Brautraub«. Nach langem Hin und Her beschließt man, dem mütterlichen Onkel der Braut eine Kuh zu opfern, damit er die Geister seiner Ahnen anruft und sie bittet, der Braut bei der Empfängnis behilflich zu sein. Die Gefährten des Bräutigams tanzen, singen und rühmen sich ihrer Heldentaten, während die irgendwo versteckte Braut ununterbrochen weint und schluchzt. Am folgenden Morgen wird die sich sträubende Braut aus ihrer Hütte geschleppt, und es kommt zu einem gespielten Kampf, an dem auch die Brautgefährtinnen teilnehmen. Schließlich ergreifen die Männer die Braut, rasieren ihr nach rituellem Brauch den Schädel und tragen sie fort. Sowie sie die Pforte ihres Gehöfts verlassen hat, wird ein Zweig gebrochen, womit symbolisch der sich in ihrem Leben und Familienrang vollzogene Wechsel bestätigt wird.
Die Braut führt man in das Haus ihres Mannes, wo die Schwiegermutter sie begrüßt und sie danach, immer noch wehklagend, allein läßt. Unterdessen halten die Verwandten des Bräutigams mit den Gefährten der Braut ein Fest ab. Die Ehe wird an diesem Abend noch nicht vollzogen.
Am nächsten Morgen findet in der Frühe eine besondere Zeremonie statt. Man weckt die Mädchen, und der Bruder der

Braut bringt seine weinende Schwester heraus. Inzwischen urinieren der Bräutigam und seine Brüder auf einen Schemel, und der Bräutigam legt seine Hände darauf. Dann wird die Braut von ihrem Bruder in die Hände des Bräutigams auf den Schemel gesetzt. Sie versucht, sich loszukämpfen, aber sobald der Bräutigam ihr Geschlecht berührt hat, läßt man sie los. Alle jene, die an dieser Zeremonie teilgenommen haben, werden in gewissem Sinne zusätzliche Ehemänner und haben das Recht, mit der Braut zu schlafen, nachdem die Hochzeitsriten vorüber sind.
Am nächsten Tag läßt man Braut und Bräutigam allein. Er geht in den Raum, in dem sie weinend liegt, und ihr Wehklagen nimmt zu. Manche Mädchen bekommen jetzt wirklich Angst und versuchen, sich gegen die Umarmung ihres Gatten zu wehren, und um ihr dabei zu helfen, hat eine alte Frau aus ihrer Begleitung ihren Körper mit einer dicken Schicht Butter eingerieben. Ist es dem Mann endlich gelungen, den Eheakt zu vollziehen, so hört die Frau auf, zu klagen und ihm Widerstand zu leisten. Sie wird aber erst Nahrung zu sich nehmen, nachdem ihr Mann sie beschenkt hat.
Nach ein paar Tagen lädt der Brautvater das junge Paar zu einer Zeremonie ein, die man »das Ende der Butter« nennt. Die Freundinnen der Braut verbringen die Nacht mit ihr, die Frauen aus dem Dorf sagen ihr Lebewohl, und sie weint noch einmal.
Jetzt kehrt sie in das Haus ihres Mannes zurück und lebt eine Zeitlang in großer Zurückgezogenheit. Ihr Mann schläft des Nachts mit ihr, und sie arbeiten beide nicht. Verläßt sie das Haus, muß sie ihren Kopf verhüllen, damit ihr Schwiegervater oder andere Männer seines Ranges sie nicht erblicken. Erst nach einigen Monaten wird diese Abgeschlossenheitsperiode im Hause des Brautvaters mit der *Aruka*zeremonie (das Herauskommen) beendet. Bei diesem großen Fest macht der Schwiegervater der Braut Geschenke, um ihr zu bedeuten, daß sie von jetzt ab nicht mehr ihr Haupt zu verhüllen hat, wenn sie ihm oder seinesgleichen begegnet.
Von nun an arbeitet die junge Frau im Garten der Schwieger-

eltern, aber das junge Ehepaar darf erst dann einen eigenen Haushalt führen, wenn die Frau schwanger ist, denn erst dann nimmt sie den Rang einer verheirateten Frau ein.
Bei den *Gisu* in Uganda besteht das Brautgut aus einem Speer, einer Hacke und einer Ziege für die Brautmutter, einer Kuh für den Bruder der Brautmutter und zwei Kühen für den Brautvater. Wenn die Braut noch Jungfrau ist, erhalten ihre Eltern eine weitere Ziege, die von ihnen geschlachtet und verzehrt wird. Im Falle einer Scheidung wird das Brautgut zurückerstattet – mit Ausnahme der »Jungfräulichkeitsziege«.
Bei den *Ganda* in Uganda erhält die Mutter der Braut am Abend der Hochzeit ein Gewand, mit dem sie sich »die Brüste bedecken« soll, denn von nun ab muß sie ihrem Schwiegersohn gegenüber gewisse »Anstandsregeln« und Tabus beachten.
Am Tag nach dem ersten Geschlechtsakt wird das junge Paar von der Großmutter des Mannes mit magischen Kräutern gewaschen.
Bei den *Bahutu* in Ruanda gibt es eine große Anzahl von Zeremonien, die jede Phase der Eheschließung (von der Brautwerbung bis zum Vollzug der Ehe) begleiten.
Auch hier gehen der Verlobung lange zeremoniöse Verhandlungen voraus (oft wird ein Orakel zu Rate gezogen), dann folgt die Festsetzung des Brautgutes und das Hochzeitsfest selbst mit seinen verschiedenen Abschnitten, die sich teils im Hause der Eltern des Mannes und teils in dem der Brauteltern abspielen. Bei allem herrscht eine strenge Etikette, die jede Einzelheit vorschreibt. Eine Pflanze namens Momordica ist Gegenstand einer besonderen Zeremonie vor der Hochzeitsnacht. Sie wird entzweigeschnitten und je ein Teil an die Eltern der Braut bzw. des Bräutigams geschickt, die nun ihrerseits den ehelichen Beischlaf vollziehen und damit dem Tabu ein Ende setzen, das ihnen verbot, während der Eheschließung ihrer Kinder Verkehr zu haben. Sowie sie ihren Teil der Pflanze erhalten haben, wissen sie, daß sie jetzt nicht mehr die Fruchtbarkeit des jungen Paares gefährden.

Wenn die junge Frau nach ihrer Hochzeit die erste Regel hat, darf sie am ersten Tage niemanden grüßen und muß allein essen. Sie darf auch keinen Fluß überqueren, weil ihre Blutungen sonst nicht aufhören würden. Solange die junge Frau noch nicht ihre erste Periode nach der Hochzeit hatte, darf sie sich nicht allein im Bett umdrehen, sie muß ihren Mann wekken und ihn bitten, mit ihr den Platz zu tauschen. Sonst wird ihr Mann sterben.
Eine Frau, die sich ihrem Mann gegenüber frigide zeigt, wird in die Schmiede geführt und mit weit geöffneten Beinen vor das Feuer gesetzt. Nur ihr Mann und sein Bruder dürfen bei dieser Zeremonie zugegen sein. Danach vollzieht der Schmied mit ihr den Geschlechtsakt, und sie gilt als geheilt. Falls der Mann nicht wünscht, daß der Schmied mit seiner Frau schläft, macht er ihm ein Geschenk und »heilt« sie selbst.
Wenn bei den *Massai* in Kenia eine Hochzeit stattfindet, wird ein Fest im Hause der Braut abgehalten, an dem weder Braut noch Bräutigam teilnehmen.
Der junge Mann schenkt dem Mädchen seiner Wahl zuerst eine Kette und sendet dann ihrer Familie Honig und Milch. Der Honig, aus dem man Met braut, bekundet die Heiratsabsichten.
Am Hochzeitstage bringt der Bräutigam zwei junge Kühe und einen Stier. Die Tiere müssen von gleicher Farbe sein und dürfen weder Narben noch andere Besonderheiten aufweisen. Er bringt außerdem zwei Schafe und einen gemästeten Hammel, der für das Fest geschlachtet wird, ein Lamm für die Schwiegermutter und eine weitere Jungkuh für den Schwiegervater, Schaffelle für ein Kleid, das die Braut auf dem Weg in ihr neues Heim tragen soll, und einen Messingschmuck für die Schwiegermutter, um ihr seine Hochachtung zu bezeugen.
Ab dem Hochzeitstage trägt der Bräutigam einen ganzen Monat lang Frauenkleidung. Falls er Krieger ist, darf er keinen Geschlechtsverkehr mit seiner Frau haben. Er kann zwar mit ihr im Hause seines Vaters leben, muß sich aber einer be-

sonderen Zeremonie unterziehen, die ihn von dem Keuschheitsgebot befreit, dem Krieger unterliegen, bevor er die ehelichen Beziehungen aufnehmen kann.
Bei den *Kikuyu* in Kenia wird bei der Hochzeit ein Hammel geschlachtet, und die Braut ißt die Nieren zum Zeichen ihrer Einwilligung.
Am Hochzeitstag wird die Braut in einem gespielten Kampf von den weiblichen Verwandten ihres Mannes einschließlich seiner Mutter »geraubt«.
Sie lebt acht Tage lang in Abgeschlossenheit und ohne ihren Mann zu sehen im Hause ihrer Schwiegermutter. Danach wird sie von der Familie ihres Mannes wie eine Blinde zu ihren Eltern geführt, um von dort in die Hütte des Bräutigams zu gehen. Die Ehe wird am gleichen Abend vollzogen.
Bei den *Nuer* im Sudan dauert eine Hochzeit heute zwischen fünf und sieben Tage. Früher dauerten die Feierlichkeiten über vierzig Tage, und am fünfzehnten Tage fand ein großes Festmahl statt. Großer Wert wird auf den Brautschmuck und auf die Ausschmückung des Brautgemaches gelegt, das bis zur Geburt des ersten Kindes nicht verändert werden darf.
Die beiden wichtigsten Zeremonien sind die, in der der junge Mann im Beisein einiger weiblicher Verwandter seiner Braut Hände und Füße mit Henna einreibt, und die *Al Yawm al Iirteg* Zeremonie, in der die jungen Eheleute mit Essenzen, Öl und Gewürzen gesalbt und mit den *Iirtig* Ornamenten, einer langen Kette mit schwarzen Perlen und acht Korallensteinen und einer Kette mit schwarzen und weißen Perlen geschmückt werden. Außerdem erhält die Braut ein silbernes Armband und einen silbernen Ring mit einem grünen Stein.
In der Hochzeitsnacht versammeln sich die weiblichen Verwandten der Braut vor der Tür, um festzustellen, ob die junge Frau sich auch gebührlich gegen die Avancen ihres Mannes mit lautem Geschrei wehrt.
Das *Somali*mädchen gilt als heiratsfähig, sowie sie ihre erste Periode hat.
Bei diesem islamisierten Volk gibt es neben dem eigentlichen Brautgut (Yarad) noch das Geschenk des *Gabbati*, das aus ei-

nem Speer, einem Schild, einem Pferd und einer *Tusbah* (ein islamischer Rosenkranz mit 99Perlen) besteht und dem Bruder der Braut zukommt.
Am Hochzeitstag reitet der Bräutigam in Begleitung seiner Gefährten aus dem Dorf, und auch die Braut wird mit ihren Brautjungfern hinausgeführt. Gemeinsam kehrt das Brautpaar in die Hütte zurück, wird dort gewaschen und neu eingekleidet, um danach die Ehe zu vollziehen.
Gleich nach der Hochzeit findet eine Zeremonie statt, in der die Überlegenheit des Mannes über die Frau besonders hervorgehoben wird. Der Mann erhält eine Peitsche (*Ieedal*), mit der er seine Frau schlägt. Diese Sitte hat sich bis heute erhalten, wenn die Braut auch meist nur einen leichten »symbolischen« Schlag erhält. Auch andere Zeichen der Unterwerfung werden von der Frau erwartet. So muß sie ihrem Mann wenigstens in der ersten Zeit der Ehe abends die Sandalen ausziehen.
Die grausame Sitte der Infibulation* ist wohl die schwerste Demütigung der Frau, und viele Männer rühmen sich einer Männlichkeit, die ihnen angeblich gestattet, den ersten Geschlechtsakt ohne vorherige chirurgische Hilfe mit Gewalt zu vollziehen. Im allgemeinen jedoch öffnet die Mutter die Vulva der Braut mit einem kleinen Messer, oder man zieht eine »Spezialistin« hinzu.
Nach dem Vollzug der Ehe steckt der Gatte seiner Frau am Morgen ein Geschenk (*Tusbah*) zur Entschädigung für ihre »Defibulation« unter das Kopfkissen, bevor er die Hütte verläßt. Die Frau darf danach acht Tage lang die eheliche Hütte nicht verlassen.
Die *Amhara*** Äthiopiens kennen vier Arten ehelichen Zusammenlebens: Die *Semania* oder *Habtesch Behabte, Kurban, Demoze* und »wilde Ehe«.
Semania ist eine Ehe, in der beide Parteien zu ihrem gemeinsamen Besitz und Vermögen beitragen. Im Falle einer Schei-

* Siehe *Pubertät* S. 115ff.
** Die *Amhara* sind koptische Christen.

24 *Töchter aus wohlhabenden Familien beim Ballettunterricht (Elfenbeinküste)*

25 *Die dreizehnjährige Ugura und die zehnjährige Natalie arbeiten in Abidjan als Prostituierte*

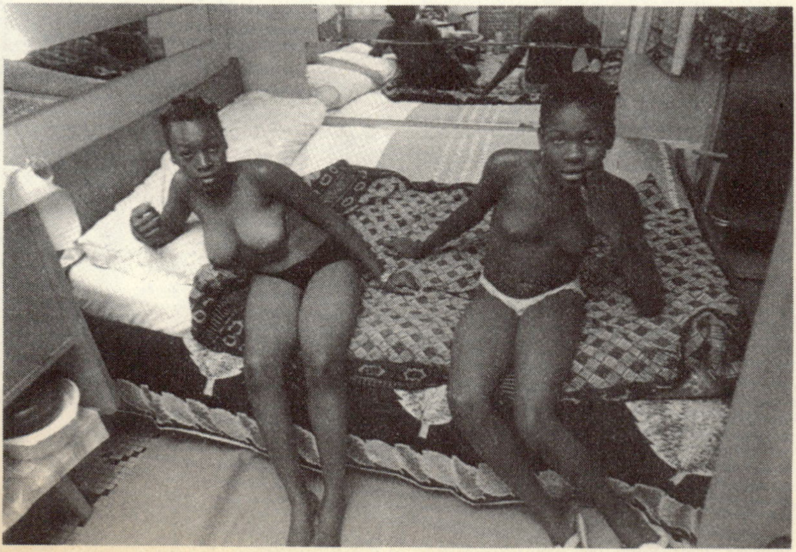

26 *Frauen lernen in der Abendschule lesen und schreiben (Kamerun)*

27 *Ein Masaikind wird gegen Kinderkrankheiten geimpft (Kenia)*

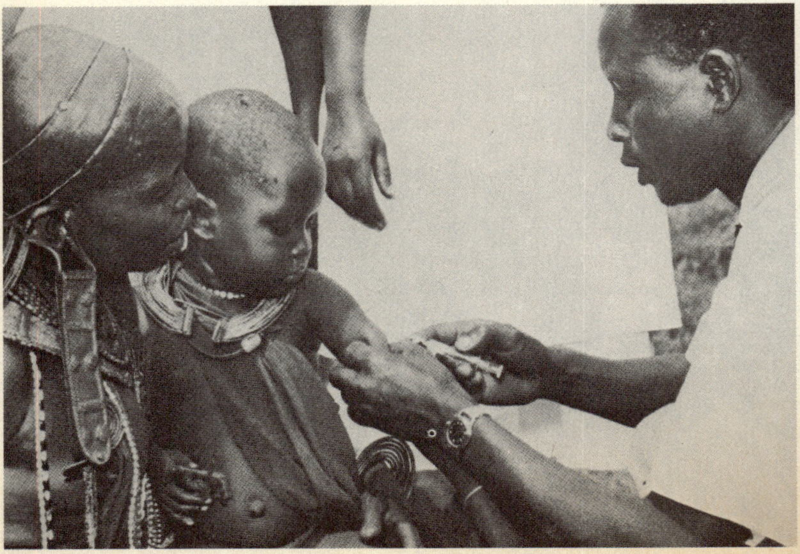

dung nimmt jeder seinen Teil und das, was er nach der Eheschließung beigesteuert hat, zurück. Die Frau genießt in bezug auf Besitz und Eigentum die gleichen Rechte wie ihr Mann.

Kurban ist eine religiöse Ehe, in der sich beide Teile ewige Treue und Gebundenheit geloben. Eine solche Ehe kann nicht geschieden werden.

Demoze ist eine zwischen einem Herren und seiner Dienerin geschlossene Ehe, in der sie sowohl die Rolle der Ehefrau als auch der Dienerin übernimmt und ihm den Haushalt führt. Er nimmt sie als »bezahlte Frau«, d. h. er entlohnt sie für alle ihre Dienstleistungen mit einem monatlichen Gehalt. Im Falle einer Scheidung hat sie Anrecht auf ihr noch ausstehendes Gehalt – nicht aber auf seinen Besitz.

Die »wilde Ehe« ist eine freie Verbindung, in der die Frau keine gesetzlichen Ansprüche stellen und jederzeit vom Manne verjagt werden kann.

Aber bleiben wir bei der traditionellen Ehe. Jede Frau hat einen Ehepaten, den man *Yeneger Abat* oder *Wasse* nennt. Er ist meist ein Freund der Familie, der sich durch ein Gelübde verpflichtet, ihr stets mit Hilfe und Rat beizustehen. Ihm ist es oft zu verdanken, daß eheliche Konflikte vermieden oder geschlichtet werden.

Zur Brautwerbung begibt sich der Vater des jungen Mannes mit seinen Freunden zum Vater der Auserwählten, um den Heiratsantrag zu machen, den meist einer seiner Freunde in Form eines Sprichworts vorträgt.

Eine Woche später erscheint der junge Mann in Begleitung seiner beiden *Mizeis* (Trauzeugen) und legt seiner zukünftigen Braut zum Zeichen seiner »Verbundenheit« eine Halskordel um.

Am Hochzeitstag werden die *Mizeis* eingeschworen und das Brautgut bezahlt. Der Bräutigam bringt Geschenke mit, und der erste *Mizei* schwört, daß er der Braut ein Bruder sein wird. Dann wählen die *Mizeis* drei oder vier Frauen aus, die in ihrer Kleidung der Braut ähneln. Sie und die Braut werden von den *Mizeis* auf den Schultern aus dem Haus getragen.

Die Braut trägt den traditionellen *Barnos* (ein kurzer aus der Wolle eines schwarzen Schafes gewobener Mantel) und reitet auf einem Maulesel zum Haus ihres Bräutigams.
Während die Hochzeitsgesellschaft das Haus der Braut verläßt, werden der Bräutigam und seine *Mizeis* von den Freundinnen der jungen Frau beschimpft und verspottet. Die Eltern begleiten ihre Tochter nicht auf ihrem Weg ins neue Heim. Sie bleiben zu Hause und bewirten ihre Gäste.
Vor dem Haus des Ehemanns steigt die Braut von ihrem Maultier und schreitet an der linken Seite ihres Gemahls einmal um das Haus. Dann erst tritt sie ein.
Sie erhält von der Schwiegermutter einen neuen Namen und hat nun drei Namen: den, den ihr die Eltern bei der Geburt gaben, den, mit dem sie der Priester getauft hat und den, den ihr die Schwiegermutter erteilt.
Der erste *Mizei* spielt auch bei der Entjungferung der Braut eine wichtige Rolle. Wenn es erforderlich ist, weil die Braut ihrem Manne zu starken Widerstand entgegensetzt, halten die *Mizei* sie fest. Ist der Ehemann nicht imstande, in sie einzudringen, so obliegt es dem ersten *Mizei*, an seiner Stelle die Ehe zu vollziehen.
Bei den *Galla* in Äthiopien muß der junge Freier zum Zeichen seines Mutes und seiner Mannhaftigkeit seine Auserwählte mit den Genitalien eines erschlagenen oder verstümmelten Feindes beschenken, bevor sie ihm ihr Jawort gibt.
Bei den Verhandlungen mit den Eltern des jungen Mannes bitten sich die Eltern der Braut zuerst eine Frist von acht Tagen aus, um Erkundigungen über die Familie des Freiers einzuholen. Danach wird eine weitere Frist von achtzig Tagen festgesetzt. Erst dann kann die Hochzeit stattfinden.
Bei der Hochzeit wird die Braut feierlich bis an die Tür des Hauses ihres Mannes geleitet. Dort opfert der Bräutigam einen Ochsen oder ein Schaf, läßt das Blut in seine Hände rinnen und gießt es der Braut über die Brust und den rechten Fuß, sich selbst auf die Stirn und dann auf den Mittelpfeiler der Hütte. Diese Zeremonie heißt *Rako Kaka* (Schwur des Hochzeitsopfers) und besiegelt die Eheschließung.

Wenn ein häßliches Mädchen keinen Freier fand, begab sie sich des Nachts mit ihren Verwandten zu dem Haus des Mannes ihrer Wahl, stieg über den Zaun und setzte sich in den Vorgarten. Dort blieb sie den ganzen folgenden Tag und ließ sich weder von den Beschimpfungen noch von den Drohungen des Hausbesitzers vertreiben. Nun war der Mann verpflichtet, sie zu heiraten, brauchte aber kein Brautgut zu bezahlen. Weigerte er sich, so wurde der Fall von den Dorfältesten entschieden, was oft zu Blutvergießen führte. Daß die *Galla* ihre Hütten meist mit hohen und starken Zäunen umgeben, hat seinen Ursprung in diesem Brauch.

Ein Freier aus dem Volk der *Ingassana* in Äthiopien muß seinem zukünftigen Schwiegervater dienen, bevor er dessen Tochter zur Braut erhält. Und nicht nur er, sondern seine ganze Familie ist zu Dienstleistungen verpflichtet. Außerdem braucht er die Einwilligung seines Onkels und seiner Brüder, um heiraten zu können. Das Brautgut hat geringere Bedeutung, denn der Brautvater erhält nur Tabak bei Beginn der Verhandlungen, und wenn diese abgeschlossen sind, kommt der junge Mann mit seinen Verwandten zurück und opfert ein Schaf. Die Ehe wird in einer besonderen Hütte vollzogen, die der Ehemann innerhalb der Umzäunung des Hauses der Schwiegereltern gebaut hat und in die er nur durch eine sehr schmale Öffnung gelangen kann. Erst einen Monat später darf er eine normale Tür benutzen, aber auch dann ist ihm verboten, die gleiche Schwelle wie seine Schwiegereltern zu betreten. Dazu muß er das Ende eines Jahres oder die Geburt seines ersten Kindes abwarten.

Die Hochzeiten finden immer während der Regenzeit statt und werden vom Spiel der *Zimbar*flöte begleitet, die nur bei diesen Gelegenheiten geblasen wird.

Die *Ingassana* kennen kaum sexuelle Beschränkungen, weshalb die Freunde des Bräutigams leichteren Zugang zur Braut haben als er.

Die *Udkuk* in Äthiopien verbieten die Ehe zwischen Vettern und Kusinen der mütterlichen Linie, gestatten sie aber zwischen denen der väterlichen Linie. Brautgut und Geschenke

werden weder verlangt noch erwartet, und die Ehen werden oft schon im Kindheitsalter geschlossen. Ein Junge mit »ernsthaften Absichten« teilt dem Mädchen seiner Wahl unverblümt seine Wünsche mit. Sie wird ihn zuerst mit gespielter Entrüstung zurückweisen, und ihre Gefährtinnen werden ihn verjagen. Wenn das Mädchen vierzehn Jahre alt ist, schlägt sie ihr Lager an der Rückwand der Hütte auf, und ihr Freier kommt des Nachts und darf ihr die Hand halten. Sie verläßt und er betritt die Hütte dabei nicht. Nach einiger Zeit zieht das Mädchen Perlen auf, und die Eltern – die meist bereits bestens informiert sind – fragen es nach dem Namen ihres Freiers. Falls sie einverstanden sind, dürfen sich die Verlobten nun in der Öffentlichkeit zeigen.
Bald darauf findet nach altem Brauch das »geheime Stelldichein« statt, das in Wirklichkeit beiden Familien und allen Verwandten bekannt ist. Das junge Paar begibt sich auf Schleichwegen in den Busch und bleibt dort mehrere Tage. Ein Freund des jungen Mannes bringt ihnen Wasser, aber keine Nahrung. Nach etwa einer Woche erscheinen die weiblichen Verwandten des Mädchens, um sie heimzuholen, und sogleich sind auch die Verwandten des jungen Mannes da, um sie daran zu hindern. Jetzt findet eine simulierte Schlacht zwischen den Frauen der beiden Familien statt, das Mädchen wird heimgeführt, mit Sesamöl und schwarzer Erde beschmiert, kahlgeschoren und einen Monat lang eingesperrt. Auch der junge Mann wird bei seiner Heimkehr mit schwarzem Öl beschmiert, aber nach wenigen Tagen darf er wieder seinen gewohnten Beschäftigungen nachgehen, muß sich allerdings von der Familie des Mädchens fernhalten.
Inzwischen bereitet die Familie des jungen Mannes rotes Öl und läßt es dem Mädchen zukommen. Sie wird damit eingerieben, sowie ihr Haar wieder gewachsen ist und darf nun die Hütte wieder verlassen. Auch der junge Mann wird in seinem Dorfe mit dem roten Öl eingerieben, und die beiden Familien feiern Versöhnung. Das junge Paar darf noch nicht zusammen leben. Er kann sie zwar besuchen, muß aber achtgeben, daß er ihren Eltern nicht begegnet. Erst wenn die

junge Frau schwanger ist, gilt die Zeit der »geheimen Ehe« als abgeschlossen. Nun zieht das Paar in seine eigene Hütte, und ein großes Fest findet statt. Von nun an dürfen die Eheleute mit ihren Schwiegereltern verkehren und ein normales Leben führen.

Bei den *Mao* in Äthiopien herrscht die Sitte des »Brautaustauschs«, was die Wahl aber nicht völlig einschränkt. Die Familienältesten aus der Sippe des Bräutigams führen die Verhandlungen mit dem Vater der Braut. Sie teilen ihm den Namen und alle sonstigen Einzelheiten über das Mädchen (sie ist gewöhnlich die Schwester des Freiers) mit, das sie gegen seine Tochter auszutauschen gedenken. Sowie man sich einig ist, werden Hochzeitsgeschenke überreicht. Falls der junge Ehemann feststellt, daß seine Braut Jungfrau ist, schickt er dem Schwiegervater einen Block Salz, ist sie keine Jungfrau, wird das Salz in Stücke geschlagen, und die Frau muß mit dem Blut einer Ziege »gereinigt« werden.

Das Brautgut der *Surma* in Äthiopien wird nach der Größe des Lippentellers der Braut berechnet und besteht aus einer entsprechenden Anzahl von Ochsen.

Die *Didina* in Äthiopien haben in der Ehe freie Wahl, brauchen aber die Zustimmung beider Mütter. Das Verlobungsgeschenk besteht aus sechs Ziegen, einem Speer und einer Hacke. Die Hacke ist für die Schwiegermutter bestimmt, alles andere geht an den jüngsten Bruder der Braut. Das Brautgut besteht aus Vieh, Hacken und Speeren und wird an die Verwandten der Braut verteilt. Nachdem das Brautgut bezahlt ist, begeben sich die Freundinnen der Braut zum Bräutigam und salben seinen Körper mit Öl. Erst danach darf er mit seinen Freunden das Dorf der Braut betreten. Nach dem Hochzeitsfest und der Hochzeitsnacht kehrt die Braut noch einmal zu ihren Eltern zurück, um sich den Reinigungsriten zu unterziehen.

Der *Walamo*bräutigam in Äthiopien begibt sich mit seinen Verwandten zur Hütte seines zukünftigen Schwiegervaters. Die Braut, ihre Mutter und ihre Freundinnen erwarten ihn danach in einer stockfinsteren Hütte. Er entfernt sich von seinen Verwandten, die zu tanzen und singen begonnen haben, und kriecht auf Händen und Knien in den finsteren Raum. Dort setzt er sich an die Tür und streckt sein rechtes Bein aus. Die verschleierte Mutter der Braut kriecht auf ihn zu, gießt ihm heiße Milch auf das Bein und betet für die Fruchtbarkeit des jungen Paares. Dann reibt er den Kopf seiner Braut mit Butter ein, die er mitgebracht hat, und dann tritt das junge Paar, von den Frauen gefolgt, aus der Hütte. Während des Festes stehen sich die beiden Familien gegenüber und singen Lieder, in denen sie sich gegenseitig beschimpfen.

Die Hochzeitsriten, die mit der offiziellen Annahme des Heiratsantrages durch die Familie der Braut beginnen und sich bis zu jenem Zeitpunkt fortsetzen, an dem das junge Paar endgültig den Status einer neuen Haushaltsgemeinschaft einnimmt, sind bei den *Bororo* in Niger besonders lang.

Wenn die meist im Winter stattfindenden Verhandlungen zwischen den beiden Familien bis zum Stadium eines öffentlich verkündeten Einverständnisses gelangt sind, opfert der junge Mann drei Kühe. An dem folgenden Festschmaus nimmt das junge Mädchen nicht teil, und auch ihr Verlobter darf das Fleisch der Opfertiere nicht anrühren. Falls das Mädchen dieses Tabu nicht beachtet, wird sie im Alter »mit dem Kopf wackeln«. Vom Augenblick dieses ersten Opfers an gelten die jungen Leute zunächst nur dem Namen nach als Mann und Frau.

Zur Zeit der darauffolgenden ersten Menstruation der Braut beginnen die Vorbereitungen zur Hochzeit – vorausgesetzt, daß der Bräutigam drei Stiere geopfert und der Brautfamilie das vertraglich festgesetzte Geschenk, eine Anzahl von Rindern, übergeben hat. Nun beginnt für die Braut eine Periode der »Abgeschlossenheit«, die drei bis fünf Monate dauert. In dieser Zeit ist ihr jeder Umgang mit Männern verboten; sie darf keinen Mann anblicken und ihm nicht antworten, wenn sie angesprochen wird. Sie darf sich nicht in der Öffentlichkeit zeigen und trägt eine besondere Frisur, durch die man sie als eine »Abgeschlossene« erkennt.

Am Ende dieser Periode kommt einer der Brüder des Bräutigams – manchmal in Begleitung seiner väterlichen Tante – um die Braut zu holen. Diese hält sich im Busch versteckt, und ihre Eltern weigern sich nach altem Brauch zuerst, sie ziehen zu lassen. Erst bei dem zweiten Versuch willigen sie ein.

Sie wird von der Schwiegermutter empfangen, der sie ein mit Kuskussu gefülltes Kürbisgefäß als Geschenk ihrer Familie mitbringt.

Nun beginnt eine schwere Probezeit für sie. Man hat ihr keine Hütte gebaut, sondern sie muß auf einer Matte unter einem Baum in der Nähe des Lagers schlafen. Ihr Mann verbringt dort die Nacht mit ihr. Sie hat keinen eigenen Herd, keine Kuh zum Melken, und zum Hirsestampfen muß sie den Stößel ihrer Schwiegermutter benutzen. Sie lebt in völliger Abhängigkeit von der Familie ihres Mannes, in der sie kaum besser als eine Fremde behandelt wird. Diese Probezeit wird als eine Lehrzeit betrachtet, in der sie sich allmählich an ihre hausfraulichen Pflichten gewöhnen soll.

Mit der Erlaubnis ihres Mannes darf sie ihre Eltern besuchen und auch an öffentlichen Tanzfesten teilnehmen, wo sie Gelegenheit hat, junge Männer kennenzulernen. Strikte eheliche Treue wird von ihr in diesem Stadium der Heirat noch nicht verlangt, denn sie wird vorläufig nicht als Ehefrau anerkannt.

Wenn sie im fünften Monat schwanger ist, kehrt sie zu ihren Eltern zurück und bleibt dort, bis ihr Kind geboren, gesäugt und entwöhnt ist. Diese Periode kann zwei bis drei Jahre dauern, und während dieser Zeit ist der Ehemann den gleichen Tabus unterworfen, wie während seiner Verlobung. Er darf seine Frau nicht sehen, darf sich nur durch Drittpersonen nach ihrem Wohlergehen erkundigen und ihr Geschenke senden. Auch die Frau darf in dieser Zeit keinem Mann begegnen oder sich in der Öffentlichkeit zeigen.

Erst wenn sie wieder zu ihrem Mann zurückkehrt, wird sie voll als Ehefrau anerkannt. Die Frauen der Familie ihres Mannes haben dem jungen Paar eine Hütte aus Dornen gebaut, und ein kleines Fest, an dem nur die beiden Familien teilnehmen, beschließt die Hochzeitsriten, verleiht dem Paar volle Anerkennung als Eheleute und den Status wirtschaftlicher Unabhängigkeit.

Der Vielfalt der in Nigeria lebenden Völker entspricht natürlich auch eine große Anzahl verschiedenartiger Hochzeitsbräuche, die jedoch oft mit dem Verschwinden der ursprünglichen Stammeskulturen, der starken Zuwanderung in die Städte und der Veränderung vieler Lebensgewohnheiten an Bedeutung verloren haben. Aber einige der Sitten und Bräuche haben sich bis heute unverändert erhalten.

Bei dem den *Bororo* verwandten Hirtenvolk der *Fulani* findet alljährlich die *Scharo*zeremonie statt, eine äußerst harte Bewährungsprobe, bei der der junge Mann seine Männlichkeit, seinen Mut und seine Fähigkeit, Schmerzen zu ertragen, unter Beweis stellen muß, um einer Braut würdig befunden zu werden.

Die jungen Leute stellen sich mit nacktem Oberkörper in einer Reihe auf, und die Zuschauer versammeln sich um sie. Nun kann das »Spiel« beginnen. Der junge Mann starrt gleichgültig vor sich hin, steht mit herabhängenden Armen unbeweglich an seinem Platz, während ein anderer Mann von etwa der gleichen Größe und Kraft mit einem dicken, jedoch biegsamen Stock hervortritt und ihm einen heftigen Schlag auf die Brust versetzt. Diesem Schlag folgen viele weitere, die der junge Mann lächelnd hinnimmt. Die wahnsinnigen Schmerzen, die jeder Hieb verursacht, läßt er sich nicht anmerken. Die umherstehenden Verwandten jubeln ihm zu, Mädchen treten hervor und legen ihm Geschenke zu Füßen, aber er nimmt keine Notiz von ihnen und verlangt immer wieder, aufs neue geschlagen zu werden. Beim geringsten Stöhnen, Zusammenzucken oder sonstigen Schmerzregungen würde er der allgemeinen Verachtung anheimfallen und disqualifiziert werden.

Diese unglaubliche Beherrschung und Verleugnung jeder Schmerzempfindung wird gern den zahlreichen Amuletten zugeschrieben, die die Jünglinge an Armen und Handgelen-

ken tragen. Tatsächlich handelt es sich eher um die Wirkung einer bei den *Fulani* sehr beliebten Selbsthypnose, die man durch eine als *Zakami* bekannte und den Körper schmerzunempfindlich machende Droge erzielt.
Diese »Spiele« dauern mehrere Tage, und am Ende jedes Tages nimmt der junge Mann weitere Medizinen ein, um einen Teil seiner inneren Blutungen durch Erbrechen zu stillen. Die Wunden verheilen allmählich, lassen jedoch tiefe Vernarbungen zurück, die man dann später mit Stolz zur Schau trägt, weil sie die sichtbaren Beweise von Mannhaftigkeit und Mut sind.
Die eigentlichen Hochzeitsriten sind in manchen Punkten denen der *Bororo* und anderen verwandten Völkern ähnlich. Auch hier macht die junge Frau eine Probe und Lehrzeit bei der Schwiegermutter durch, während der sie keine Kühe melken darf. Das ist ihr erst wieder gestattet, wenn sie ein Kind geboren, gestillt und entwöhnt hat und wieder bei ihrem Mann im eigenen Haushalt lebt. Auch bei diesem Volk können die Hochzeitsriten sich über viele Jahre erstrecken.
Wenn ein *Yoruba* in Nigeria seinen Mittelsmann zu den Eltern seiner Auserwählten schickt, so kann er erst nach dem siebenten Besuch eine Antwort erwarten. Falls die Brauteltern nichts gegen ihn einzuwenden haben, beraten sie sich zuerst mit einem Wahrsager, um herauszufinden, ob die Ehe ihrer Tochter auch Glück, Kindersegen und Wohlstand bringen wird.
Das Brautgut wird in drei Zahlungen übergeben. Die erste findet bei der Verlobung statt und besteht aus fünf süßen Kartoffeln, fünf Kolanüssen und zwei Scheiten Feuerholz; die zweite Zahlung heißt »Liebesgeld« und besteht aus Kaurimuscheln, die zum Kauf von Kleidern für die Braut verwendet werden; die dritte heißt »Brautgeld« und ist das eigentliche vertraglich festgesetzte Brautgut. Außerdem muß der Bräutigam während der oft langen Verlobungszeit der Familie der Braut weitere Geschenke bringen.
Über die Verlobungszeit hinaus ist der Mann während der ganzen Dauer der Ehe zu »freier Arbeit« bei seinem Schwie-

gervater verpflichtet und muß ihm ein- bis zweimal im Jahr bei der Landarbeit helfen.
Bei den *Hausa* im nördlichen Nigeria gelten zwar die islamischen Ehegesetze, daneben haben sich aber die traditionellen Bräuche des rituellen Einschließens, des gespielten Widerstandes der Braut und ihrer Familie, des Salbens und Waschens und des Bestreichens der Hände und Füße mit Henna erhalten. Allerdings werden diese Riten nur bei der ersten Eheschließung zelebriert.
Falls ein Mann aus dem Volk der *Akan* in Ghana es versäumt, der Brautfamilie pünktlich die *Aseda* (das Brautgut) zu bezahlen, bleiben Frau und Kind im Besitz ihrer Familie, und er verliert das Recht, im Falle von Ehebruch auf Schadenersatz zu klagen – muß aber andererseits für alle Schulden seiner Frau aufkommen.
Auch hier wird das Brautgut in drei Raten bezahlt.
In polygamen Ehen ist es üblich, daß der Mann vor einer neuen Heirat seine bisherigen Frauen mit Geld oder Kleiderstoff »zufriedenstellt«. Auch die junge Braut muß sie beschenken, wobei diese Geschenke in Wirklichkeit meist vom Mann besorgt werden.
Das weitgehend islamisierte Volk der *Wolof* in Senegal lebt in einer Gesellschaftsordnung, die auf Gemeinschaftsarbeit basiert. Die jungen unverheirateten Frauen bilden in dieser Gemeinschaft eine Arbeitsgruppe, innerhalb derer im Allgemeinen die ersten Kontakte stattfinden, die später zur Ehe führen. Schon aus diesem Grunde haben die Eltern, durch die zumindest theoretisch alle Verhandlungen geführt werden müssen, nicht immer entscheidenden Einfluß, viele Ehen werden sogar ohne ihre Einwilligung geschlossen. So begibt sich eine solche Mädchengruppe in ein benachbartes Dorf, wo sie mit Tanz und Gesang die Gruppe der jungen Männer besucht. Man bewirtet sich gegenseitig, tauscht Geschenke aus, und falls ein Paar aneinander Gefallen findet und die Gruppe die Verbindung gutheißt, bleibt den Eltern nicht mehr viel anderes übrig, als ihr Einverständnis zu geben.

An den islamischen Festtagen schickt die junge Frau ihren Gefährtinnen der Mädchengruppe ein Essensgeschenk. In einem Lied, das auf diese Sitte anspielt, heißt es: »Möge die Braut, die das nicht tut, nie ein Kind haben, das für sie Botengänge macht.«

Bei den *Kpelle* in Liberia waren früher Kinderehen üblich, eine Sitte, die inzwischen von der Regierung verboten wurde. Das Brautgut wird bis zum Tode der Eheleute in Raten an die Familie der Frau gezahlt. Oft ist es Geld, manchmal einigt man sich aber auf Ziegen und Schafe oder Schmuck und Emailschüsseln. Die Hochzeit wird – im Gegensatz zu den Beerdigungen – mit wenig Pomp gefeiert, ja oft tut man sogar so, als handle es sich um eine fast geheimzuhaltende Familienangelegenheit.

Bei den *Mende* in Sierra Leone hat die Eheschließung eine ebenso wirtschaftliche wie soziale Bedeutung. Früher hatten nur wenige Männer die Möglichkeit, eine Frau zu nehmen, bevor sie dreißig Jahre alt waren, aber heute kann schon ein Zwanzigjähriger sich durch eigene Arbeit genug erspart haben, um für das Brautgut aufzukommen.

Mehrere Ehefrauen heben das gesellschaftliche Ansehen, an dem natürlich in gewisser Hinsicht dann auch die Frau teil hat. Ein Mann mit auf lange Sicht nur ein oder zwei Frauen wird als »kleiner Junge« angesehen, und man nimmt an, er könne sich nicht mehr Frauen leisten.

Auf dem Land betrachtet man nur einen Mann mit mehreren Frauen als geeignet, eine eigene Farm zu besitzen. Frauen sind nicht nur bei den rein landwirtschaftlichen Arbeiten eine notwendige Hilfe, sie sind es ja auch, die die meisten Fische angeln, das Garn spinnen und für den Ehemann noch nebenbei ein kleines Handelsgeschäft in der Stadt betreiben. Da sie gute Färberinnen sind und der Handel mit gefärbten Stoffen ein gutes Geschäft ist, werden sie oft ausschließlich damit beschäftigt. Die *Mende* behaupten, daß die Polygamie eine Art von Kapitalanlage sei.

Eine unverheiratete Frau wird verachtet, und man sieht in ihr ein soziales Übel. Es bleibt ihr oft nur noch die Möglichkeit, als Prostituierte zu arbeiten. In manchen Stämmen werden den Frauen hohe Geldstrafen auferlegt, soweit sie nicht nachweisen können, daß ein Mann oder eine ältere Frau für sie bürgt.

Männer können zwar in jedem Alter heiraten, dürfen die Ehe aber erst vollziehen, nachdem sie in die *Poro*-Geheimgesellschaft aufgenommen worden sind. Bis dahin gelten sie nicht als Männer, und jeder sexuelle Verkehr ist ihnen verboten. Die Frau muß in die *Sande*-Geheimgesellschaft eingeweiht sein und ihre erste Regel gehabt haben, bevor sie heiraten darf.

Überhaupt unterstehen alle sexuellen Beziehungen der *Mende* den strikten Moralgesetzen der Geheimgesellschaften. So ist die Ehe zwischen väterlichen Vettern und Kusinen streng verboten, während sie auf der mütterlichen Seite gestattet ist.

Ein *Mende* darf auch eine der Frauen seines Vaters – zu dessen Lebzeiten – heiraten, aber natürlich nicht seine eigene Mutter. Allerdings ist dieser Brauch unter dem Einfluß des Islam nicht mehr üblich.

Man unterscheidet drei Formen der Eheschließung. So kann ein Mende eine »Pilzfrau«, eine »gefundene Frau« oder eine »geliebte Frau« nehmen.

Die Verhandlungen und Zeremonien, die zur Ehe mit einer »Pilzfrau« führen, sind so langwierig und kostspielig, daß nur Häuptlinge und sehr wohlhabende Männer sie sich leisten können.

Die »Pilzfrau« wird als ganz kleines Kind, manchmal sogar schon bei der Geburt ihrem zukünftigen Ehemann versprochen. Dieser übernimmt sofort alle materielle Verantwortung, sorgt für ihre Erziehung, Kleidung, Initiation und beschenkt regelmäßig ihre Familie. Die Ehe wird vollzogen, nachdem das Mädchen seine Initiation in der *Sande*-Gesellschaft durchgemacht hat und mit einer Summe Geld beschenkt worden ist. Das Brautgut wird an dem Tage bezahlt, an dem das Datum für die Hochzeit festgesetzt wird.

Bei der »gefundenen Frau« spielt sich alles ähnlich ab wie bei

der »Pilzfrau«, aber das Mädchen ist bereits in die *Sande*-Gesellschaft eingeweiht, und der zukünftige Ehemann muß ihr zuerst einen Heiratsantrag machen. Ist sie einverstanden, so muß die Erlaubnis der Familie eingeholt werden. Dann wird die Höhe des Brautgutes festgesetzt, aber vorher muß der Freier bei der Brautfamilie eine Geldsumme hinterlegen – als Garantie, daß die Tochter gut behandelt werden wird.
Zur Ehe mit einer »geliebten Frau« ist kein Brautgut notwendig. Natürlich ist dies die von ärmeren Leuten bevorzugte Ehe. Die Frau ist meist geschieden, oder sie gehört zu jener Schicht der gebildeten Frauen, die sich nicht für Geld verkaufen lassen wollen.

Die Ehe in den Stammeskulturen

Die Ehe spielt im Leben eines jeden Afrikaners eine besonders wichtige Rolle. Ihre Funktion ist nicht nur die Gründung einer neuen eigenen Familie, sondern auch und vor allem ein Beitrag zur Gemeinschaft der erweiterten Familie des Stammes oder Clans. Das Bündnis zweier Familien steht über der Verbindung zweier Einzelmenschen.
Traditionsgemäß gilt die Ehe als eine Gemeinschaftsangelegenheit. Sie sichert das Fortbestehen der beiden betroffenen Familien und der Gesellschaft, in der sie leben. Daher müssen die Vereinbarungen und die Bedingungen des Ehevertrags nicht nur von den Betroffenen, sondern auch von den zuständigen Dorfältesten gutgeheißen werden.
Bei jeder Eheschließung verliert die eine Familie, was die andere gewinnt, und muß dafür entschädigt werden. Da es üblich ist, daß die Frau zu ihrem Mann zieht, erleidet ihre Familie einen Verlust, denn Frauen sind ein äußerst wichtiger Bestandteil der Gemeinschaft. Sie sind notwendige Arbeitskräfte, und sie gebären Kinder, in denen sich das Leben fortsetzt.
Nach dem Stammesgesetz stehen unverheiratete Menschen stets unter Vormundschaft und genießen kein Ansehen. Nur die Ehe kann ihnen zu einem besseren sozialen Status ver-

helfen. Bekommt eine Frau uneheliche Kinder, muß sie mit harten Strafen, oft sogar mit ihrer Verstoßung aus der Gemeinschaft rechnen. Der Ehemann sichert sich mit der Anerkennung der Kinder eine Hilfe für seine alten Tage. Es gibt eine Unzahl von Gründen, die in der afrikanischen Gesellschaft für die Ehe sprechen. Die Eheschließung gilt in Afrika als etwas so Selbstverständliches, daß es kaum jemandem einfallen würde, die Vor- und Nachteile der Ehe gegeneinander abzuwägen. Die Frage ist nicht das *ob*, sondern das *wen* und *wann*. Die ideale Braut sollte fleißig, sanftmütig und bescheiden sein, und ihre Eltern sollten auch über gute charakterliche Eigenschaften und eine hoch angesehene Ahnenschaft verfügen – und völlig frei von jedem Verdacht sein, womöglich Hexerei zu betreiben.

Theoretisch kommt jede Frau als Ehepartnerin in Betracht, aber die ethischen Normen setzen, wie in jeder Gesellschaft, gewisse Grenzen. Die stärksten dieser Beschränkungen sind die sogenannten Inzest-Tabus, die in allen Gesellschaftsformen eine Ehe mit der Großmutter, Mutter oder Schwester verbieten. Diese Bezeichnungen betreffen in Afrika aber sehr viele Personen, die nicht nahe Blutsverwandte sind.* Die Auslegung des Begriffs der Blutsverwandtschaft kann so weit gehen, daß sie sich auf alle Personen bezieht, die das gleiche Totem verehren, denn man nimmt an, daß zwischen dem Totemtier (Totempflanze, Stein oder anderem Gegenstand) und allen Angehörigen der Familiengruppe, die den Namen des Totems trägt, eine blutsverwandtschaftliche Verbindung besteht.

In anderen Fällen wird nur ein Teil der Familie (z. B. der väterliche Teil) zur Blutsverwandtschaft gezählt, so daß z. B. alle Kusinen von väterlicher Seite als Schwestern angesehen werden, also nicht geheiratet werden dürfen, während die Kusinen mütterlicherseits überhaupt nicht als Verwandte gelten.

* Siehe *Die Stammeskulturen* S. 45ff.

Hier sind Ehen oft sogar erwünscht, um die Bande zwischen den Familien noch enger zu knüpfen.
Eine zu große gesellschaftliche Distanz zwischen den Familien verbietet in der Regel ebenfalls eheliche Verbindungen. Das gilt z. B. für Personen, die einem verfeindeten oder minderwertigen Stamm oder (besonders in Westafrika) einer gewissen Kaste angehören. Es kann auch da gelten, wo die Sitten und Gebräuche der Stämme zu verschieden sind. Aus der Ferne betrachtet mögen diese Unterschiede nicht sehr bedeutend erscheinen, aber für zukünftige Eheleute sind mögliche Konflikte bezüglich der Kindererziehung, der religiösen Gebräuche oder der Erbfolgegesetze ein wirkliches Ehehindernis.
Ist einmal die passende Braut gewählt, so muß die Einwilligung der Familie eingeholt werden. Dazu sind eine Reihe von offiziellen Schritten erforderlich, die man im allgemeinen »das Ersuchen« nennt. Diese Schritte darf nie der Brautwerber selbst unternehmen. Er muß seine Verwandten damit beauftragen.
Da bei einer Eheschließung das Bündnis der beiden Familien wichtiger ist als die gegenseitige Zuneigung der Eheleute, bedeutet eine Absage stets, daß die eine Familie die andere nicht als vollwertig – oder wie wir sagen würden als »standesgemäß« – anerkennt.
Jeder einzelne Schritt der Brautwerbung ist durch die Tradition festgelegt, und das Protokoll muß unbedingt eingehalten werden. Bei den *Kxatla* in Botswana z. B. werden die Verhandlungen von den sogenannten »Ersuchern« geführt. Ein väterlicher Onkel oder ein anderer naher Verwandter begibt sich in Begleitung eines Zeugen (ein anderes Mitglied der Familie des Freiers) zum Vater des Mädchens und bittet ihn um einen »Kürbiskrug Wasser«. Das ist die konventionelle Formulierung. Der Vater gibt sich ebenso konventionell, wie immer seine Einstellung sein mag, und erteilt zunächst eine unverbindliche Antwort, aus der hervorgeht, daß er sich mit den »Besitzern des Mädchens« (ihren Verwandten) beraten muß. Nachdem die »Ersucher« sich verab-

schiedet haben, bespricht er die Angelegenheit zuerst mit seiner Frau und dann mit deren Brüdern. Auch das Mädchen wird im allgemeinen gefragt, ob sie den Freier kennt und ihn heiraten möchte. Stößt der Vorschlag bei der Mehrzahl der Betroffenen auf Ablehnung, so werden die Vermittler bei ihrem nächsten Besuch davon in Kenntnis gesetzt. Dann steht es dem Vater des Freiers frei, sie noch einmal zu schicken oder sich nach einer anderen Frau für seinen Sohn umzusehen. Liegt keine endgültige Ablehnung vor, so erscheinen die »Ersucher« wöchentlich, um sich nach dem Stand der Dinge zu erkundigen. Die Etikette erfordert eine lange Verhandlung. Oft vergehen Monate, bevor ein endgültiger Bescheid erteilt wird. Inzwischen beraten sich die Eltern des Mädchens mit den anderen Verwandten und erwägen sorgfältig die guten und weniger guten Eigenschaften des jungen Mannes und seiner Familie. Falls man nicht viel über sie weiß, erkundigt man sich diskret in ihrem Dorfe über ihr Ansehen und ihren Ruf. Hat man sich schließlich zu einer Zusage entschlossen, so wird den »Ersuchern« mitgeteilt, sie möchten an einem bestimmten Tag im Hause der Eltern des Mädchens vorsprechen. Dieses Mal werden sie nicht nur vom Vater empfangen, der bisher allein die Verhandlungen mit ihnen geführt hat, sondern vom größten Teil der Familie, vor allem den mütterlichen Onkeln des Mädchens, deren Anwesenheit im Falle einer Zusage unerläßlich ist. Die dann übliche Redeformel lautet: »Hier ist unser Kind. Nehmt es und bringt es lebend zurück.« Das bedeutet: »Sendet sie uns unversehrt zurück, falls ihr in Zukunft ihrer überdrüssig werden solltet.«

Die Sitte verlangt, daß die Frauen während der Verhandlungszeit die Mutter des Mädchens nicht besuchen, denn sie haben die Aufgabe, ihr ihre Zusage durch Dank zu bestätigen. Sie begeben sich dann in das Heim des Mädchens und bringen Geschenke, um das Bündnis zu besiegeln. Man nennt diese Geschenke, die meist aus Tierfellen, Perlen und anderem Zierrat bestehen, »die überbrachten Güter«. Heute schenkt man außerdem noch Geld, eine weiße Decke mit ro-

28 *Studentin im chemischen Labor (Ghana)*

29 *Arbeiterin in einer Eisen- und Stahlfabrik (Ghana)*

ten Streifen, einen roten Schal, ein Taschentuch und zwei Längen Kleiderstoff. Diese Geschenke werden in Gegenwart von einigen als Zeugen erschienenen Verwandten überreicht. Später werden sie dem Mädchen gezeigt, und die Mutter ermahnt es mit den Worten: »Das ist deine Schuld.« Das bedeutet, daß der junge Mann sich jetzt ein Recht erworben hat und daß das Mädchen sich gut betragen soll. So darf sie die Geschenke nicht benutzen, bevor nicht zwei oder drei Wochen verstrichen sind, denn sonst könnte man ihr vorwerfen, sie habe es mit dem Heiraten allzu eilig.

Erst mit der Übergabe der Geschenke gilt die Verlobung offiziell als geschlossen. Der junge Mann, der während der Verhandlungen das Haus des Mädchens nicht betreten durfte, wird nun von seinem Vermittler den Eltern der Braut vorgestellt. Diese bewirten ihn und seinen Onkel und versichern ihm, daß er von jetzt ab herzlich in ihrem Hause willkommen ist und daß er bei ihnen stets Speise, Trank und ein Lager findet, falls er hungrig, durstig oder müde ist. Jetzt steht es ihm frei, auch allein jederzeit das Haus seiner künftigen Schwiegereltern zu besuchen.

In einer letzten Verlobungszeremonie brauen die Eltern des Mädchens Bier und laden die Familie des jungen Mannes zu einem Umtrunk ein. Diese Feier soll vor allem den beiden Familien Gelegenheit geben, Bekanntschaft zu machen und das zwischen ihnen geschlossene Bündnis zu bekräftigen, weshalb der junge Mann selbst bei diesem Fest meistens abwesend ist. Auch seine Eltern nehmen nicht daran teil, sondern kommen erst am darauffolgenden Abend, an dem ihnen ein besonders für sie bereitgestellter Krug Bier kredenzt wird. Diesen Krug Bier nennt man »das worauf man liegend wartet«, eine Anspielung also auf die Frau, die liegend ihren Gatten oder die Geburt ihres Kindes erwartet. Man gibt damit den Eltern des Bräutigams zu verstehen, daß die Mutter des Mädchens bei Empfängnis und Geburt der Braut leiden und schwitzen mußte, und daß sie sich deshalb nur schwer von ihrer Tochter trennen kann. Die Eltern des jungen Mannes müssen auch allein kommen, weil die Zeugung ein Akt ist, an dem nur zwei Menschen teilnehmen. Nach den Verlobungszeremonien läßt man längere Zeit verstreichen, bis die Hochzeit stattfindet.

Trotz der unendlichen Verschiedenheiten der Stammessitten haben alle afrikanischen Kulturen das Prinzip des Brautgeldes oder Brautgutes gemein, ohne das keine Ehe geschlossen werden kann. Es handelt sich um eine zwischen den beiden Familien vertraglich festgesetzte Abmachung, durch die die Brautfamilie materiell für den Verlust ihres Familienmitgliedes entschädigt wird. Man hat diese Sitte zu Unrecht Brautkauf genannt.*

Manchmal wird das Brautgut bereits festgesetzt, wenn das Mädchen noch nicht geboren oder ein kleines Kind ist. Die Ehe wird durch eine Güterübertragung (Vieh, Textilien, Bargeld usw.) oder Dienstleistung von der Familie des Bräutigams an die der Braut legalisiert.

Das Brautgut wird in aller Öffentlichkeit ausgehändigt, um die Einwilligung der Familie eindeutig unter Beweis zu stellen.** Das Brautgut erfüllt noch einen anderen Zweck: Es ge-

* Der senegalesische Historiker Cheik Anta Diop, der in seinem Werk »Antériorité des Civilisations Nègres« auf den matriarchalischen Ursprung der afrikanischen Kulturen hinweist, schreibt:

»Ein weiterer typischer und oft mißverstandener Aspekt der afrikanischen Matriarchie ist die Bezahlung der Mitgift durch den Mann – eine Sitte, die in Europa umgekehrt ist. Man glaubt in Europa irrtümlicherweise, daß die Frau im schwarzen Afrika gekauft wird, und ebenso könnte ein Afrikaner sagen, daß die Frau in Europa ihren Ehemann kauft. Da die Frau in Afrika dank der Matriarchie eine privilegierte Stellung einnimmt, erhält sie in der Form einer Mitgift eine Garantie für das Bündnis, das Ehe heißt. Ein Beweis dafür, daß sie nicht wie eine Sklavin gekauft wird, liegt schon in der Tatsache, daß sie nicht durch die Mitgift an den ehelichen Wohnsitz gefesselt ist; wenn der Ehemann sich wirklich schuldig macht, kann die Ehe in wenigen Stunden zu seinem Nachteil rückgängig gemacht werden.«

** »Das Brautgut erfüllt eine wirtschaftliche, soziale, religiöse und gefühlsmäßige Funktion. In erster Linie entschädigt es die Familie für den Verlust einer Arbeitskraft. Es trägt auch zur Festigung der Ehe bei, denn eine Rückzahlung kann sich als schwierig, wenn nicht sogar als unmöglich erweisen. Es ist auch eine Opfergabe an die Götter des Clans für den Verlust einer Erzeugerin.« (Keba M'Baye: Le Droit de la famille en Afrique et a Madagascar, UNESCO, Paris 1968).

stattet der Familie, die verlorene Tochter durch eine Schwiegertochter zu ersetzen, denn oft werden die vom Brautvater in Empfang genommenen Gaben wiederum als Brautgut für den Bruder der jungen Frau verwendet.
Im Falle einer Scheidung muß das Brautgut zurückerstattet werden, falls die Frau schuldig ist (allerdings nicht in voller Höhe, wenn Kinder geboren worden sind). Das gilt vor allem in vaterrechtlichen Gesellschaften, in denen die Familie des Mannes auf die Zeugungsfähigkeit der angeheirateten Frau angewiesen ist, um sich Nachkommenschaft zu sichern. In den mutterrechtlichen Gesellschaften, in denen die Kinder der Familie der Frau angehören, ist das Brautgut im allgemeinen viel geringer. Dort heiraten die Männer, um ihren eigenen Haushalt zu begründen, und falls die Ehe nicht gut geht, wird sie einfach wieder aufgelöst.
Mit der Bezahlung des Brautgutes ist die junge Frau durchaus nicht gleich verpflichtet, zu ihrem Mann und dessen Familie zu ziehen. In manchen Stämmen bleibt sie in ihrer Familie, bis die ersten Kinder geboren sind.
Die Institution des Brautgutes erklärt auch jene als »Levirat« bezeichnete Ehe, in denen die Witwe dem Erben ihres verstorbenen Mannes angetraut wird, und die einer solchen Ehe entsprossenen Kinder werden dem ersten Manne zugeschrieben. Aus demselben Grunde kann auch die Schwester einer unfruchtbaren Frau als Ersatzgattin angefordert werden.
Die Situation der Frau ändert sich allerdings drastisch dort, wo der Islam zur vorherrschenden Religion wird und die Ehegesetze bestimmt. Die Rolle der Frau in der Gesellschaft wird dann von zwei Koranversen festgelegt: »Männer haben Vorrang über sie« und »Die Männer sind über die Frauen erhaben, weil Allah sie dazu ausersehen hat«.
Nach dem islamischen Ehegesetz stehen die Töchter unter der Obhut ihres Vaters und gehen mit der Heirat in die ihres Mannes über. Ein Mann kann sich nach Belieben von seiner Frau scheiden, die Frau kann es jedoch nur in besonderen Fällen oder wenn ihr dieses Recht extra im Heiratsvertrag zu-

gesichert ist. Der Mann genießt absolute Freiheit in den ehelichen Beziehungen, die Frau ist zur völligen Unterwerfung verpflichtet. Töchter erben nur halb soviel wie Söhne, vor Gericht hat die Aussage des Mannes doppeltes Gewicht gegenüber der der Frau.

Mütter erziehen ihre Töchter schon von frühester Kindheit an zur Unterwürfigkeit. Bei Entscheidungen hat die Frau nur indirekt etwas zu sagen, indem sie ihren Einfluß auf den Ehemann oder die Söhne geltend macht. Auch kann sie ihre Rechte nur durch einen Vermittler, einen gesetzlichen Vormund wahrnehmen. Der Koran schreibt zwar vor, daß die Braut ihr Einverständnis zur Ehe geben muß, aber in Wirklichkeit liegt der Entschluß beim Vater. Sie untersteht zwar denselben Geboten wie der Mann, nämlich zu beten, zu fasten, Almosen zu spenden und wenn möglich eine Pilgerfahrt nach Mekka zu machen, aber in Wirklichkeit geht sie nur selten in die Moschee, und es gibt keine geistige oder religiöse Gleichheit zwischen den Geschlechtern.

Unter dem Islam wurde die Familie zu einer patriarchalischen und phallokratischen Institution, d. h. mit dem Vordringen dieser Religion haben sich die ursprünglich mutterrechtlichen Gesellschaftsformen in vaterrechtliche umgewandelt. Westguinea und Mauretanien sind dafür besonders gute Beispiele. Durch das Vordringen des Patriarchats verliert die Frau auch an Wert für die eigene Familie, weil sie Kinder für den anderen Clan gebiert. Die Vetter-Kusine-Ehe soll oft diesen Verlust abfangen.

Allerdings räumte der alte Islam auch den Frauen gewisse Rechte ein und gab ihnen einen rechtlichen Status. Die Ehe wurde zum Gegenstand eines Vertrags, den zwei Personen vor einem Zeugen, dem »Kadi« schlossen, und das Brautgut oder die Mitgift, das »Mahr« wurde ihr gegeben und blieb in ihrem Besitz – es sei denn, sie wurde wegen ungemäßen Betragens geschieden. Ihr Mann war verpflichtet, anständig für sie zu sorgen, und sie konnte ihren Vater beerben. Der Prophet verurteilte leichtfertige Ehen und Scheidungen und beschränkte die Polygamie auf vier Frauen.

Aber welche Vorteile der Islam auch immer im Vergleich zu den von ihm verdrängten Kulturen brachte, so führte er eine allesumfassende neue Lebensweise ein, die sich nachteilig auf den Status der Frau auswirkte.
Immerhin hat sich der Islam in vielen Gegenden des schwarzen Afrika weitgehend den bestehenden Sitten und »animistischen« Glaubensformen anpassen müssen. Dort bleibt die Ehe ein Bündnis zwischen zwei Sippen, das nicht vom Vater, sondern vom Stammesoberhaupt beschlossen wird. Der Ehemann wird sich nicht vorschnell scheiden lassen (außer wenn die Frau schuldig ist), da dann das investierte Brautgut für ihn verloren ist. Häufiger verläßt die Frau den Mann.
Trotzdem hat auch die abgeschwächte Form des Islam der Frau, die in der Vergangenheit stets eine wichtige Rolle in der Gesellschaft einnahm, viele ihrer Rechte genommen.
Obgleich in jeder Stammeskultur eine bestimmte Form der Ehe vorherrscht, gibt es eine Anzahl von Varianten. Die afrikanische *Polygamie* ist zwar weit verbreitet, aber keineswegs allgemein. Etwa ein Drittel der Ehen in den afrikanischen Stammeskulturen ist polygam. Eigentlich handelt es sich um eine Anzahl von monogamen Ehen, die der Mann mit jeder seiner Frauen eingeht, denn jede seiner Frauen verfügt über ihren eigenen Haushalt, lebt ihr eigenes Leben, und eine Art von Rotationssystem regelt die ehelichen Beziehungen.
Die *Polyandrie*, d. h. eine Ehe zwischen mehreren Männern und einer Frau ist äußerst selten. In Afrika gibt es sie nur bei den *Bahima*, einem Stamm aus dem Gebiet der großen Seen.
Von den anderen außergewöhnlichen Eheformen in den Stammeskulturen sei noch an das *Levirat* und das *Sororat* erinnert. Das Levirat ist die Ehe einer Witwe mit dem Bruder ihres verstorbenen Mannes. Sie dient nicht nur – wie schon vorher erwähnt – der Sicherung der Sippe durch weitere Fortpflanzung, sondern auch, falls die Frau alt ist, ihrer angemessenen Versorgung, ihrem Ruf und Ansehen und dem ihrer Familie. Das Sororat verpflichtet die Familie der Ehefrau, falls diese gestorben oder unfruchtbar ist, ihrem Schwiegersohn eine andere Tochter zur Frau zu geben.

Die sogenannte »Frauenehe«, d. h. die Ehe zwischen zwei Frauen, dient der Sicherung des Erbfolgerechts in vaterrechtlichen Gesellschaften. Sie gewährleistet der Familie eine Nachkommenschaft, auch wenn kein Sohn da ist, um dafür zu sorgen. So heiratet z. B. bei den *Zulu* in Südafrika die Tochter eines angesehenen Mannes, der keine Söhne hat, eine Frau und erwirbt sich damit das Vaterrecht auf deren Kinder. Der »weibliche Ehegatte« gilt nun nach dem Gesetz als der Vater, genauso, als ob sie ein Mann wäre, und die Kinder setzen die vaterrechtliche Erbfolge fort, womit der Zorn der Ahnen abgewendet wird.
Man nimmt auch an, daß der Name eines Mannes sich durch Nachkommenschaft fortsetzen solle, und daß der »Geist« eines Verstorbenen sich erzürnen würde, falls ihm das nicht gewährt ist. Dem hilft man dann mit einer »Geisterehe« ab, indem ein jüngerer Bruder oder Verwandter des Toten in dessen Namen eine Frau nimmt. Der »Geist« des Toten wird als der offizielle Ehemann betrachtet, und die aus dieser Ehe hervorgehenden Kinder setzen seinen Namen fort.
Bei den Hirtenvölkern Ostafrikas gibt es die Ehe durch »Brautraub«. Der junge Mann muß sich den Weg zu seiner Braut erkämpfen (das Brautgut ist allerdings bereits bezahlt), sie wird von ihrer Familie beschützt, und es kommt zu einer gespielten Schlacht, in der der junge Mann von seinen Altersgenossen unterstützt wird. Wenn sie schließlich bis zu dem Mädchen vorgedrungen sind, tragen sie sie im Triumph davon, während dieses sich schreiend wehrt. Mit dieser Zeremonie soll angedeutet werden, daß sich ein endgültiger Bruch im Leben der Frau vollzogen hat, daß sie von jetzt ab nur noch ihrem Mann und seiner Familie, die für sie wie für eine der Ihrigen sorgen wird, die Treue halten muß. Die Ursprünge dieses Brauchs gehen wahrscheinlich auf Zeiten zurück, in denen man sich tatsächlich die Frauen zu rauben pflegte, aber sie deuten auch symbolisch an, daß der Loyalitätswechsel einen Kampf erfordert.
Bei manchen Stämmen gibt man eine Tochter einem besonders angesehenen religiösen Würdenträger zur Frau, und in

einem solchen Falle wird kein Brautgut verlangt, da man weiß, daß die junge Frau in diesem und im nächsten Leben eine vorrangige Stellung einnehmen wird.

Die Scheidung

Traditionsgemäß vollzieht sich die Scheidung in Afrika in dem Augenblick, wo die Frau den Mann verläßt oder von ihm aus dem Hause verwiesen wird. Daraufhin entscheidet der Ältestenrat über Recht und Unrecht, fällt ein Urteil und setzt die fälligen Entschädigungszahlungen fest. Die Scheidungsgesetze unterscheiden sich natürlich je nach Land und Sitte, aber im allgemeinen kann eine Ehe auf Wunsch jedes der beiden Ehepartner aufgelöst werden.

Ist die Frau schuldig, so kann ihr Vater (oder ihre Brüder) zur Rückzahlung des gesamten oder eines Teils des Brautgutes verurteilt werden, denn die Ehe ist ja in den Stammeskulturen nicht die Angelegenheit zweier Einzelpersonen, sondern zweier Familien, eine Tatsache, die an sich schon ein starkes Scheidungshindernis darstellt.

Da das Brautgut oft weiterverwendet wird, um einen Bruder der Frau zu verheiraten, kann ein Scheidungsurteil katastrophale wirtschaftliche Folgen für die ganze Familie haben. Auch die Familie des Mannes wird – falls dieser schuldig ist – nur ungern den Verlust ihrer investierten Güter hinnehmen. So ist es vor allem der Institution des Brautgutes und dem durch die Ehe besiegelten Bündnis zwischen den beiden Familien zuzuschreiben, daß die Scheidungsrate bei den meisten afrikanischen Völkern sehr niedrig ist.

Bei den matrilinearen Völkern ist die Scheidungsprozedur allerdings wesentlich einfacher, denn dort ist der Ehemann als Erzeuger von Kindern in die Familie der Frau aufgenommen worden und kann diese ohne großen materiellen Schaden wieder verlassen.

Herrscht patrilineares Gesetz, so sind die Kinder »Besitz« der Familie des Mannes, bei matrilinearem Recht ist es umgekehrt.

Nach islamischem Gesetz kann der Mann sich von seiner Frau durch einfache mündliche Erklärung scheiden, und wenn er sie dreimal verstoßen hat, ist die Scheidung endgültig, und kein Brautgut kann zurückverlangt werden. Dann geht die Frau vor das Gericht und erklärt, daß ihr Mann sie verstoßen hat, woraufhin der Mann vorgeladen und verhört wird. Nimmt das Gericht die Erklärung der Frau als wahrheitsgemäß an, so wird sie aufgefordert, für drei Monate zu ihren Eltern zurückzukehren, denn das ist die vom islamischen Gesetz vorgeschriebene Enthaltsamkeitsperiode, nach deren Verstreichen sie sich erst wiederverheiraten darf. Sollte sich im Laufe dieser Frist herausstellen, daß die Frau schwanger ist, so hat der geschiedene Mann Anspruch auf das Kind.

Die Mädchen bleiben meist bei der Mutter, ebenso die Knaben im vorpubertären Alter. Nach islamischem Gesetz gehen die Kinder zwar an den Vater, aber er kann sie erst beanspruchen, wenn sie über sieben Jahre alt sind. Die Gerichte sind allerdings stets bemüht, es gar nicht erst dazu kommen zu lassen, denn die Scheidung wird als soziale Zerfallserscheinung betrachtet. Trotzdem sind Scheidungen z. B. bei den islamisierten *Somali* verhältnismäßig häufig, obgleich gerade dort alle möglichen Vorsichtsmaßnahmen getroffen werden, um der Ehe Beständigkeit zu sichern.

Die *Masai*frau in Kenia kann nicht mehr geschieden werden, wenn sie ein Kind geboren hat. Sie darf aber zeitweilig von ihrem Mann getrennt leben: bei einer Altersgenossin, falls ihr Mann schuldig ist, bei ihrem Vater, falls sie selbst schuldig ist.

Bei den *Kikuyu* in Kenia ist die Scheidung gesetzlich vorgesehen, kommt aber sehr selten vor, da sie gesellschaftlich verurteilt wird und nur schwer durchgesetzt werden kann, besonders wenn Kinder vorhanden sind. Erst wenn alle Bemühungen, den Bestand der Ehe zu retten, gescheitert sind, kann eine Scheidungsklage eingereicht werden. Nach dem bei den *Kikuyu* herrschenden Gewohnheitsrecht kann der Mann sich aus folgenden Gründen von seiner Frau scheiden

lassen: Unfruchtbarkeit, grundlose Weigerung, die ehelichen Pflichten zu erfüllen, Hexerei, Diebstahl, Verlassen des ehelichen Wohnsitzes, fortgesetztes schlechtes Betragen.
Im Falle von Unfruchtbarkeit oder Impotenz müssen sich Mann und Frau einem Test unterziehen, damit eindeutig festgestellt werden kann, wen von den beiden die Schuld trifft. Der Ehemann gestattet seiner Frau, Geschlechtsverkehr mit einem Mann seiner Altersklasse zu haben. Falls diese Maßnahme kein Ergebnis bringt, wird ein Medizinmann zu Rate gezogen. Gleichzeitig ist es unerläßlich, daß beide Familien gewisse Riten abhalten, um den Schoß der Frau zu segnen. Manchmal wird die Frau schließlich wirklich schwanger, falls aber alle Bemühungen umsonst sind, schließt man daraus, daß diese Angelegenheit menschliches Vermögen übersteigt und in den Händen des *Ngai*, des großen Gottes liegt.
Wird beim Mann Impotenz vermutet, muß dieser sich dem gleichen Test unterziehen. Ist er vermögend genug, so muß er eine andere Frau heiraten, und falls es ihm gelingt, mit ihr Kinder zu haben, so wird angenommen, daß sich sein Blut mit dem seiner ersten Frau nicht verträgt. Wenn ein Mann weiß, daß er impotent ist, sich die Harmonie in seinem Heim aber erhalten will, wird er seiner Frau oder seinen Frauen Liebhaber gestatten, die an seiner Stelle der *Zeugungspflicht* nachkommen, die jeder Ehe auferlegt ist. Der Ehemann wird als der Vater dieser Kinder gelten, als habe er sie selbst gezeugt.*
Diese Sitte herrscht auch in anderen Gegenden Afrikas.
Bei den *Galla* in Äthiopien hat es früher kein eigentliches Recht auf Scheidung gegeben, denn die Ehe galt als unauflösbar. Erst mit dem wachsenden Einfluß des Islam hat zu-

* Falls z. B. eine *Ibo*frau (Nigeria) ihr Heim mit einem anderen Mann verläßt, muß sie – wenn sie niederkommt – die Plazenta ihrem Ehemann zurückschicken, der sie vor seinem Haus vergraben wird. Damit erkennt sie sein Anrecht auf das Kind an, auch wenn es gar nicht von ihm ist. Schon daraus kann man schließen, daß die so »geschiedene« Frau weiterhin an ihren Mann gebunden ist und nur von ihm getrennt lebt.

mindest der Mann sich das Recht erworben, eine Frau, deren er überdrüssig geworden ist, an ihre Eltern zurückzuschikken. Dafür schenkt er ihnen eine Kuh. Sie ist dann zwar frei, mit einem anderen Manne zusammenzuleben, aber alle Kinder, die sie von da an auf die Welt bringt, sind »Besitz« ihres Ehemannes. Will jedoch eine Frau sich scheiden lassen, so kann sie sich nur an den Ältestenrat wenden, falls ihr Mann sie nachweislich schlecht behandelt hat. Die Kinder gehen an den Mann, falls er sein Brautgut bezahlt hat, anderenfalls bleiben sie bei der Mutter.

In Ruanda bei den *Bahutus* gibt es die üblichen drei Formen der Trennung (*Gutandukana*), der Scheidung (*Kwahukana*) und der schmachvollen und endgültigen Verstoßung der Frau (*Gusenda*). Die letzte Form ist für den Mann am einfachsten.

Ein Mann, der seine Frau verstoßen will, beginnt, sie auf alle Arten selbst in der Öffentlichkeit schlecht zu behandeln, Streit zu suchen, ihr keine neuen Kleider zu kaufen, sie stets zu kritisieren. Oft will die Frau ihren Mann trotzdem nicht verlassen, weil sie sich wegen des Brautgutes verpflichtet fühlt oder sich nicht von ihren Kindern trennen will.

Hat der Mann sich entschlossen, sie zu verstoßen, so sagt er zu ihr: »Hier hast du Bier. Bringe es deinen Eltern, und schau, wie es ihnen geht.« Er läßt sie von einem Freund begleiten, der dann den Eltern in seinem Auftrag mitteilt: »Hier habt ihr eure Tochter.« Jetzt wissen sie, daß ihr Kind verstoßen worden ist.

In manchen Fällen muß die Frau noch zusätzliche Demütigungen über sich ergehen lassen. Der Mann schlägt sie, reißt ihr die Kleider vom Leibe, damit die Eltern »mit eigenen Augen die Fehler ihres Kindes sehen« oder läßt sie, die sonst in einer Liegematte getragen wird, einfach zu Fuß gehen. Natürlich kann daraus große Feindschaft zwischen den beiden Familien entstehen, und ein Mann, der seine Frau auf solche Weise verstößt, gerät in Verruf und wird es schwer haben, eine neue Frau zu finden. Die Frau hingegen ist dazu erzogen, viel zu erdulden, und wird kaum auf eigene Faust das

eheliche Heim verlassen, um nicht zur Ursache einer Sippenfeindschaft zu werden.
Der wichtigste Grund, aus dem ein Mann seine Frau verstoßen kann, ist der Ehebruch. Als andere Gründe werden aufgeführt: Eine Frau, die während des Geschlechtsakts Winde fahren läßt oder das Bett mit Kot beschmutzt. Eine solche Frau ist entweder vergiftet, oder sie hat Hühnerkot gegessen und tut es absichtlich, um ihren Mann zu ärgern.
Das afrikanische Gewohnheitsrecht unterscheidet sich von den europäischen Gesetzen nicht nur in den Bestimmungen über Obhut und Zugehörigkeit der Kinder, sondern auch in der Beurteilung der Scheidungsgründe. Ehebruch ist keinesfalls immer ein ausreichender Scheidungsgrund, aber andererseits kann ein Ehepaar, dem ein weiteres Zusammenleben als Mann und Frau unmöglich erscheint, sich nach afrikanischem Recht leichter scheiden lassen als nach europäischem. Christen, die kirchlich getraut worden sind, müssen Beweise erbringen, daß ihre Scheidung auch nach europäischem Gesetz gerechtfertigt ist, da sich sonst das afrikanische Gericht als nicht zuständig erklären wird.
Heute heiraten gebildete Männer und Frauen nicht mehr nach dem Gewohnheitsrecht, sondern nach dem von den Kolonialmächten eingeführten und von den unabhängigen Regierungen übernommenen »Verordnungsrecht«.

Der Witwenstand

Das Problem der Vereinsamung von Witwen ist den Afrikanern unbekannt. Die Witwe braucht kein einsames und verlassenes Leben zu führen, denn vom Leben innerhalb der Gemeinschaft wird sie niemals ausgeschlossen.
Auch hier muß zwischen den *patrilinearen* und den *matrilinearen* Gesellschaften unterschieden werden.
Dort wo das Vaterrecht herrscht und die Kinder der Familie des Vaters angehören, erbt gewöhnlich der Bruder oder der Sohn des Verstorbenen auch dessen Witwe.*

* Siehe *Levirat* S. 179

Wo das Mutterrecht herrscht und die Kinder der Familie der Mutter angehören, kann die Witwe den Erben ihres verstorbenen Mannes heiraten oder einen seiner nahen Verwandten, aber die Familie des Mannes kann keinen Anspruch darauf geltend machen.
Nach dem Gewohnheitsrecht der *Kxatla* in Botswana löst der Tod die Ehe nicht auf. Die Witwe bleibt in der Familie ihres Mannes und muß ihm weiterhin Kinder gebären.
Gleich nach dem Tod ihres Mannes muß sich die Witwe den Reinigungsriten unterziehen und danach noch etwa ein Jahr lang verschiedene bei der Trauer übliche Sitten beachten, die das Gesetz vorschreibt.
Die Reinigungsriten beruhen auf dem Glauben, daß das Blut des Mannes sich mit dem der Frau im Laufe der jahrelangen sexuellen Beziehungen in den Körpern beider Eheleute vermischt hat und daß das Blut des einen dem des anderen fehlt, wenn einer von ihnen gestorben ist, was zur Folge hat, daß sich das Blut des Überlebenden »erhitzt«. Der Überlebende wird deshalb als ein Kranker betrachtet. Würde man also die Witwe einfach unbehandelt ihren gewohnten Beschäftigungen nachgehen lassen, so könnte großer Schaden an Menschen, Vieh und Getreide entstehen. Die Ernte würde verderben und der Regen ausbleiben, da der Boden, den sie betritt, verdorren muß. Sie muß also »geheilt« werden. Sowie der Tod des Ehemannes eingetreten ist, darf die Witwe das umzäunte Gelände ihres ehelichen Heims nicht mehr verlassen. Bis zu ihrer »Reinigung« verbringt sie die meiste Zeit liegend, da sie ja krank ist und an Kummer und dem Verlust des Blutes ihres Lebensgefährten leidet.
Die Reinigungsriten werden am Tag des Begräbnisses oder gleich danach abgehalten.
Die Familie des Toten schlachtet eine Ziege. Der Medizinmann zerschneidet die Wurzeln und Zwiebeln gewisser Pflanzen und kocht sie. Die Trauernde hockt sich so über den Topf, daß der Rauch ihr ganzes Gesicht bedeckt. Dann mahlt der Medizinmann die Asche zu Pulver und sondert es in zwei gleiche Teile. Einen Teil streut er auf den Dickdarm der Zie-

ge, den er dann der Witwe an die Lenden schlägt, »um ihre Eingeweide umzukehren«. Manche Medizinmänner vermengen das Pulver mit den gerösteten und gemahlenen Eingeweiden der Ziege und streichen die Mixtur auf die vorher leicht eingeritzten Gelenke der Witwe. Der zweite Teil des Pulvers wird ihr mit ihrer Nahrung verabreicht. Man röstet etwas Fleisch vom Vorderbein der Ziege, die Witwe tunkt es in das Pulver, beißt es und spuckt es aus, tunkt ein weiteres Stück ein und ißt es, danach verspeist sie den Rest. Nach beendeter Zeremonie bleibt die Trauernde noch sechs Tage im Haus und wird von einer Verwandten bedient, die die Wechseljahre hinter sich hat, »denn die Hände einer alten Frau sind nicht heiß«. Am siebenten Tag ist sie wieder frei, ihren Beschäftigungen nachzugehen.

Die gleichen Riten werden auch bei einem Mann vorgenommen, dessen Frau gestorben ist.

Die verwitwete *Ibo*frau in Nigeria schert sich kahl und geht ein Jahr lang in Lumpen gekleidet. Falls sie jung ist, erbt sie einer der Söhne ihres Mannes – aber natürlich nicht ihr eigener Sohn. Die Witwe kann auch zu ihren Eltern zurückkehren, aber dann muß das Brautgut, wenn sie sich wieder verheiratet, an die Familie ihres verstorbenen Mannes zurückgezahlt werden.

Nach dem bei den *Akan* in Ghana herrschenden Gewohnheitsrecht gilt die Ehe beim Tod der Ehefrau (aber nicht des Ehemannes) als beendet.

Die Frau wird ihren kranken Mann pflegen, kommt aber nicht für die Pflegekosten auf. Die Verwandten des Mannes müssen sowohl die Pflegekosten als auch die Begräbniskosten bezahlen.

Die Witwe wird vom Erben ihres verstorbenen Mannes übernommen. Er muß von nun an für sie sorgen, damit sie der Verpflichtung entgeht, das Brautgut zurückzuerstatten und seiner Familie weiterhin mit ihren Kindern als Arbeitskräfte bei Haus- und Landarbeit erhalten bleibt. Falls der Erbe sich dieser Pflicht zu entziehen versucht, wird der *Saman* (der Geist) des verstorbenen Ehemannes sich rächen. Er

muß nach der Reinigungszeremonie ein Jahr verstreichen lassen, bis er mit einer solchen Frau sexuelle Beziehungen aufnehmen kann. Wenn ein *Akan* seine *Wofa-Ba* (die Tochter seines mütterlichen Onkels) geheiratet hat und nach dem Tode dieses Onkels sein Erbe wird, darf er die Witwe nicht heiraten, denn er hat ja schon ihre Tochter zur Frau. Eine Ehe mit Mutter und Tochter zugleich wird als Inzest betrachtet.
In Dahomey obliegt den Witwen eine ganz besondere Aufgabe. Nach der Beschneidung der Knaben, sowie ihre Wunden geheilt sind, haben Witwen, die bereits in den Wechseljahren sind, mit ihnen Geschlechtsverkehr. Man bezeugt ihnen dafür große Dankbarkeit und beschenkt sie, da man ihr Tun für so gefährlich hält, daß es sogar den Tod herbeiführen kann. Diese Sitte ist nicht etwa dem Wunsch entsprungen, den jungen Leuten Gelegenheit zu geben, ihre Potenz zu beweisen oder sie um sexuelle Erfahrung zu bereichern – wenigstens nicht bewußt – sondern weil man annimmt, daß dieser Akt »das Brennen des Messers heilt«. Außerdem wird ein junger Mann, der nach seiner Beschneidung *keinen* Geschlechtsverkehr mit einer reifen Witwe hatte, die erste Frau, mit der er schläft, unfruchtbar machen.

Alter

In Afrika werden die Alten verehrt und geachtet, weil sie lange gelebt haben. Besonderes Ansehen genießen sie, wenn sie sich überdies auf das Heilen von Wunden verstehen. Alte Frauen gelangen auf diese Weise oft zu hohen Ehren und werden zum Oberhaupt einer Sippe oder eines Clans erwählt.
Die jüngeren Leute mögen durch Arbeit und Heldentaten mehr zum Wohlergehen der Gemeinschaft beisteuern, aber die Alten erhalten den Gemeinschaftsgeist am Leben und sorgen dafür, daß das Kulturgut erhalten bleibt. Sie bekleiden keinen besonderen Rang wie etwa der Medizinmann oder der Richter. Ihr einziger Ehrentitel ist der der »Älteren«. Sie schlichten Streitigkeiten und erteilen Ratschläge.

Die Aufgabe der »Älteren« beginnt meist, bevor es zu einem Streit oder einer Friedensstörung gekommen ist. Sie haben viel Zeit, und das ist ihr großer Vorteil. Sie haben Zeit, alles was im Dorfe vorgeht, zu beobachten. Ihrer Aufmerksamkeit entgeht kaum etwas, und jedes Ereignis wird von ihnen ausführlich kommentiert. Sie halten weder mit Lob noch mit Kritik zurück, und sie wissen genau, daß ihre Worte Gewicht haben. Schon deshalb gelingt es ihnen meist, aufkommenden Ärger im Keim zu ersticken. Ein weiterer Vorteil des Alters ist, daß man, wenn nötig, ganz unverblümt seine Meinung sagen kann, ohne sich um persönliches Ansehen sorgen zu müssen. Sie haben die Welt der Kindheit, der Jugend und des Erwachsenseins hinter sich, sie sehen dem Tod entgegen und bereiten sich auf die Welt des Jenseits vor. Sie stehen auf hoher Warte und sind den Ahnen stärker verbunden als den Lebenden.

Am meisten verehrt man sie jedoch, weil sie sich die Fähigkeit angeeignet haben, die Wünsche der Ahnen zu erfahren. Oft sagen sie, die Ahnen hätten sich ihnen in einem Traum mitgeteilt, und anhand dieses Traumes erklären sie dem Betroffenen, wie er sich in Zukunft zu verhalten habe.

Sie geben oft und gern ihre Meinung kund, und man hört auch auf sie, aber wenn ihnen eine Angelegenheit besonders wichtig erscheint, sagen sie meist, sie möchten zuerst darüber träumen. Und wenn sie dann erwachen, folgen sie der Eingebung ihres Traums. So können sie, ohne eine offizielle Funktion auszuüben, großen Einfluß auf das Leben ihrer Sippe haben.

Manche alte Leute stehen im Ruf, eine prophetische Gabe zu besitzen und aus ihren Träumen die Zukunft voraussagen zu können. Solchen Propheten, die ihre Visionen von den Ahnen, den Geistern oder gar Gott selbst beziehen, wird besondere Ehrerbietung entgegengebracht.

In vielen Völkern Afrikas genießt die ältere Frau, die keine Kinder mehr gebären kann, ein völlig anderes Ansehen, denn sie ist nicht mehr »gefährlich«, und sie ist keine »wirkliche Frau« mehr.

Ihre periodischen Blutungen und der damit verbundene Zustand der »Unreinheit« haben aufgehört, deshalb braucht sie auch die diesbezüglichen Tabus nicht mehr zu beachten und darf an einigen Riten teilnehmen, von denen sie vorher ausgeschlossen war.
Da die Alten ihr Wissen nicht mit Macht verbinden und nie versuchen werden, ihren Willen mit Gewalt durchzusetzen, fragt man sie gern um Rat, denn man weiß, daß sie den Ahnen am nächsten stehen und daß ihre Worte und ihr Betragen schon aus diesem Grund niemanden verletzen werden. In den Stammeskulturen bürgen vor allem die Alten dafür, daß Gesetz und Ordnung aufrechterhalten, Gerechtigkeit ausgeübt und den Ahnen gebührende Achtung entgegengebracht wird. Sie sichern die Beständigkeit des alten Kulturguts, das der Sippe oder dem Stamm ein Fortdauern in Wohlstand und Harmonie ermöglicht. Sie sind die eigentlichen Hüter der Tradition, denn in ihren Erzählungen und Erinnerungen überliefert sich älteste Vergangenheit.

Tod

Der Lebenszyklus in den afrikanischen Stammeskulturen ist von verschiedenen »Übergängen« von einer Lebensphase in die andere gekennzeichnet, und jeder dieser Übergänge wird von gewissen Riten (*Rites de Passage*) begleitet. Diese Riten sind notwendig, weil ein so wichtiges Ereignis nicht ohne den Segen der Ahnen stattfinden darf. Jeder dieser Übergänge trägt den Charakter einer Verwandlung, einer Wiedergeburt. Es ist, als wenn sich das Leben des afrikanischen Menschen, im Gegensatz zum europäischen Begriff der Entwicklung, in streng voneinander getrennten Phasen abspielt, deren Verlauf von den Ahnen bestimmt wird.
Bei der Geburt tritt das menschliche Wesen aus der Welt der Geister und Ahnen in die Welt der Lebenden ein. Bei der Geschlechtsreife verliert es seine Zweigeschlechtlichkeit und wird zum Mann oder zur Frau, gleichzeitig trägt die Initiation oft Züge einer Wiedergeburt, deutet also symbolisch eine

30 *Dr. Anghini Hortense Aka leitet die größte Apotheke in Abidjan und ist Parlamentsabgeordnete*

31 *Mittagessen bei einer modernen afrikanischen Familie (Elfenbeinküste)*

32 *Afrikanische Sportlerin bei der Olympiade 1972*

33 *Bernadette Pia Athieno Olowo, Ugandas Botschafterin in Bonn*

nochmalige Rückkehr in die Welt der Geister an. Auch die Hochzeitsriten begleiten einen solchen »Übergang«, denn der Zeugungsakt ermöglicht den Ahnen eine Rückkehr in die Welt der Lebenden durch den Leib der Mutter. Mit dem Tod kehrt die Seele schließlich in das Reich der Ahnen zurück, und ein neuer Lebenszyklus kann beginnen.

Alle rituellen Handlungen beinhalten eine Kommunion der Lebenden mit Gott, einer Gottheit oder den Ahnen. Das geschieht durch Gebet, Opfer oder beides zugleich. Als Opfertiere werden Ochsen, Kühe, Schafe, Ziegen, Lämmer und Hühner verwendet.

Gewöhnlich wird der durch das Opfer Geweihte mit dem Blut des Tieres begossen. In manchen Gegenden Ostafrikas wird jedoch die in den Pansen der Wiederkäuer enthaltene Substanz verwendet. Der Sinn des Opfers ist, durch das Töten des Tieres und das Salben des Geweihten und der göttlichen Embleme mit den symbolischen Lebenssäften einen Kontakt zwischen Mensch und Gott herzustellen. Danach wird das Opfertier gegessen, wobei dieses Mahl entweder ein Teil der Zeremonie ist oder sie beschließt. Das Fleisch wird gekocht und von den Nutznießern der Zeremonie gemeinsam verspeist. Das gemeinsam eingenommene Opfermahl unterstreicht die feste Verbundenheit der Gemeinschaft und bedeutet für jeden Teilnehmer ein soziales Privileg.

Die sogenannten »animistischen« Religionen Afrikas fußen auf dem Glauben, daß allen lebenden Dingen ein unsichtbares »inneres Selbst« innewohnt, das sie zu dem macht, was sie sind. Und dieses innere Selbst hat ein Bewußtsein und kann sich rächen, wenn es gestört wird. Der Glaube an das universale »innere Selbst« führt ganz natürlich zu dem afrikanischen Begriff der Unsterblichkeit. Nach dem Absterben des Körpers verläßt die menschliche Seele ihre leibliche Hülle, begibt sich in die Welt der Geister und kehrt dann wieder in die Nähe der Familie zurück, wo sie ihre Wiedergeburt als Baby erwartet. In Afrika ähnelt das neugeborene Kind nicht einem verstorbenen Verwandten – es *ist* dieser Verwandte.

Um die afrikanischen Religionen und ihre Begriffe von Leben und Tod zu verstehen, muß man stets bedenken, daß *alle* Stammeskulturen auf der Einheit und der absoluten Vorrangigkeit der Gemeinschaft begründet sind. Der Einzelmensch ist der Gemeinschaft im Leben wie im Tode verbunden – er ist ein Teil von ihr, und alles, was er tut oder leistet, zählt nur insoweit es der Gemeinschaft Nutzen oder Schaden bringt. Wie sehr man auch das Hinscheiden eines geliebten Familienmitglieds betrauern mag – der Tod ist kein Ende. Er ist eine Wiedergeburt.

Wenn ein *Basuto* (Lesotho) im Sterben liegt, schafft man ihn in eine Höhle oder Grotte, damit er nicht in seiner Hütte stirbt, denn eine Hütte, in der jemand gestorben ist, muß von allen Lebenden verlassen werden, weil man annimmt, daß die Seele des Verstorbenen sie weiterhin bewohnen wird. Eine Leiche wird auch nie durch die Tür hinausgetragen, sondern durch ein in die Hüttenwand geschlagenes Loch, damit die Seele nicht die Tür findet, wenn sie in ihr Heim zurückkehren will. Um derartige Besuche zu vermeiden, halten die *Basuto* besondere Zeremonien ab, in denen sie die Seele des Ahnen beschwichtigen und sie ermutigen, vorerst in ihrem »neuen Land« zu bleiben. So legt man ihnen Stroh für eine neue Hütte aufs Grab und Saatkörner für ihre »neuen Felder«.

Die *Buschmänner* in Südafrika begraben ihre Toten in Sitzstellung mit angezogenen Knien und darübergebeugtem Kopf. Seine Habe wird über seinem Grab verstreut, dann wird es mit Dornen gefüllt und verdeckt, so daß die Hyänen sich nicht heranwagen. Seine Hütte wird über dem Grab verbrannt. Wer an einem Grab vorüberkommt, muß achtgeben, daß der Wind ihm nicht von dort aus entgegenweht, denn die Geister der Toten könnten ihn angreifen. Besondere Furcht hat der *Buschmann* vor Wirbelwinden, denn in ihnen bewegen sich die Geister fort. Überhaupt schreibt man den Geistern große Macht zu, und der Tod eines Menschen kann Stürme und Trockenheit hervorrufen.

Die *Kxatla* in Botswana begruben früher ihre Männer im

Viehkraal und ihre Frauen im Hinterhof ihrer Hütte. Die Zeremonien wurden vom mütterlichen Onkel des Verstorbenen geleitet, dem es oblag, sich um die Grablegung der Kinder seiner Schwester zu kümmern. Der Mann wurde mit den Waffen in der Hand und die Frau mit der Hacke und einigen Saatkörnern begraben. Sie trugen die gleichen Kleider, in denen sie gelebt hatten, und wurden für ihre Reise in das Reich der Toten ausgerüstet. Das Grab war ein rundes Loch, in das die Leiche in Hockstellung und mit dem Kopf nach Westen gebettet wurde, »so daß der Tote aufstehen und sich an den Ort begeben kann, wo die anderen Toten sind«.

Aus diesen Bräuchen geht hervor, daß die *Kxatla* an ein Weiterleben nach dem Tode geglaubt haben. Die Seelen der Toten wurden Geister, die irgendwo unter der Erde lebten und ein Dasein führten, das dem ihrer Lebenszeit sehr ähnlich war. Allerdings nahmen sie sehr aktiv am Geschick ihrer lebenden Nachfahren teil und übten strenge Kontrolle über ihr Betragen aus. Sie belohnten jene, die sie ehrten, mit Wohlstand und Gesundheit und bestraften die, die es ihnen gegenüber an Gehorsam und Respekt mangeln ließen, mit Krankheit, Armut und sonstigem Unglück, denn sie, die Geister der Toten, waren die Hüter des sozialen Gesetzes. Deshalb wurde ihnen auch ganz besondere Ehrerbietung dargebracht.

Heute hat sich vieles geändert, und kaum jemand weiß noch, was ein *Badimo* (Geist der Ahnen) ist.

Da die im südlichen Afrika lebenden *Ovahimba* ein sehr zurückgezogenes Leben führen, scheinen sie den Tod mehr zu fürchten als die meisten anderen Stämme Südafrikas. Die Seele ist für sie irgendeine geheimnisvolle Kraft, die im Rückgrat des Menschen sitzt, den Körper im Leben aufrechterhält und ihn im Tode reglos der Fäulnis überläßt. Oder sie ist das Blut, das sich beim Eintreten des Todes zu Klumpen verdickt.

Das Begräbnis findet gleich nach dem Tode statt. Falls es sich um eine angesehene Persönlichkeit handelt, wird ein Ochse geopfert. Man verstopft ihm die Nüstern mit Lehm und einige starke Männer halten ihm mit aller Kraft das Maul zu. Sowie das Tier bewußtlos zu Boden stürzt, erschlagen es die Trauernden und brechen ihm das Genick. Dann wird es gehäutet und zerteilt und den Geistern der Ahnen als Opfer dargebracht. Nach langen und inbrünstigen Gebeten wird das Grab mit Erde zugeschüttet und die Hörner des Ochsen danebengelegt.

Zahlreiche Riten begleiten Tod, Begräbnis und Trauer bei dem Hirtenvolk der *Bahutus* in Ruanda.

Sowie ein *Bahutu* gestorben ist, muß seine gesamte persönliche Habe aus der Hütte entfernt werden, denn sie wird den Toten in das Grab begleiten. Kein Gegenstand darf von den Hinterbliebenen benutzt werden, weil alles vom Tode gekennzeichnet ist und deshalb nur Unglück und Tod bringt. Während dieser Zeremonie darf der Tod des Betroffenen von den Anwesenden nicht erwähnt werden. Sollte sich zufällig jemand einfinden, um sich nach dem Zustand des Kranken zu erkundigen, so sagt man ihm nur, es sei »keine Besserung eingetreten«. Als erstes muß das Bier weggeschafft werden, denn wer davon trinkt, muß sterben.

Wenn eine Frau gestorben ist, muß entweder ihre älteste oder ihre jüngste Tochter die kleinen Gegenstände, die der Toten zur Schönheitspflege oder zum Korbflechten gedient haben, in einen alten Korb einsammeln und diesen mit ihrem Kopfkissen an einem Baum aufhängen. Ein Mann, der diesen Korb berühren würde, müßte unweigerlich sterben.

Die Leiche wird völlig entkleidet und gewaschen. Ist es eine Frau, die Kinder zur Welt gebracht hat, so muß eine ihrer Töchter ihr einen Lappen aus einem besonderen Stoff in die Vagina einführen, »damit die Gebärmutter sich nicht lösen kann«. Da es als ungehörig gilt, einen Toten der Länge nach ausgestreckt zu begraben, wickelt man ihn so zusammengekauert ein, daß er möglichst wenig Platz einnimmt. Dann wird zu Ehren des Toten eine Kuh gemolken, und etwas Milch wird ihm in den Mund gegossen. Das gilt als eine Ehrenbezeugung. (Einem verhaßten Toten steckt man ein Stück Holzkohle in den Mund und verstümmelt die Leiche, indem man ein Stück der Zunge, den kleinen Finger, die kleine Zehe und die Geschlechtsteile abschneidet. Diese Dinge werden dann, in Horn oder Schilfrohr gefaßt, als Amulette gegen Unfruchtbarkeit getragen, aber für den Toten und seine Familie ist es die größte Schande. Deshalb wird auch jeder Tote bis zu seinem Begräbnis streng von seiner Familie bewacht. Anschließend wird die Leiche mit einer Mischung aus Butter und Kuhdung eingerieben, und man drückt ihr etwas Antilopen- oder Lammhaar in die Hand, damit der Geist friedlich wie ein Lamm bleibt.

Ein Mann, der seine Frau auf den Friedhof begleitet, muß sich einen Stein auf den Kopf legen und sagen: »Die anderen werden die ihren begraben, und ich werde meine Frau begraben.« Sagt er das nicht, so muß er sterben. Die Frau, die ihren Mann begleitet, darf nicht in das offene Grab schauen. Eine schwangere Frau oder die Mutter eines Kleinkindes darf auf keinen Fall dem Begräbnis beiwohnen.

Nach dem Begräbnis wird der Familie des Toten Bier gespendet. Man tröstet sie, und falls die Trauernden immer weiter schluchzen und klagen, »schlägt« man sie, denn »so etwas ruft nur den Tod herbei. Lieber soll man den Toten vergessen.«

Verschiedene Tabus müssen während der Trauerzeit eingehalten werden. So dürfen die Hinterbliebenen keinen Geschlechtsverkehr haben, sich auf keinen Stuhl setzen, keine Butter schlagen – und kurz nach den Reinigungsriten* begibt sich die gesamte Trauerfamilie mitten in der Nacht an den Kreuzweg – und spuckt auf den Boden, um sich des Todes zu entleeren.

Beim Abschluß der Trauerzeit müssen sämtliche Sippenmitglieder im Hause der Witwe (oder des Witwers) miteinander schweigend den rituellen Beischlaf vollziehen. Weigert sich die Witwe, daran teilzunehmen, so uriniert einer der Männer auf einen Stuhl, auf den sie sich gleich darauf setzt.

Die *Kikuyu* in Kenia glauben an ein Leben nach dem Tode,

* Siehe *Der Witwenstand* S. 187

das dem irdischen gleicht. Die Seele des Lebenden heißt *Ngoro* und die des Toten *Ngoma*.
Nur Leute, die ein hohes Alter erreicht haben, werden mit einem gewissen Zeremoniell begraben. Der Mann wird auf seine rechte Seite und die Frau auf ihre linke Seite gelegt. Dann wird die Leiche mit ihrer Habe in ein Ochsenfell gebettet und begraben. Die Hütte des Verstorbenen wird abgerissen und auf sein Grab gelegt. Auch bei den *Kikuyu* wird an der Witwe der rituelle Beischlaf vollzogen, und die Dorfgemeinschaft muß bis zur vollendeten Reinigungszeremonie in sexueller Enthaltsamkeit leben.
Die zu vier Fünfteln »heidnischen« *Tsita* in Kenia glauben an einen höchsten Gott und an die Macht der Toten. Jedes Unheil wird entweder einem Fluch, einem Fetisch oder dem Zorn eines verstorbenen Familienmitglieds zugeschrieben. Hält man den Geist des Ahnen für verantwortlich, so wird der Schädel des Toten ausgegraben und neben anderen Schädeln auf einen Felsen gelegt. Dann opfern ihm die Älteren ein Schaf oder eine Kuh. Bei diesen Riten sind weder Frauen noch Knaben zugelassen.
Ein verstorbener *Teita* oder *Taveta* wird stehend und nach Osten gewandt begraben. Das Grab wird mit den drei Kochsteinen seiner ersten Frau gekennzeichnet. Nach der Beerdigung begibt sich die Familie an den Fluß, wo Frauen und Männer voneinander getrennt baden. Andere Verwandte, die in der Hütte geblieben sind, werden von Freunden gewaschen. Die Witwe legt all ihren Schmuck ab und bleibt ein Jahr lang allein.
Nach ein oder zwei Jahren wird der Schädel des Verstorbenen ausgegraben und in die Schädelstatt der Familie gebracht.
Ist der Mann in der Schlacht gefallen oder auf der Jagd umgekommen, so wird ihm der Kopf abgetrennt, zu Hause begraben und dann wieder ausgegraben. Oder man schneidet ihm etwas von seinem Kopfhaar ab, bindet es zu Hause an den Kopf eines Schafes, das dann geopfert und dessen Kopf an seiner Stelle begraben und ausgegraben wird.

Dem sterbenden *Galla* in Äthiopien wird der Mund mit saurer Milch oder Butter gefüllt – auch auf die Gefahr hin, daß er daran erstickt – denn Milch und Butter sind symbolisch für Reichtum und Ehre, die er so in die Welt der Toten mitnehmen kann. Außerdem legt man dem Toten Honig, Bier, Brot, Milch, Stoffe und Wachs ins Grab. Dann tötet man eine magere Kuh und gießt dem Toten etwas von ihrem Blut ins Gesicht. Das Fleisch wird an die Armen verteilt.

Dem sterbenden *Ingassana* (Äthiopien) wird ein zerbrochener Speer und etwas Tabak ins Grab gelegt. Zum Zeichen der Trauer werden der Familie die Köpfe kahl geschoren, und einen Monat lang dürfen sie weder singen noch tanzen.

Wenn ein *Udhuk* (Äthiopien) stirbt, erwürgt man sofort eine Ziege. Die Leiche wird gewaschen und mit rotem Öl eingerieben, rasiert und mit Perlen geschmückt. Dann wird der Tote von Frauen zu Grabe getragen, wo er auf seiner rechten Seite ruht. Nach einem Jahr erscheint eine alte Frau am Grabe mit einem Huhn, reibt es über die Erde, schlägt es tot und verspeist es gemeinsam mit der Familie des Toten. Die Männer öffnen das Grab, und alle Verwandten betrachten die sterblichen Überreste. Dann salbt man die Gebeine und schaufelt das Grab wieder zu.

Bei den *Koma* (Äthiopien) folgt das Begräbnis unmittelbar auf den Tod. Die Leiche wird mit heißem Wasser gewaschen und mit Biberfett eingerieben. Auch die Trauernden fetten sich die Gesichter ein. Der Tote wird mit angezogenen Beinen verschnürt und das Gesicht fest eingewickelt, so daß ihm nichts aus Nase oder Mund fließen kann, denn das wäre ein böses Omen. Die Männer werden auf die rechte, die Frauen auf die linke Seite mit nach Osten gewandtem Gesicht gelegt. Am fünften Tage nach dem Tod wird eine Ziege geopfert. Die Witwe und ihre Kinder bleiben ein Jahr in der Hütte des Verstorbenen. Dann wird das Grab noch einmal geöffnet, um dem Toten Bier und Nahrung zu geben. Danach wird die Hütte verlassen. Die *Koma* glauben, daß der Geist des Toten sich rächen und als Wirbelwind allen Hausrat zerstören würde, wenn man ihm diese Zeremonie nicht darbrächte.

Bei den *Surma* (Äthiopien) wird der Tod von allen Anwesenden mit lautem Geschrei verkündet. Die Leiche wird in fötaler Lage eingewickelt und mit Asche bestreut. Dann brennt man ihr mit glühenden Eisen einige Löcher ein, um sofort eintretende Fäulnis zu verhindern. Darauf wird sie in eine Kuhhaut eingenäht und am Mittelpfeiler der Hütte aufgehängt. Dort bleibt sie bis zur nächsten Ernte, und die Familie stattet ihr reglmäßig Besuche ab. Erst danach findet die Beerdigung statt.

Von den *Kerre* Äthiopiens wird behauptet, daß sie ihre Toten in den Fluß werfen. Die *Konso* dagegen reiben die Leiche mit Butter ein, nehmen ihr die Gedärme heraus, salben sie darauf mit Honig und lassen sie neun Tage liegen, bevor sie sie begraben.

Die *Pibor Murle* (Äthiopien) tragen den Toten bei Morgen- oder Abenddämmerung aus dem Dorf und legen ihn mit dem Rücken zum Dorf auf den Boden. Der Kopf wird von einem Schemel gestützt, neben den eine Schüssel mit Wasser gestellt wird. Das Wasser ist angeblich für die Aasgeier bestimmt, die die Leiche verschlingen werden. Die Söhne des Verstorbenen scheren sich die Häupter und trinken am Tage des Begräbnisses morgens heißes und am Nachmittag kaltes Wasser.

Die *Gelaba* (Äthiopien) machen aus ihren Begräbnisriten ein solches Geheimnis, daß die mit ihnen verfeindeten *Somali* behaupten, sie verspeisten ihre Toten. Auch Europäer haben das angenommen, aber es konnte bisher nie nachgewiesen werden.

Die *Maji* (Äthiopien) reiben den Toten mit Ochsenblut ein, bevor sie ihn begraben. Das Grab wird fest verschlossen, so daß der Geist des Toten nicht entweichen kann.

Wenn früher ein angesehener *Walamo* (Äthiopien) starb, begrub man eine lebendige Person mit ihm, damit sie ihm in seinem neuen Leben dienen könne. Als die letzte Königin dieses Stammes starb, wurden drei Sklaven mit ihr lebendig begraben. Einer, der ihr das Bett machen, einer, der ihr Kaffee kochen und einer, der ihr die Pfeife anzünden sollte.

Bei den *Haruro* (Äthiopien) wird ein Leichenschmaus abgehalten, bei dem der Sohn des Verstorbenen sich die Seele des Vaters »einzuverleiben« glaubt, so daß er sie seinen Nachfahren erhalten kann.
Die *Kullo* (Äthiopien) legen die Gräber ihrer Toten mit kostbaren Stoffen aus. Alle Verwandten des Verstorbenen versammeln sich vor dem Grab, starren himmelwärts und beschimpfen ihren Gott. Gleichzeitig werfen sie ihre Speere in die Luft, als wollten sie ihn damit verwunden.
Um den Toten in der Welt der Ahnen Anerkennung und gute Aufnahme zu sichern, »schnitzen« die *Jjo* im östlichen Niger den Verstorbenen die Zähne möglichst kunstvoll zurecht, denn früher galt das bei ihnen als ein Zeichen der Schönheit.
Die *Ibo* in Nigeria waschen ihre Toten und reiben sie mit Kambalholzessenz ein. Man bedeckt die Runzeln um die verschlossenen Augen mit Kalk und rasiert ihnen das Kopfhaar. Dann werden dem Toten seine besten Kleider angelegt. Frauen werden flach aufgebahrt, Männer auf einem Schemel sitzend mit dem Rücken an die Wand gelehnt. Manchmal wird die Leiche mit Gin übergossen, und man breitet seine kostbarste Habe vor ihm aus. Diese Aufbahrung bleibt einige Stunden lang, während alle Freunde und Verwandte dem Toten den letzten Respekt bezeugen. Nach der Beerdigung lassen sich sowohl Witwer als Witwen zum Zeichen ihrer Trauer den Kopf kahl scheren. Die Trauerzeit dauert sieben *Ibo*wochen lang (28 Tage).
Die *Ibo* sind sich ihrer tiefen Verbundenheit mit der Welt der Ahnen bewußt und stets bemüht, den Verstorbenen Ruhe und Frieden zu sichern.
Wenn ein *Ibo* gestorben ist, sagt man, er sei »heimgekehrt«, oder er halte sich vorläufig in der Welt der Ahnen auf.
Das eigentliche Begräbnis findet unter lautem Klagen, aber in aller Einfachheit statt. Denn erst später werden Freunde und Verwandte ihren Toten mit allen Ehren zu denen geleiten, die seine künftigen »Lebensgefährten« sind.
Ein Tag wird festgesetzt, an dem die große Feier mit Palmwein und Kokosmilch stattfindet. Am Vorabend des *Ikwa-*

Ozu (des zweiten Begräbnisses) werden Schüsse abgefeuert, um das Ereignis zu verkünden und den Geist des Toten zu rufen, an der frohen Feier teilzunehmen.
Man zimmert einen aus Stroh geflochtenen Sarg, der genau der Größe des Verstorbenen entspricht, füllt ihn mit weißem Stoff, der die Leiche darstellt. Dann wird der Sarg hinter zwei Götzenbilder in die Hütte gestellt, wo jeder ihn bewundern kann. Etwas vom Blut des Opfertiers wird darauf gespritzt, dann wird das Fleisch von den Anwesenden bei einem Festmahl verspeist. Am nächsten Abend wird der Strohsarg (*Ibwudu*) in das Grab des Toten versenkt. Jetzt, da ihm gebührende Ehre zuteil wurde, kann der Geist des Toten ruhen. Falls dieses »zweite Begräbnis« versäumt wird, können sich katastrophale Folgen einstellen. Der Geist wird wie ein Heimatloser umherwandern, und da er keine Ruhe finden kann, wird er sich an den Verwandten für ihre Nachlässigkeit böse rächen.
Die *Akan* in Ghana geben ihren Toten »Seelengeld« in Form von Goldstaub auf den Weg ins Reich der Ahnen mit. Auch Speisen werden ihnen ins Grab gestellt. Gewöhnlich findet das Begräbnis drei Tage nach dem Tode statt. Bis dahin wird gesungen, getrommelt, getanzt und in die Luft geschossen. Die Freunde und Familienmitglieder fasten eine Woche lang. Die Toten werden gewöhnlich auf dem Friedhof des Clans beigesetzt, aber in Sonderfällen – mit Bewilligung des Clanoberhauptes, dem man vorher ein Schaf und etwas Wein schenkt – darf ein Familienvater unter dem Schlafraum seiner Hütte begraben werden.
Die *Aschanti* gießen dem Sterbenden Wasser in den Mund, wenn sie glauben, daß die Seele den Körper verläßt und sprechen dabei folgendes Gebet: »Deine Clanangehörigen sagen: nimm dieses Wasser und trinke es. Und lasse kein Unheil geschehen, wenn du herauskommst, und erlaube allen Frauen dieses Hauses, daß sie Kinder gebären.«
Die Begräbnisriten gleichen denen der *Akan*, aber danach findet etwa am fünften Tage das Fest der »Auferstehung« statt. An diesem Tage schneiden sich alle Blutsverwandten

des Toten das Haar ab und legen es in einen großen Topf. Dann wird ein Schaf geopfert und gekocht, und sein Fleisch wird mit verschiedenen anderen Gegenständen und dem Haartopf an einen besonderen Ort auf dem Friedhof gebracht, wo der Geist es finden und mit sich auf die Reise nehmen kann. Nach diesen Riten nimmt jeder wieder sein normales Leben auf und trauert am achten, fünfzehnten, vierzigsten und achtzigsten Tag und nach einem Jahr. Die *Aschanti* halten alle 21 Tage ihre *Adae*riten ab, in denen sie den Geistern ihrer verstorbenen Herrscher Speise und Trank bieten und sie um Hilfe und Beistand bitten.

Wenn ein *Wollof* in Gambia gestorben ist, rufen die Frauen mit einem Schrei die Dorfbewohner zusammen. Die Älteren bereiten nun das Begräbnis vor und beten für den Toten. Die rituelle Waschung wird von einer Person des gleichen Geschlechts vorgenommen. Dann werden dem Toten alle Öffnungen mit Watte zugestopft und der Leib mit etwas Parfüm bespritzt.

Die Begräbniszeremonie findet nach islamischem Brauch in der Moschee statt. Sowie die Leiche in das Grab versenkt wird, entfernen sich die Trauernden, ohne einen Blick zurückzuwerfen, denn die Geister besuchen das Grab sofort, und ihnen will niemand begegnen. Eine Witwe muß vier Monate und zehn Tage lang Trauer tragen, der Witwer ist zu keiner Trauer verpflichtet.

Der Sprung ins zwanzigste Jahrhundert

»Unter all den Errungenschaften des letzten Jahrhunderts einschließlich jener Entdeckungen und Entwicklungen, die selbst unsere Begriffe von Raum und Zeit verändert haben, ist vielleicht keine von so tiefer Bedeutung und weitreichendem Nutzen wie die Emanzipation der Frauen.« (DAG HAMMARSKJÖLD)

Mit der Beschreibung des Lebenszyklus in den Stammeskulturen wurden einige Aspekte jener Lebensformen aufgezeigt, die das kulturelle, soziale, religiöse und historische Erbe der Afrikaner bestimmen. Die große Unterschiedlichkeit der politischen, wirtschaftlichen und sozialen Verhältnisse in den jungen Staaten Afrikas läßt eine Voraussage, welche dieser Traditionen sich erhalten werden und welche nicht, zumindest als verfrüht erscheinen. Eins steht jedoch fest: Im großen und ganzen sind die Afrikaner nicht bereit, ihre Traditionen ohne weiteres den Anforderungen einer modernen, wettbewerblich orientierten Entwicklungspolitik zu opfern. Vor allem in den ländlichen Gebieten mit ihren zahlenmäßig kleinen Wohngemeinschaften und einer Agrarwirtschaft, die sich bisher in ihrer Form und Methode wenig verändert hat, sind die Traditionen viel stärker erhalten als in den größeren Städten, wo die Lebensbedingungen und die sozialen Strukturen völlig anders sind. Um die Probleme und Schwierigkeiten der sich jetzt vollziehenden großen Umwälzungen zu begreifen, müssen einige besondere Aspekte berücksichtigt werden:

Im Vergleich zu den westlichen, auf technischen Fortschritt und wirtschaftliche Entwicklung eingestellten Kulturen erscheinen die afrikanischen Stammeskulturen von einer »statischen« Lebensauffassung getragen zu sein. Sitten und Gebräuche, Glauben und Gewohnheiten haben unverändert die Jahrhunderte überdauert. Der traditionsbewußte Afrikaner hat nur den Wunsch, in derselben Weise zu leben, wie es seine Ahnen taten. Das Bedürfnis nach technischem Fortschritt und wirtschaftlicher Entwicklung wurde ihm durch weltpolitische Veränderungen, Kolonialismus und der vor nichts haltmachenden technologischen Wirtschaftsdynamik eher aufgezwungen. Die Bereitschaft der Frauen Afrikas, an der fortlaufenden Modernisierung ihres Erdteils aktiv teilzunehmen, wird hauptsächlich davon abhängen, welchen Nutzen sie daraus ziehen können – oder welchen Preis sie dafür bezahlen müssen.

Die Methoden und Ziele von moderner Bildung und Wissenschaft stehen oft im Gegensatz zu althergebrachten Glauben und Sitten (Medizin, Hygiene, Ernährung, Technologie, politische Ideologien usw.). Die immer stärker werdenden sozialen Unterschiede zwischen »gebildeten« und »ungebildeten« Mitgliedern innerhalb einer Familie sind zu einem ernsthaften Problem geworden und tragen zu Spannungen und zur Zersplitterung der traditionellen Gesellschaftsformen bei.

Das Leben in den Städten läßt viele Gegensätze noch krasser erscheinen, denn hier leben Angehörige verschiedenster ethnischer Gruppen, Zugewanderte und Ansässige, Gebildete und Nichtgebildete, Arme und Reiche nebeneinander auf engstem Raum, was oft zwangsläufig zu Identitätsverlust, sozialen Vorurteilen, Sittenverfall, Generationenkonflikten, zerrissenen Familien und einer allgemeinen Auflösung der traditionellen kulturellen Werte führt.

Moderne Wirtschaftsstrukturen, die Technisierung von Landwirtschaft, Industrie, Handwerk und Gewerbe dringen immer mehr in die ländlichen Gebiete vor und schaffen weitere Gegensätze zwischen geschulten Arbeitskräften und den nach althergebrachten Methoden arbeitenden »Rückständigen«. Die Geldwirtschaft hat sich zwar noch nicht überall auf den Güteraustausch ausgewirkt, aber sie ist zum Beispiel bereits zu einem wichtigen Faktor bei der Festsetzung des Brautgutes geworden.

Die Industrialisierung hat eine neue Arbeiterklasse hervorgebracht, ein Subproletariat von ungeschulten Arbeitskräften, die Heim und Familie verlassen haben und in die Industriegebiete eingewandert sind, wo sie sich verunsichert und ihres Status und ihrer Würde beraubt fühlen. Diese Menschen haben einen Persönlichkeitsverlust erlitten, der nur schwer ausgeglichen werden kann.
Auch das Erwachen politischen Bewußtseins hat zu großen Veränderungen geführt. Hatte die afrikanische Frau bisher ihre Rolle in der traditionellen Stammesgemeinschaft hingenommen, weil das unveränderliche Gesetz der Tradition es so bestimmte, so muß auch sie sich jetzt in einer für sie völlig neuen Welt mit neuen Strukturen und neuen Wertbegriffen, in der sie neue Aufgaben zu übernehmen und neue Rechte zu beanspruchen hat, eine neue Identität suchen. Im großen Umwälzungsprozeß Afrikas spielt die Frau eine wichtige Rolle, und sie beginnt, sich der Bedeutung ihrer Aufgabe bewußt zu werden. Da ist es nur natürlich, daß sie als Gleichberechtigte am Aufbau der neuen Gesellschaft teilnehmen will.

ANPASSUNGSSCHWIERIGKEITEN DER FRAU AUF DEM LANDE UND IN DEN STÄDTEN

Die Emanzipation und die durch eine neue Lebensweise verursachten Veränderungen haben die afrikanische Frau einiger ihrer traditionellen Vorrechte beraubt und sie oft von dem Ehrenplatz, den sie in ihrer Stammeskultur einnahm, verdrängt. Das trifft besonders in den Städten zu, wo sie sich Gewohnheiten und Umständen anpassen muß, die ihr bisher fremd waren. Das mit dem Besitz von Land und Vieh verbundene Gefühl relativer Geborgenheit ist verschwunden und jener Unsicherheit gewichen, die der Existenzkampf in den Städten mit sich bringt. Ein solcher Wechsel bedeutet für Frauen, die sich plötzlich vor ungewohnte Aufgaben gestellt sehen, eine schwere psychische Belastung, die noch

durch die Tatsache verstärkt wird, daß die alte und die neue Kultur miteinander unvereinbar sind.
Immerhin lehnen immer mehr junge Afrikanerinnen die ihnen von den Stammeskulturen zugedachte Rolle ab, und diese Haltung ist etwa das afrikanische Gegenstück zur Frauenbefreiungsbewegung in Europa und Amerika. Viele Mädchen verlassen ihre Dörfer, um die Schule in der Stadt zu besuchen, und kehren nie zurück.
An der Elfenbeinküste ziehen siebenmal mehr Frauen in die Städte als Männer. In Kenia sind 40% der Sekundärschüler und 10% der Überseestudenten Mädchen. Andere arbeiten als Verkäuferinnen, Schreibkräfte oder Büroangestellte. In Monrovia (Liberia) sind die meisten Taxifahrer Frauen, und in Nigeria dienen viele von ihnen bei der Polizei.
Die in den Städten lebende »emanzipierte« Frau muß oft mehr an sozialem Ansehen und Status einbüßen, als sie neu gewinnen kann. Gewiß, sie hat sich von vielen Verboten und Beschränkungen, die ihr in den Stammeskulturen auferlegt waren, befreit, aber sie hat damit auch manche Vorrechte aufgegeben.
In den Stammeskulturen wurde die Frau ihr Leben lang fast wie eine »Unmündige« behandelt. Zuerst unterstand sie der Autorität ihres Vaters und dann der ihres Mannes oder des Bruders ihrer Mutter (in den matrilinearen Gesellschaften). Sie schuldete ihrem Manne Gehorsam, und ihr Status war niedriger, aber andrerseits bot ihr das Leben in Sippe und Gemeinschaft wiederum gewisse Vorteile, die zur Stärkung ihres Ansehens und ihres Selbstbewußtseins beitrugen.
In vielen Völkerstämmen verschaffte die Institution des Brautguts der Ehefrau wirtschaftliche Sicherheit. Denn sie war es, die ihren Brüdern erst die Möglichkeit gab, sich ihrerseits zu verheiraten, weshalb sie auch innerhalb ihrer Familie ein gewisses Prestige genoß, das sich dort noch erhöhte, wo man sie als ein Bindeglied zu den weiblichen Ahnen betrachtete, deren Einfluß auf die Fruchtbarkeit ihrer Töchter als ausschlaggebend galt.
In den Städten ist die Solidarität der Familiengemeinschaft

34 *Frauen in der Nationalgarde von Sudan*

35 *Delegierte bei der regionalen Konferenz über afrikanische Frauen- und Erwachsenenbildung im November 1962 in Senegal*

36 *Krankenschwester in Togo*

anderen Lebensformen gewichen. Brüder und Schwestern wohnen oft weit voneinander entfernt, und die junge Frau lebt in einer Umwelt, in der ihr sozialer Status von ganz anderen Faktoren abhängt. Oft muß die werktätige Frau ihre Kinder nach Hause aufs Land schicken und verliert dadurch das Ansehen, das sie im Dorfe als Erzieherin ihrer Nachkommenschaft genoß.

Auch Bildungsmangel ist in der Stadt ein fast unüberwindbares Hindernis zu sozialem Aufstieg und läßt die Zugewanderte in einem Getto, das ihr schließlich weder traditionelle noch moderne Werte zu bieten hat.

Die wirtschaftliche und soziale Unsicherheit, der Statusverlust und die ungenügenden Arbeitsmöglichkeiten in der Stadt führen zu weiteren Problemen, wie dem der Prostitution und des sozialen Elends.

Die physischen und nervlichen Belastungen des Stadtlebens machen es den Angehörigen der niedrigen Einkommensgruppen äußerst schwierig, einen harmonischen und geregelten Haushalt zu führen, und nur die höher bezahlte Eliteschicht kann sich annehmbare Wohnungen leisten.

Die Lebensbedingungen in den Städten sind bisher äußerst unbefriedigend. Meist leben zu viele Menschen auf engstem Raum beieinander, es fehlt an Parks und Erholungsplätzen, und Nahrung, Miete und Transportmittel sind gewöhnlich sehr teuer.

Gewiß bieten die städtischen sozialen Einrichtungen wie Krankenhäuser und Schulen bessere Dienstleistungen, als man sie in ländlichen Gebieten findet, und die Bequemlichkeiten, Vergnügen, geistigen Anregungen und größeren Freizeitmöglichkeiten mögen besonders anziehend auf berufstätige Frauen wirken, aber die Lage in den Städten stellt an die ärmeren Schichten äußerst harte Anforderungen und setzt sie schier unlösbaren Problemen und ständigem Druck aus. Schon deshalb ist anzunehmen, daß der größte Teil der Frauen in den Städten weniger glücklich ist als auf dem Lande.

Wer allerdings den oberen Schichten angehört oder eine feste Anstellung hat, wird das Stadtleben weniger mühsam und viel angenehmer finden.

In den ländlichen Gebieten herrscht immer noch eine Bedarfsdeckungswirtschaft vor, die sich allerdings allmählich zu einer Erwerbswirtschaft entwickelt. Die Frauen auf dem Lande sind ganz an ihre althergebrachten Beschäftigungen gebunden und haben weder Zeit noch Motivation, sich anderweitig nach Arbeitsmöglichkeiten umzusehen.

Äthiopien ist ein Land, in dem die Traditionen besonders tief verwurzelt sind, weshalb die sozialen Strukturen innerhalb der sehr verschiedenartigen Stammeskulturen sich auf dem Lande und in den Städten noch immer sehr ähnlich sind.

Soziale Institutionen, gemeinsame Bräuche, der gemeinsame historische Hintergrund also, haben die Gegensätze zwischen Stadt und Land zwar etwas abgeschwächt, trotzdem bietet die Stadt weniger sichere Lebensbedingungen. Die oft falsch verarbeiteten Ideen haben die Bereitschaft geschaffen, alles Althergebrachte zu verwerfen und sich neuen Werten und Begriffen zuzuwenden, was sich nicht immer zum Vorteil der Betroffenen auswirkt. Eine so tiefgehende Umwälzung erfordert kritisches Unterscheidungsvermögen und die Fähigkeit, sich gefühls- und verstandesmäßig den veränderten Umständen anzupassen. Heim und Familie sollten dafür der geeignetste Ausgangspunkt sein.

Es kann nicht genug hervorgehoben werden, daß die Familie nun einmal die Grundlage jeder gesellschaftlichen Ordnung ist. Gerade sie ist aber im Prozeß der sozialen Umwälzung am meisten bedroht. Im Gegensatz zu den westlichen Verhältnissen lebt die jüngere afrikanische Frau nicht allein in ihrem eigenen Heim. Erst wenn sie alt ist und den ehrenvollen Rang einer Schwieger- oder Großmutter einnimmt, hat sie ein wirkliches »Daheim«.

Heute beginnen die Frauen, sich gegen die Polygamie aufzulehnen und ihr Recht auf ein eigenes Heim zu fordern.

Natürlich hat es auch in früheren Zeiten Frauen gegeben, die als Stammesoberhäupter oder deren Beraterinnen ein hohes Ansehen genossen, aber meist gelangten sie zu solchen

Würden erst, als sie alt waren. Heute dagegen wollen die meisten Frauen als gleichberechtigte Partner an allen die Familie und den Staat betreffenden Entscheidungen aktiv teilhaben.

Der Kampf der Frau um ihre Rechte in Familie und Gesellschaft ist die Grundlage der Revolution des heutigen Afrika. Die oft wechselnde politische Lage in den neuen Staaten des schwarzen Erdteils kann diesen Kampf mehr oder weniger begünstigen, und die erzielten Fortschritte stehen nicht immer im direkten Verhältnis zu den Bemühungen der Frauen selbst, sondern sind oft das Ergebnis ideologischer, religiöser oder wirtschaftlicher Einflüsse.

Die rasche technische Entwicklung, die Errungenschaften der Wissenschaft und das Vordringen der modernen Geldwirtschaft bis in die Gebiete, wo bisher nur Bedarfsdekkungswirtschaft und Tauschhandel herrschten, stellen die Frau vor neue Aufgaben, deren Bedeutung und Tragweite sie nicht ohne einen angemessenen Lernprozeß erfassen kann. Es ist notwendig, daß sie sich diesen Strukturen anpaßt und lernt, sie zu ihrem Vorteil zu benutzen.

Nur so kann sie sich ihr Leben angenehmer gestalten, die ihrer Aufgabe als Mutter innewohnenden Gefahren für Leben und Gesundheit mindern und einen gerechten Verdienst für ihre Arbeit erwirken.

Das Vordringen der Geld- und Lohnwirtschaft hat zu Veränderungen geführt, die sich stark auf das afrikanische Familienleben auswirken. Wie überall ziehen immer mehr junge Menschen in die Städte, weil sie das Leben dort abwechslungsreicher und aufregender finden. Aber in den Städten sind die Wohngelegenheiten räumlich beschränkt, und man kann die vielköpfige Sippe mit all ihren Onkeln, Tanten, Vettern, Kusinen, Großeltern und all den anderen Angehörigen nicht unter einem Dach unterbringen. In den kleineren Familieneinheiten, in denen man nun lebt, ändern sich viele Gewohnheiten, deren Wert man vielleicht früher zu gering eingeschätzt hatte. Meist bleiben die Großeltern in den Dörfern, und die jungen Eltern in der Stadt stehen, wenn beide arbei-

ten, vor der Wahl, entweder ihre Kinder zu den Großeltern aufs Land zu schicken und ihnen die Erziehung zu überlassen oder ein Kindermädchen anzustellen – was sich nur die wenigsten leisten können.
Nicht zu unterschätzen ist auch der starke Einfluß der Massenmedien (Rundfunk, Fernsehen und Zeitung) auf die jungen Leute, die oft wahllos alle Informationen in sich aufnehmen, weil ihnen jede Anleitung zu besserem Verständnis und einer ihren Bedürfnissen und Neigungen entsprechenden Auswahl fehlt. Hier ist vor allem die traditionelle Erziehungsmethode verantwortlich, die mehr Wert auf Gehorsam und Respekt vor der Autorität der Älteren legt als auf eigenes Denken. Diese Einstellung ist so verbreitet, daß immer noch die Meinung vorherrscht, junge Menschen hätten sich mit ihren Lebensumständen abzufinden, ohne darüber nachzudenken.
Das Leben in den Städten hat sich auch auf die Institution der Ehe ausgewirkt. Die Ehe ist den ältesten, starrsten und konservativsten Gesetzen unterworfen, und die mit ihr zusammenhängenden Bräuche haben sich nur unwesentlich verändert. Dagegen hat sich jedoch die Einstellung zur Ehe um so mehr gewandelt. Autorität und Einfluß der Schwiegerfamilie werden immer mehr in Frage gestellt, die Stellung der Frau in ihrem Heim ist zu einem Streitpunkt innerhalb der Sippengemeinschaft geworden, und auch die Institution des Brautgutes ist seit langem Gegenstand heftiger Debatten. Einerseits wird behauptet, die Eltern hätten ein Anrecht auf Rückzahlung des für die Erziehung ihrer Tochter aufgewendeten Geldes, andererseits wird gerade für die Tochter mehr Sicherheit in Form einer angemessenen Mitgift gefordert, da man in einer Gesellschaft lebe, in der die verschiedenen Formen der Ehe die Frauen größeren Gefahren aussetzten.
Auch das Verhältnis zwischen den Ehegatten ist nicht mehr das gleiche wie früher. War der Mann einst der unumstrittene Herr im Hause und die Frau seine gehorsame Dienerin, so findet sich die Frau heute nicht mehr mit blindem Gehorsam ab. Daher geschieht es immer häufiger, daß junge Ehe-

paare sich über ihre Entscheidungen gemeinsam beraten und sich um gegenseitiges Verständnis bemühen. Ein solches Verhalten wird vor allem von den Schwiegereltern selten gutgeheißen, aber die heutige Generation hat sich zur Kommunikation entschlossen, und wo sie versagt, versagt auch die Ehe. Eine zerbrochene Ehe wirkt sich aber gerade in der Stadt viel schlimmer auf die Situation der Frau aus, da der Rückhalt in der Familie fehlt.

Früher genügte es, der Sippe Treue und Anhänglichkeit und der Schwiegerfamilie Gehorsam und Respekt zu bezeigen, um in Harmonie und Geborgenheit leben zu können, aber die neue Entwicklung zu einer neuen, verkleinerten Familieneinheit hat die Eheleute viel stärker aneinander gebunden und die Ehe zu dem gemacht, was sie seit Jahrhunderten in Europa ist, nämlich zu einem Bund ausschließlich zwischen zwei Einzelpersonen. Allzuoft wollen die Schwiegerfamilien diesen Loyalitätswandel nicht anerkennen und fühlen sich nach der Heirat ihrer Kinder ungerecht behandelt und vernachlässigt.

Daß ein solcher Wandel jahrtausendealter Sozialbegriffe und Traditionen sich nicht schmerzlos und von einem Tag auf den anderen vollziehen kann, versteht sich. Je harmonischer aber dieser Prozeß abläuft, desto größer sind die Chancen, daß die positiven Aspekte der alten Familienstruktur in die neue Form der Familie hinübergerettet werden.

Die Stellung, die sich die Afrikanerin im Laufe der letzten Jahre auf wirtschaftlichem Gebiet erobert hat und die sie nicht nur äußeren Umständen, sondern zum großen Teil ihren tradierten Fähigkeiten verdankt, ist ebenfalls ein Faktor, der zu veränderten Auffassungen hinsichtlich der Ehe geführt hat.

Etwa die Hälfte der afrikanischen Bevölkerung sind Frauen, aber erst jetzt wird man sich in Afrika allmählich ihrer hervorragenden Bedeutung als Arbeitskräfte bewußt.

Unter anderem haben die Erfahrungen des letzten Weltkrieges in Europa dazu beigetragen, daß man überall die Arbeitskraft der Frauen mehr und mehr für den Wirtschaftsprozeß nutzte. Heute wissen die Frauen sehr wohl, welche Rolle sie in der Entwicklung ihres Landes spielen und welchen Einfluß sie dabei geltend machen können. Fast überall nehmen sie die Möglichkeit wahr, sich als ungelernte, geschulte oder hochqualifizierte Arbeitskräfte einen Lebensunterhalt zu verdienen oder mit ihrem Verdienst zum Unterhalt ihrer Familie beizutragen. Für die afrikanische Frau ist das ein Fortschritt von ganz besonderer Bedeutung. Bis vor verhältnismäßig kurzer Zeit arbeitete sie, ohne dabei Geld zu verdienen. Heute erntet sie die Früchte ihrer Arbeit, und wenn sie klug ist in der Wahl ihres Ehepartners und der Art des Ehevertrages, verfügt sie frei über das Geld, das sie sich verdient. Frauen sehen die Ehe heute aus einer neuen Perspektive. Dagegen hat sich die Einstellung der Männer zur Ehe wenig verändert, auch wenn sich ihr Bild von der Frau zwangsläufig gewandelt hat, da Frauen heute sehr viel weniger duldsam und passiv sind.

Durch ihre zunehmende wirtschaftliche Unabhängigkeit sieht die Frau in der Ehe keine absolute Notwendigkeit mehr. In der afrikanischen Gesellschaft herrscht jedoch immer noch der Glaube vor, daß jeder Mensch sich irgendwann verheiraten müsse. Deshalb hat man kein Verständnis dafür, daß manche Mädchen ein unabhängiges Leben als unverheiratete Frau führen wollen. Der Typ der unverheirateten Frau, die beruflich Karriere macht, ist heute in Afrika keine Seltenheit mehr.

DIE AFRIKANISCHE FRAU IM ARBEITSLEBEN

Die wirtschaftliche Rolle der Frau

Die Wirtschaftskommission der Vereinten Nationen für Afrika in Addis-Abeba stellte fest, daß die Gesetze den Frauen in Afrika die meisten staatsbürgerlichen und politischen Rechte zuerkennen. Sie genießen also weitgehende Gleichberechtigung.

Der Weg zur Gleichberechtigung kann durch die Industrialisierung der Wirtschaft behindert werden, wenn die Frauen nicht voll als Arbeitskräfte integriert werden, bei gleichzeitiger Berücksichtigung ihrer althergebrachten Arbeitsmethoden, die ebenfalls einer behutsamen Modernisierung bedürfen. Den wachsenden Ungleichheiten zwischen Land und Stadt muß entgegengewirkt werden. Auch heute noch verrichten die Frauen in Afrika den größten Teil der landwirtschaftlichen Arbeiten und können deshalb viel seltener als die Männer in die Städte wandern. Neben Viehzucht und Ackerbau treiben die afrikanischen Frauen vor allem Handel oder verdienen ihr Geld mit Lohnarbeiten. Die Lebensmittelproduktion lag schon in den Stammeskulturen fast ausschließlich in der Hand der Frau. Natürlich hat es auch Ausnahmen gegeben, aber sie sind selten. In Gabon z. B. arbeiten die Frauen mehr als zweihundert Tage im Jahr auf den Feldern, während die Männer dort nur einige Tage verbringen. Man hat geschätzt, daß sechzig bis achtzig Prozent aller landwirtschaftlichen Arbeiten in Afrika von Frauen ausgeführt werden.

Zwei weitere Aufgaben stehen in Afrika fast ausnahmslos den Frauen zu: das Wassertragen und das Holzsammeln. Neuzeitliche Bewässerungsanlagen auf den Feldern und Wasserleitungen in den Dörfern haben viele Frauen von dieser Last erlöst. So ersparen heute Brunnen in einer bestimmten Gegend Äthiopiens den Frauen vieler Dörfer einen zehnstündigen Marsch. Dank der guten Wasserzufuhr können außerdem zusätzliche Ernten eingebracht werden, verbesserte hygienische Verhältnisse die Bevölkerung vor vielen bisher kaum zu bekämpfenden Krankheiten schützen und neue Kochmethoden der Frau die häusliche Arbeit leichter machen.

Straßenverbindungen zu den Marktplätzen kommen allen zugute und geben der Frau die Möglichkeit, sich ein kleines aber regelmäßiges Einkommen durch den Verkauf von Gemüse und Handarbeiten zu sichern. Auch das wachsende Angebot von Konsumgütern wie Stoffe, Kleider, Geschirr, Töpfe usw. befreit die Frau von vielen Arbeiten, die sie bisher selbst ausführen mußte.

Allerdings haben diese neuen technischen und wirtschaftlichen Errungenschaften für die Frau auch Schattenseiten. Die neuen landwirtschaftlichen Arbeitsmethoden können Frauen unversehens zu Opfern des technischen Fortschritts machen. Die planmäßige Bewirtschaftung des Landes hat vielerorts dazu geführt, daß die Frauen härter und länger als zuvor arbeiten müssen, ohne daraus einen wirtschaftlichen Vorteil ziehen zu können. In anderen Fällen droht die Mechanisierung die Frau aus dem landwirtschaftlichen Produktionsprozeß zu verdrängen und ihre Abhängigkeit dadurch zu verschlimmern. Hier einige Beispiele:

In der Zentralafrikanischen Republik besteht die Tätigkeit der Frauen dort, wo die althergebrachten Methoden herrschen, zu 55 Prozent aus landwirtschaftlichen Arbeiten, in einem Dorf, wo moderne Techniken eingeführt worden sind, verbringen sie 68 Prozent ihrer Arbeitszeit auf den Feldern. In Lesotho und Swasiland, wo man die Fruchtwechselwirtschaft eingeführt hat, um eine höhere Produktion zu erzielen, sind die Frauen gezwungen, das ganze Jahr hindurch auf den Feldern zu arbeiten, was ihnen den Besuch von Erwachsenenschulen und Frauenversammlungen, wo sie lesen und schreiben, Ernährungshygiene, Kinderpflege, rationelle Gartenwirtschaft und Handgewerbe erlernen können, erschwert. In Kamerun sind die Felder, auf denen die Frau das Gemüse für ihre Familie züchtet, so klein und liegen so ver-

streut, daß sie oft meilenweit laufen und die Arbeit ohne jedes Werkzeug verrichten muß. In Kenia werden seit der Mechanisierung der Landwirtschaft viel weniger Arbeitskräfte gebraucht, worunter wiederum vor allem die Bäuerin zu leiden hat.
Auch die Rolle der Frau als Haushaltsvorstand in den ländlichen Gegenden ist ein Faktor, der berücksichtigt werden muß. In Kenia unterstehen 31 Prozent der ländlichen Haushalte einer Frau; in Botswana, wo die Männer in die südafrikanischen Minen abwandern, untersteht jeder fünfte Haushalt einer Frau, und in Mali ist die Frau Vorstand von 16 Prozent aller Familien.

Bildungs- und Schulungsmöglichkeiten

Es wird wohl noch einige Zeit vergehen, bis die Mädchen und Frauen Afrikas als gleichberechtigte Partnerinnen die wirtschaftliche Entwicklung ihrer Länder mitgestalten. Die zunehmenden Schulungs- und Bildungsmöglichkeiten für Mädchen und Frauen jeder Altersklasse sind jedoch ein ermutigendes Zeichen. Heute werden die Primarschulen zu 30 bis 50 Prozent von Mädchen und Frauen besucht, auf den Sekundarschulen ist der Prozentsatz niedriger, nimmt aber ständig zu. Und in den Alphabetisierungsklassen sind die Frauen oft in der Mehrzahl – aus dem guten Grunde, weil sie in fast allen afrikanischen Ländern auch die Mehrheit der Analphabeten sind.
Die Berufsschulung für Frauen und Mädchen, die ihnen neue Möglichkeiten in der Ausübung ihrer landwirtschaftlichen oder gewerblichen Tätigkeiten geben oder ihnen neue Berufszweige eröffnen sollte, ist jedoch noch sehr ungenügend. Die für Mädchen und Frauen bestimmten Schulungskurse sind meist auf die haushälterischen Tätigkeiten beschränkt, was schon deshalb nicht genügt, weil z. B. die Frauen auf dem Lande über die Hälfte ihrer Zeit mit Feldarbeit, Viehzucht und Handel verbringen.
Das Bild, das man sich heute noch von der Frau in Afrika

macht, entspricht nicht ihren wahren Lebensbedingungen, und die Dürftigkeit ihrer Ausbildungsmöglichkeiten bestätigt nur diese falsche Einschätzung.

Einige Ansätze lassen jedoch die Hoffnung zu, daß man allmählich davon abkommt, die Berufsausbildung der Frau ausschließlich auf haushälterische Aufgaben zu beschränken, und dazu übergeht, ihr alle beruflichen Wege zu öffnen. Kenia, Nigeria, Tansania, Sierra Leone und Uganda bieten den Frauen heute die gleichen Ausbildungsmöglichkeiten für landwirtschaftliche Berufe wie den Männern. Einige Länder haben ihre agrarischen Beratungszentren den Frauen geöffnet. In Jugendgruppen wie die der »jungen Farmer« werden auch Mädchen aufgenommen. Auch die Cooperativen zählen viele weibliche Mitglieder, die sich aktiv nicht nur am Konsum, sondern auch an der Produktion, der Güterverarbeitung und der Markterfassung beteiligen. In manchen Schulungskursen lernen die Frauen, aus ihrem handwerklichen Können und den Produkten ihrer Gartenarbeit besseren Nutzen zu ziehen. Kleine Industriebetriebe bieten ihnen ein regelmäßiges Einkommen. So weben jetzt Frauen in Swasiland, die seit Generationen Bastmatten hergestellt hatten, Wagensitze in Massenproduktion für den südafrikanischen Markt. Sie lernen Nähen und erhalten kleine Kredite zum Ankauf von Nähmaschinen und zur Miete erschwinglicher Arbeitsstätten. Gleichzeitig lernen sie Produktions- und Verkaufsmethoden, so daß sie marktgerechte Ware produzieren können und nicht mehr auf die ausbeuterischen Zwischenhändler angewiesen sind, die ihnen früher den ganzen Verdienst wegnahmen.

Im großen und ganzen werden diese kleinen ländlichen Industrien allerdings mit zu wenig Phantasie betrieben – z. B. bauen sie ihren Vertrieb nicht genügend aus –, um entwicklungsfähig zu sein.

In den Städten hat es eine Frau ohne Ausbildung immer schwerer, eine Lehrstelle zu bekommen, da die Arbeitgeber den durch die häufigen Schwangerschaftsurlaube entstehenden Geldverlust nicht einkalkulieren wollen. Erwähnt sei

auch die verhältnismäßig große Anzahl von Mädchen, die frühzeitig die Schule verlassen. Da sie wenigstens lesen und schreiben können, glauben sie, nunmehr der »gebildeten« Schicht anzugehören, und weigern sich, in ihre Dörfer zurückzukehren.
Viele Länder haben im Rahmen ihres Entwicklungsprogramms staatliche Berufsschulen eingerichtet, da diese aber sehr kostspielig sind, ist die Anzahl der zugelassenen Schüler noch verhältnismäßig gering. Solche Projekte gibt es bereits in Kenia, Botswana, Tansania und Nigeria, und in anderen Ländern sind sie in Vorbereitung. Wenn man die Arbeitskraft der Frauen für das Entwicklungsprogramm wirklich nützen will, so wird es notwendig sein, die wachsende Anzahl der Mädchen, die nach dem Schulabschluß gemeinsam mit ihren Brüdern auf Arbeitssuche sind, zusätzlich praktisch auszubilden. Gegenwärtig hat ein Mädchen in der Stadt nur sehr wenig Möglichkeiten, sich seinen Lebensunterhalt zu verdienen. Zusammenfassend kann man sagen, daß die Ausbildungsmöglichkeiten für Frauen und Mädchen noch ungenügend sind und ihnen nicht gestatten, im Maße ihrer Fähigkeiten am Entwicklungsprozeß Afrikas aktiv teilzunehmen.
Eine von der UNICEF in Mali durchgeführte Untersuchung über die tägliche Arbeit der Frauen auf dem Lande läßt deutlich erkennen, wie schwierig es ist, die Mädchen und Frauen in den Bildungsprozeß einzubeziehen und den fast überall in Afrika vorherrschenden Analphabetismus (im Durchschnitt zwischen 85 Prozent und 95 Prozent) zu bekämpfen. Die Mädchen helfen ihren Müttern von klein auf bei der Arbeit, und der Ablauf des Tages sieht etwa so aus:

4.30 Uhr: Aufstehen.

4.30–6.00 Uhr: Wasserholen. Zubereitung des Frühstücks, das meist aus Resten des Abendessens besteht. Waschen der Kinder. –

6.00–10.00 Uhr: Geschirrwaschen. Hirsestampfen. Pflücken von Gemüse und Blättern für die Mahlzeit. Wäschewaschen. Fußmarsch zum Markt, Einkaufen und Rückmarsch (ein oft sehr langer Weg, da die Märkte nur in den größeren Zentren stattfinden).

10.00–15.00 Uhr: Essentransport auf die Felder. Feldarbeit auf dem eigenen Stück Land oder als Hilfe des Mannes. Pflügen, Jäten, Pflanzen usw.

15.00–18.00 Uhr: Brennholz für das Abendessen sammeln. Sammeln von wilden Früchten und Mandeln für die Butterzubereitung.

18.00–20.00 Uhr: Wasserholen. Hirsestampfen. Den Hof fegen. Abendessen zubereiten.

20.00–21.00 Uhr: Baumwolle kämmen und spinnen.

Wenn die Frau auch heute auf dem traditionellen Wirtschaftssektor eine aktive Rolle spielt, so ist sie vom modernen Sektor weitgehend ausgeschlossen, was der Entwicklungspolitik letztlich nur schaden kann. Mittel und Wege müssen daher gefunden werden, um die Frauen mehr und mehr in das moderne Wirtschaftsleben einzubeziehen.

Händlerinnen und Geschäftsfrauen

In den größeren Städten Westafrikas besitzen viele Frauen ihre eigenen Geschäfte. Meist handeln sie mit Textilien, die sie en gros in Europa kaufen und im Einzelhandel in ihren Läden und Geschäften oder auf den Märkten in den Dörfern wieder verkaufen. Andere handeln mit Lebensmitteln oder Palmenöl, besitzen ihre eigenen Lastwagen, leben in Villen und lassen ihre Kinder in England oder Frankreich erziehen. Die meisten dieser »Handelsprinzessinnen« sind Analphabeten oder verfügen nur über rudimentäre Kenntnisse im Lesen und Schreiben. In manchen Fällen sind die Frauen in ihren Geschäften viel erfolgreicher als die meisten ihrer männlichen Konkurrenten. Einige Frauen in Ghana verfügen über ausgedehnte Kredite bei Überseefirmen und betreiben Import- und Exportgeschäfte. Eine dieser Frauen, die heute eine Nahrungsmittelkonservenfabrik leitet, hat ihr Geschäft

mit ganz geringen Geldmitteln angefangen. Am erfolgreichsten sind jedoch die Frauen der Westküste Afrikas im Textilhandel, und einige dieser sogenannten Marktfrauen beziehen ein sehr hohes Einkommen.
Die Frauen Afrikas betreiben Handel sowohl auf kleinster als auch auf internationaler Basis. Die »Marktfrauen« Westafrikas sind geradezu zu einer Legende geworden. Nachforschungen in Ghana haben ergeben, daß etwa 80 Prozent der Dorffrauen Handel treiben. Einige Frauen in Lagos (Nigeria) haben Geschäfte mit Zweigniederlassungen in Liberia, Sierra Leone und Ghana, aber die Mehrzahl der handeltreibenden Frauen betätigen sich als Wiederverkäuferinnen, Hausiererinnen und Marktfrauen.
Die Statistiken zeigen, daß in Ghana 28 Prozent der Frauen und nur 6 Prozent der Männer im Handel beschäftigt sind. In Accra, der Hauptstadt Ghanas, sind es sogar 90 Prozent und in Koforibua, einer ghanesischen Stadt von etwa 30000 Einwohnern sind 70 Prozent der Frauen im Handel tätig. In Lagos, Nigeria, gibt es 15 mal soviel Händlerinnen wie Näherinnen und Schneiderinnen, die ihnen zahlenmäßig an zweiter Stelle folgen. In Dakar, Senegal, ist der Prozentsatz fast ebenso hoch. Auch in Zaïre, Rhodesien, Sambia und Malawi liegt der Handel ebenfalls überwiegend in den Händen der Frauen, dagegen aber gehören in den Städten Ostafrikas die meisten Ladengeschäfte Indern, und dort sind überhaupt mehr Männer als Frauen auf diesem Gebiet tätig. Allerdings sind in Uganda trotz traditioneller Vorurteile 40 Prozent der Markthändler Frauen. Im allgemeinen jedoch findet die ostafrikanische Frau ihre Haupteinnahmequelle im Verkauf von Bier. Man findet zwar auch in Kampala einige Verkäuferinnen in den afrikanischen Ladengeschäften, aber der Verkauf von Bier erfreut sich immer noch bei den Frauen der größten Beliebtheit. Der Handel ist also vor allem in Westafrika für die Frauen von großer wirtschaftlicher Bedeutung.
Warenhäuser und Supermärkte beginnen inzwischen auch in Afrika den Markt zu erobern und gefährden den Kleinhandel. Allerdings sind Waren und handwerkliche Artikel

oft auf den offenen Märkten billiger, da diese weniger von der Inflation der Preise abhängig sind. Der Kleinhandel entspricht also immer noch wahren Bedürfnissen und wird sich wohl noch eine Weile halten können. Trotzdem muß man sich fragen, wie sich diese Entwicklung auf die Händlerinnen auswirken wird. Tatsächlich sind viele dieser Frauen de jure oder de facto für ihren Haushalt verantwortlich und müssen für den Unterhalt ihrer Kinder sorgen, während andere einen wesentlichen Beitrag zum Familieneinkommen leisten müssen. Auch in normalen Ehen ist es oft üblich, daß die Frau für ihr eigenes Einkommen und das ihrer Kinder sorgt, was z. B. bei den *Yoruba* in Nigeria und in den mutterrechtlichen Gesellschaften vieler Länder Afrikas der Fall ist.

Wie sieht heute die wirtschaftliche Lage der afrikanischen Frau in den Städten aus? Mit dieser Frage hat sich der kanadische Soziologe ALF SCHWARZ beschäftigt. Er hat 16 Arbeiterinnen einer Textilfabrik in Kinshasa (Zaïre) interviewt und berichtet im *Canadian Journal of African Studies* darüber:

»Nehmen wir z. B. die Marktfrauen. Man erwähnt gern und oft ihre wirtschaftlichen Erfolge, aber es scheint mir, daß man die Rolle des Handels als begünstigenden Faktor des wirtschaftlichen Aufstiegs der Frau überschätzt hat. Gewiß haben sich einige Frauen durch ihre Handelstätigkeit soziales Prestige und einen höheren Status erobert, aber im allgemeinen hat der Handel kaum zu einer Verbesserung der Lage der Frauen in den Städten beigetragen. Das ist durch einige Tatsachen klar belegt: im Jahr 1952 waren etwa 70 Prozent der Frauen in den Städten im Handel tätig. Wie sollten da all diese Frauen so bemerkenswerte Gewinne erzielt haben? Hinter den wenigen Ausnahmefällen verbirgt sich nähmlich die Tatsache, daß leider die meisten Marktfrauen arm geblieben und unzufrieden sind. 45 Prozent der interviewten Fabrikarbeiterinnen sind früher Marktfrauen gewesen, und von ihnen hörte ich folgendes:

›Der Handel ist zu mühsam, ich muß stets schwere Lasten auf dem Kopf tragen, und die Sonne ist zu heiß.‹

›Ich habe Chikwangue verkauft und zubereitet, es riecht sehr schlecht, und das Geld, daß ich dafür bekam, lohnte die Mühe nicht.‹

›Mit dem Handel hat man nie sein Geld beisammen, aber in der Fabrik bekomme ich es alles auf einmal.‹

›Im Handel kann man viel verdienen, wenn man Glück hat, aber man hat halt nicht immer Glück.‹

Der Handel ist nicht unbedingt Ausdruck neuer weiblicher Privilegien, er ist viel öfter nur ein Vorwand, Beschäftigungslosigkeit und Arbeitslosigkeit zu verbergen. Der Kleinhandel ist die einzige Tätigkeit, bei der man kein Anfangskapital, berufliche Ausbildung oder Eignung, Geld, festen Wohnsitz oder Schutz braucht. Frauen, die weder über Besitz noch Bildung verfügen, die keinen Zugang zu anderen ehrbaren Berufen haben und nicht einmal in einer Fabrik arbeiten können, stehen vor keiner anderen Wahl. Die Anzahl der Frauen, die sich entschlossen haben, ihren Lebensunterhalt aus illegalen Einnahmen zu bestreiten, ist beeindruckend. In den afrikanischen Städten gehen die meisten Frauen immer irgendwelchen kleinen Geschäften nach, und unter ihnen gibt es immer mehr Prostituierte und ›freie Frauen‹. 72 Prozent der interviewten Fabrikarbeiterinnen erklärten ganz offen, daß sie Prostituierte waren.

Die meisten Frauen arbeiten, weil sie für ihre Kinder, Brüder, Schwestern, Eltern, arbeitslose Ehemänner und Liebhaber sorgen müssen. Während in Kinshasa 82 Prozent der Frauen über 15 verheiratet sind, lebten nur 1,5 Prozent der Fabrikarbeiterinnen in ehelichen Verhältnissen. 30,9 Prozent sind geschieden und 48,5 Prozent sind Konkubinen. Viele von ihnen wurden verstoßen, weil sie schwanger waren, von ihren ehemaligen Männern mißhandelt oder zur Prostitution gezwungen.

Über ihre Zukunftspläne befragt, drückten 72 Prozent der Frauen den Wunsch aus, sich eines Tages selbständig zu machen und ein Geschäft oder ein Handwerk zu betreiben. Aber meistens waren diese Hoffnungen utopisch und spiegelten nur das wider, was ihnen ihre Männer beigebracht hatten. In Wirklichkeit sah kaum eine dieser Frauen eine andere Möglichkeit als die, in der Fabrik zu bleiben. ›Gott hat mich hierher gebracht, so muß ich also bleiben.‹ ›Wenn man einmal arbeitet, dann muß man halt bleiben, selbst wenn man unglücklich ist. So ist es nun einmal.‹ ›Hier komme ich nie mehr weg, niemals, außer, ich finde einen Mann, der mir hilft.‹

Diese Frauen, die oft zu den Opfern jener Männer wurden, die sie selbst auszubeuten glaubten, sehen immer noch in der Ehe mit einem ehrbaren Mann den einzigen Ausweg aus ihrer Misere, obgleich sie wissen, daß dieser Wunsch nie in Erfüllung gehen wird.

Was hat diesen Frauen das Leben in der Stadt und die Unabhängigkeit eingebracht? Verachtet, ausgestoßen, ausgebeutet und ausgenutzt, leben sie ohne jede Hoffnung auf eine bessere Zukunft. Sie sind nicht etwa, wie man glauben mag, die Produkte einer neuen emanzipierten Gesellschaft, sondern eher die Opfer der wirtschaftlichen Entwicklung.«

Beruf und Familie

Die berufstätige Frau ist heute in Afrika keine Seltenheit mehr. Verheiratete und unverheiratete Frauen arbeiten als Krankenschwestern, Lehrerinnen, Sekretärinnen und Büroangestellte sowohl in staatlichen als auch in privaten Betrieben. Aber sie sind auch in Berufen tätig, die früher ausschließlich den Männern vorbehalten waren, und man findet sie als Ärztinnen, Apothekerinnen, Physiotherapeutinnen, Laborantinnen, Rechtsanwältinnen, Magistraturbeamte, Parlamentsabgeordnete, man findet sie in hohen Verwaltungsposten, politischen Organisationen, Zeitungsredaktionen, Ministerien usw.

Die Frauen haben bewiesen, daß sie den Männern ebenbürtig sind, weshalb heutzutage viele Familien ihren Töchtern ebenso ein Studium zu ermöglichen versuchen wie ihren

Söhnen. Auch manche Ehemänner sind tolerant genug, ihre Frau nach Übersee an eine Universität zu schicken, damit sie sich dort bessere Berufschancen erwirbt. Noch wichtiger als alle diese Fortschritte ist vielleicht die Tatsache, daß die Frau heute als ebenbürtige Partnerin ihres Mannes die Zukunft der Kinder planen und Entschlüsse fassen kann, die früher ausschließlich dem Manne vorbehalten waren.

Die Soziologen behaupten oft, daß die Verstädterung und die Industrialisierung zu der in Europa üblichen Kleinfamilie führen, was ein allmähliches Verschwinden der traditionellen Familienstruktur bedeuten würde. Demnach würde es weniger polygame Ehen und weniger Kinder geben, und die neue Ehe wäre auf mehr Gleichberechtigung und gegenseitigem Verständnis aufgebaut. Aber das sind vorläufig nur Mutmaßungen und Spekulationen, denn in ihnen wird weder der Unterschied zwischen lang- und kurzfristigen sozialen Veränderungen, noch der Ursprung und die Vielfältigkeit der afrikanischen Stammeskulturen berücksichtigt. Sie sind eine Voraussage, die sich einzig und allein auf die Übergangsphase einer Entwicklung stützt. Schließlich hängt das Familienleben in den afrikanischen Städten nicht nur von äußeren zeitgegebenen Umständen ab, sondern auch von der kulturbedingten Mentalität der Frau und ihrer Einstellung zum Leben in der Stadt. Die sozialen Veränderungen beschränken nicht, sondern erweitern die Möglichkeiten einer individuellen Wahl bezüglich der Rechte und Pflichten, der Erziehungsmethoden und des Lebensstils, die ein Familienleben ausmachen. Die Entwicklung einer neuen einheitlichen Familienstruktur ist bisher nicht zu erkennen, und sie ist auch nicht zu erwarten, denn die Vielfalt und Gegensätzlichkeit der Auffassungen bieten dafür keinerlei Voraussetzung.

Um die Entwicklung neuer Lebensformen in den Städten zu verstehen, muß man zwei bei der Frau vorherrschende Tendenzen berücksichtigen. Die eine ist ihr tiefverankertes und andauerndes Solidaritätsgefühl zu ihrer eigenen Familie. Diese Solidarität ist oft stärker als die ehelichen Bindungen.

Die Frau hat immer noch mehr Vertrauen zu ihrem Vater, ihren Onkeln, Brüdern oder Vettern als zu ihrem Ehemann. Die zweite ist die *weibliche* Solidarität, die auch oft stärker als die eheliche ist. Das erklärt auch in vielen Fällen, warum die Frauen die Polygamie nicht ablehnen, sondern eher versuchen, aus der ihnen in dieser Form der Ehe gebotenen Rolle größeren Nutzen zu ziehen. Allerdings kann die weibliche Solidarität zuweilen recht widersprüchlich sein.

Die matrifokalen Familiengruppen (Familien, in denen die Frau Vorstand und Ernährerin ist), die vorwiegend feministisch sind, verkörpern sowohl den Typ der emanzipierten als auch den der verlassenen Frau, als Opfer von Konflikten zwischen Stammeskultur und moderner Lebensweise.

Es gibt eben nicht nur einen Frauentyp in den Städten Afrikas. Hier wie überall hängt die Anpassung des Einzelmenschen ebenso von der Umwelt, der Vergangenheit und dem traditionsbedingten Erbe wie vom Ehrgeiz und den Wünschen für die Zukunft ab.

Der kanadische Soziologe Guy Bernard berichtet über die Situation in Kinshasa (Zaïre):

> »Für die Frau ist die Stadt nicht der Ort, der ihr größere Freiheit bietet, sondern eher einer, an dem sie noch stärker der Willkür und Autorität ihres Ehemannes unterworfen ist, da sie hier nicht die Möglichkeit hat, bei ihrer eigenen Familie Schutz und Trost zu suchen. Mit dem Verlust ihrer wirtschaftlichen Unabhängigkeit hat sie an Selbstvertrauen im täglichen und häuslichen Leben eingebüßt. Sie gehört nicht mehr zur Gesellschaft der Frauen, die in den Dörfern noch eine wahre politische Macht ausübt.
>
> Sie ist oft nicht einmal mehr die bevorzugte sexuelle Gefährtin ihres Mannes, da die Stadt ihm volle moralische Freiheit gewährt. Die Ehe ist nur noch auf die Autorität des Mannes aufgebaut, und die Frau ist in Abhängigkeit verfallen. Die enttäuschende eheliche Situation wird oft noch durch das Fehlen gesellschaftlichen Verkehrs verschlimmert, und schließlich bleibt der Frau nichts anderes übrig, als sich in ihr Schicksal zu fügen. Sie verliert sogar ihren

Vornamen, denn ihr Mann nennt sie nur noch *mama na bana*, Mutter der Kinder. Ihre einzige Hoffnung ist, daß ihre Töchter es wenigstens einmal besser haben werden, nachdem sie die Schule besucht haben.
Die Emanzipation der Frau in den afrikanischen Städten scheint mir eher ein Thema für Kongressansprachen, Zeitschriftenartikel oder politische Propaganda zu sein als der Begriff einer Realität. Weder die Lohnarbeit, die fast ausschließlich alleinstehenden Frauen vorbehalten ist, noch der Handel geben ihr die Möglichkeit, sich zu behaupten. In der Stadt kennt sie nur ihre nächste Umgebung und den Markt, auf dem sie einkaufen geht. Trotz der offiziell proklamierten Gleichheit der Geschlechter lebt die Hausfrau in Kinshasa oft unter schlechteren Umständen als auf dem Lande.«

Die Frau als Angestellte

Die Anzahl der festangestellten Frauen wächst in den meisten afrikanischen Ländern nur langsam an, in einigen Fällen geht sie sogar zurück. Nur Frauen mit Sekundarschulbildung oder Universitätsdiplomen haben zunehmende Chancen, als Lehrerinnen, Krankenschwestern, Sozialhelferinnen und Büroangestellte Arbeit zu finden. Die Anzahl der in Industrie, Handel und Gewerbe angestellten Frauen hat sich in den meisten afrikanischen Staaten kaum verändert.
Es gibt zwar gewisse Berufsgebiete, die von Arbeitgebern, Politikern und Wirtschaftsplanern als »weibliche Berufe« bezeichnet werden, aber fast alle anderen Wirtschaftssektoren haben sich modernisiert und arbeiten mit importiertem geschulten Personal. Die äußerst niedrige Quote der in diesem Bereich arbeitenden Frauen steht im Gegensatz zu der hohen Anzahl der Feld- und Landarbeiterinnen in den nicht modernisierten Gebieten. Neu eingeführte technische und wissenschaftliche Methoden werden also nicht genügend den Bedürfnissen Afrikas angepaßt und verändern möglicherweise sogar die traditionellen Rollen von Männern und Frau-

en. Die Lage der Frau hat sich aus zwei Gründen zusehends verschlechtert: Ein Drittel aller Familien lebt ganz vom Einkommen der Frau; in den Slums und Elendsquartieren reicht das Gehalt eines Ehepartners nicht aus, um den Kindern Nahrung, Unterkunft und Schulbesuch zu garantieren.
Umfragen in afrikanischen Städten haben ergeben, daß Männer der niedrigen Einkommensklassen es vorziehen, wenn ihre Frau arbeitet, um zum Familieneinkommen beizutragen. Einige der Befragten führten an, daß die Frau auf dem Lande ebenfalls für die Ernährung der Familie verantwortlich sei, und fanden es nur natürlich, daß die Frau dieser Verpflichtung auch in der Stadt nachkommt. Die Erwerbstätigkeit der Frau gilt also in vielen Teilen Afrikas als selbstverständlich.

Prostitution

Was man im Westen Prostitution nennt, ist in den afrikanischen Städten ein weitgefaßter Begriff. Wenn eine Frau in finanziellen Schwierigkeiten sich gelegentlich mit einem befreundeten Mann einläßt und dafür Geld nimmt, so empfindet das keiner der Beteiligten als verwerflich. Um das zu verstehen, muß man sich klarmachen, daß das Geld in Afrika nicht nur ein wirtschaftliches, sondern auch ein soziales Austauschmittel ist. Ein Geldgeschenk fördert soziale Beziehungen, festigt Bindungen, spendet Trost, macht Freude und erhält die Freundschaft. Ein Afrikaner, der nicht völlig unter westlichem Einfluß steht, wird z. B. Blumenspenden und teure Kränze bei einem Begräbnis als eine reine Verschwendung empfinden und es für angebrachter halten, der Trauerfamilie sein Mitgefühl mit einem Geldgeschenk auszudrükken. Auch in den Sippengemeinschaften ist es üblich, sich für gelegentliche Dienstleistungen oder das Ausleihen von Kleidungsstücken und Haushaltsgegenständen bezahlen zu lassen.
Um Mißverständnissen vorzubeugen, wollen wir daher den Ausdruck Prostitution nur auf solche Frauen anwenden, die

sich zeitweilig oder ständig mit dem Verkauf von sexuellen Dienstleistungen ihren Lebensunterhalt verdienen und die zu ihren Kunden keine anderen als sexuelle Beziehungen haben. Trotz der weitgehenden sexuellen Freiheit, die bei einigen Völkern Afrikas seit jeher geherrscht hat, kann man mit ziemlicher Sicherheit behaupten, daß die Prostitution im alten Afrika – wenigstens in der Definition einer reinen Erwerbsfähigkeit – nicht existierte und erst mit der Kolonialisierung eingeführt wurde. Daß sie sich in den Städten stark entwickelt hat und von den meisten Afrikanern heute akzeptiert wird, läßt noch lange nicht den Schluß zu, das »älteste Gewerbe der Welt« habe in Afrika schon immer zum allgemeinen Kulturgut gehört. Ganz im Gegenteil. Die Grundlage aller afrikanischen Traditionen ist die Familiengemeinschaft, der jeder einzelne angehört, die ihm seine Rolle zuweist, für ihn sorgt und alle wirtschaftlichen und sozialen Funktionen regelt. Dort gibt es also weder den sexuell frustrierten Mann, der sich die Liebesdienste einer Frau erkaufen, noch die wirtschaftlich auf sich alleingestellte Frau, die sich ihren Lebensunterhalt damit verdienen muß. In den polygamen Gesellschaften hat der Mann ohnehin genügend Gelegenheit zu sexueller Betätigung. Bei den anderen Völkern wird den jungen Menschen von Kindheit an eine sexuelle Disziplin anerzogen, die sie vor Unbeherrschtheit und Exzessen schützt. Der Begriff der Sexualität ist so eng mit dem der Zeugung und der Pflicht, für Nachkommen zu sorgen, verbunden, daß er wie die Ehe* eine mehr soziale als persönliche Angelegenheit ist.
In den Stammeskulturen steht noch heute das soziale Ansehen stets über allen anderen Werten, und die unverheiratete oder ehebrecherische Dirne verstößt zwangsläufig gegen alle gesellschaftliche Regeln und wird zu einem wahren Ärgernis, wenn sie die Sippe um das erwartete Brautgut bringt, weil kein Sohn einer ehrbaren Familie sie heiraten will. Alle afrikanischen Sozialstrukturen – auch jene, in denen die Frau

* Siehe *Ehe in den Stammeskulturen* S. 173 ff.

wenige oder keine Rechte besitzt – wiesen einst der Frau ausschließlich die Rolle der Ehefrau, Mutter und Arbeitskraft zu. Damit boten sie ihr gleichzeitig ein so hohes Maß an sozialer Sicherheit, daß zur Prostitution keine Notwendigkeit bestand. Das trifft auch dort zu, wo Frauen große sexuelle Freiheit genießen, denn die Prostituierte, die sich jedem hingibt, tut es ja nur, um Geld zu verdienen und nicht, weil sie sexuell frei ist.

In manchen Völkern Afrikas ist die käufliche Liebe etwas so Schandbares, daß Frauen, die diesen Beruf ausüben, sich andere Namen zulegen. Andere Stämme sind so auf ihren guten Ruf bedacht, daß sie ihre Frauen zwangsweise aus den Städten zurückholen und sie zu Hause strengen Verwahrungsmaßnahmen unterziehen. So schließen gewisse Clans der *Banyang* in West-Kamerun solche Frauen von festlichen Anlässen und Tanzfesten aus und verurteilen sie zu Geldstrafen, außerdem dürfen sie an keinem Begräbnis mehr teilnehmen. Natürlich gelten diese Vorschriften nur im heimischen Gebiet. Aber die *Banyang* führten wahre Strafexpeditionen in den Städten des Südens durch, verluden die Frauen auf Lastwagen und brachten sie in ihre Dörfer zurück, wo sie unter die Vormundschaft ihrer Sippenangehörigen gestellt wurden. Sie durften das Dorf nur mit einer Sonderbewilligung verlassen, und man ermahnte sie mit allem Nachdruck, sich zu bessern und sich wieder in ihre Rolle als Mutter und Ehefrau einzufinden. Viele Frauen sind auch wirklich in ihr altes Leben zurückgekehrt.

In Accra (Ghana) leben die Prostituierten in einem besonderen Stadtviertel. Am Abend stehen sie vor den Haustüren und bieten sich den Kunden zur Auswahl an.

Eine besondere Form der Prostitution wird von den *Kotokoli*frauen aus Togo in Accra betrieben, die diesen Beruf mit der Absicht ausüben, Kinder zu bekommen und vorübergehend schnell Geld zu verdienen. Mit ihren Kindern kehren sie dann nach *Kotokoli* zurück.

In Abidjan verdient eine Prostituierte innerhalb von zwei Jahren etwa 300000 Francs. Sie schickt das Geld durch einen

Freund an ihre Familie und kehrt nach den zwei Jahren in ihr Dorf zurück. Die *Hausa-, Fulani-, Moschi-* und *Zerma*frauen, die in Abidjan oder Accra ihr Gewerbe ausüben, sind meist geschieden, haben ein Haus im *Zongo* (dem Stadtteil, in dem die afrikanischen Ausländer leben und der in manchen Fällen größer als die eigentliche Stadt ist) gemietet und nehmen dort Reisende und Fremde als Hausgäste auf. Sie bieten außer Sex auch Unterhaltung, Essen und Musik, und der Gast beschenkt sie mit einer Geldsumme, wenn er weiterzieht. Diese Frauen, die aus allen sozialen Schichten kommen, nennt man *Karuas*.

Auch in Ostafrika hat sich die Prostitution in den Städten stark entwickelt. In Daressalam und Kampala sind es vorwiegend Frauen aus den »christlichen Stämmen« wie dem der *Haya*, die diesen Beruf ausüben. Oft bleiben sie nur so lange, bis sie sich genug Geld verdient haben, und kehren dann in ihre Dörfer zurück, wo sie dank ihrer stattlichen »Mitgift« meist einen angesehenen Ehemann finden können. Die *Kipsigi*frauen in Kenia verlassen ihren Stamm, um sich in den Städten als Prostituierte niederzulassen. Der Ursprung dieses Verhaltens wird darauf zurückgeführt, daß viele europäische Junggesellen sich afrikanische Mädchen »gemietet« haben. Die übrigen Prostituierten sind meist geschiedene oder von ihren Männern verlassene Frauen oder arbeitslose Hausangestellte, die bei Europäern gearbeitet haben.

Bordelle gibt es eigentlich nur in den Städten Südafrikas. Diese *Shebeen* genannten Häuser sind Lokale, in denen illegal gebrautes Bier serviert wird. Die Mädchen animieren die Gäste zum Bierkonsum durch kleine sexuelle Gefälligkeiten, haben aber auch ihre »Kunden«, die sie auf ihre Zimmer mitnehmen.

In Nigeria gibt es eine Gewerkschaft für Dirnen, die ANP (Association of Nigerian Prostitutes). Sie ist in allen größeren Städten vertreten, und ihre Statuten sind äußerst streng. Prostituierte, die nur halbtags arbeiten, und verheiratete Frauen sind ausgeschlossen, außerdem müssen sich die Bewerberinnen zuerst einem Lernkurs von mindestens drei Tagen unterziehen. Mitgliedsbeiträge, deren Höhe die Gewerkschaft festlegt, sind obligatorisch. Die Kunden werden angehalten, nicht zu wählerisch zu sein und sich mit einem verfügbaren Mädchen abzufinden, anstatt lange herumzulungern, bis sich die Richtige gefunden hat.

ALF SCHWARZ* hat in Kinshasa einige ehemalige Prostituierte interviewt. Hier sind einige der Aussagen:

»Zuerst haben mir die Männer viel Bier spendiert, und ich hatte schöne Halstücher. Aber viele haben es an Respekt mangeln lassen. Sie wollten mir nicht genug zahlen, und da habe ich's aufgegeben. Jetzt brauche ich mich nicht mehr mit all den Frauen aus der Nachbarschaft herumzuzanken, denn die hassen alle freien Mädchen, weil sie Angst um ihre Männer haben. Jetzt arbeite ich in der Fabrik, und die Männer belästigen mich nicht mehr.«

(Helene, 26 Jahre, zwei Kinder, lebt mit ihrem dritten Liebhaber.)

»Da ich eine Frau bin, die so ein Leben führt, kann mich auch ein Mann lieben, der verheiratet ist. Ich kann seine Konkubine sein. Er nimmt mich, weil ich Geld brauche. Er will mir helfen, so wie er seiner Frau hilft. Aber die wird sich nicht darüber freuen. Sie wird kommen und mich verprügeln, und ihr Mann kann mich jederzeit wieder verlassen, und dann wird's schlimmer um mich stehen, denn er wird mir sicher Kinder machen. Vielleicht gehe ich später in einen Puff. Falls der Chef hier in der Fabrik mich rausschmeißt.«

(Elisabeth, 17 Jahre, lebt mit ihrem Liebhaber.)

»Ich hatte genug, ein Mülleimer für die Männer zu sein. Ich wurde müde und krank, und da bin ich eben in die Fabrik gegangen.«

(Marie Therese, 24 Jahre, lebt allein.)

»Der Freund von meiner Mutter hat mich gezwungen, mit Männern zu gehen, obgleich ich es nicht machen wollte.

* Siehe *Händlerinnen und Geschäftsfrauen* S. 222

37 *Afrikanerinnen posieren für Zigarettenreklame (Kamerun)*

38 *Dessous-Verkäuferin (Elfenbeinküste)*

39 *Aminata Diarra, Ansagerin beim Fernsehen von Elfenbeinküste*

40 *Freizeitvergnügen am Spielautomaten (Elfenbeinküste)*

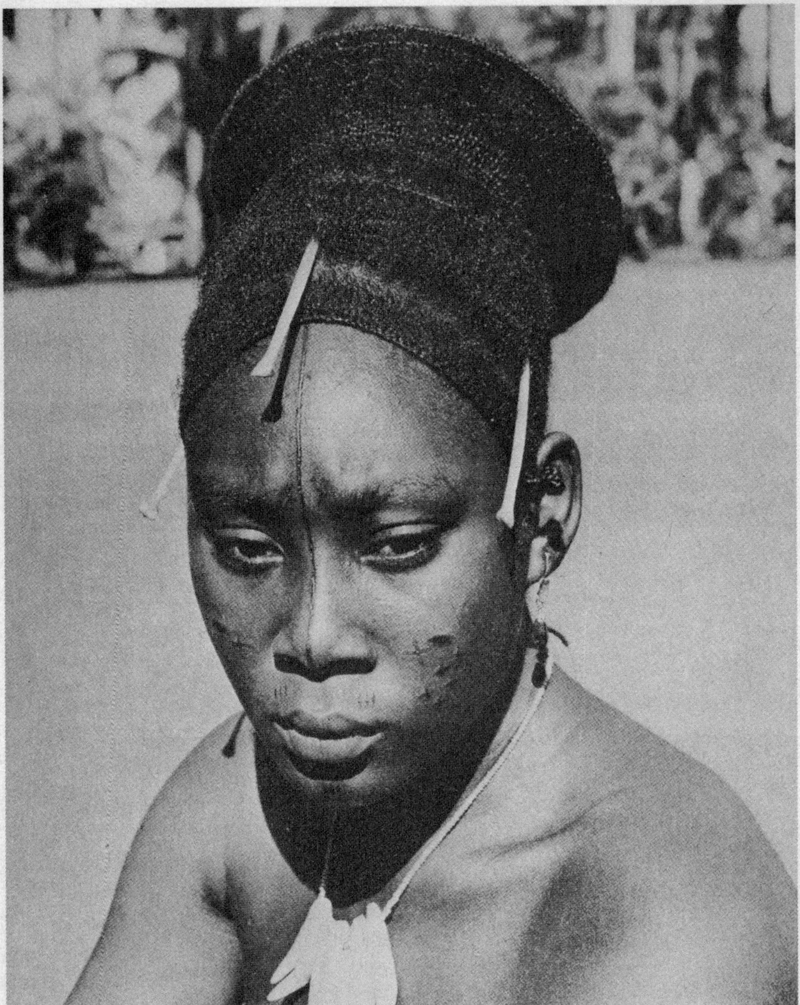

41 *Makerefrau mit traditioneller Haartracht*

Dann wurde ich zweimal schwanger, und dann haben sie mich einfach sitzengelassen. Die Männer wollten nicht mehr zahlen, denn keiner hat Lust, es mit einer zu machen, die von einem anderen schwanger ist. Dann mußte ich eben das Kind gebären, und ich hab's schwer gehabt. Deshalb arbeite ich lieber hier.«

(Marie, 21 Jahre, zwei Kinder, lebt mit einem Liebhaber.)

»Ich mochte diese Männer nicht, besonders seit der Unabhängigkeit. Sie sind alle Bürohengste und kommen sich wie wer weiß was vor, und sie wollen immer nur die jungen Mädchen. Deshalb arbeite ich jetzt.«

(Marguerite, 33 Jahre, zwei Kinder, lebt mit einem Liebhaber.)

»Als ich das Bedürfnis hatte, bin ich mit zu vielen Männern gegangen. Und da hab' ich mich halt dran gewöhnt. Denn das Bedürfnis war groß, ich brauchte viele. Ich hab' mich in den Bars rumgetrieben, denn ich wollte nicht nur einen Mann haben. Deshalb bin ich eine Kuhfrau geworden. Das Ficken war mir einfach zur Gewohnheit geworden. Und es mußte immer wieder jemand anders sein. Aber wenn man dann einmal schwanger ist und das Kind haben muß, dann gehen die Männer zu einer anderen, und man muß warten, bis man wieder trocken ist. Aber das kann ja nicht ewig so weitergehen. Deshalb bin ich dem Rat gefolgt und zu dem weißen Mann gegangen, der Frauen in seiner Fabrik anstellt.«

(Clementine, 27 Jahre, drei Kinder, lebt mit einem Liebhaber.)

»Als ich vierzehn war, hat mir der Mann erzählt, daß er mich liebt. Er hat mir ein Kleid gekauft, dann hat er mich gebeten, zu seinen Brüdern nett zu sein – zu seinem kleinen Bruder und allen anderen. Aber ein Kind wollte er mir nicht machen. Da hat er mich zu einer Kuhfrau gemacht.«

(Valentine, 25 Jahre, zwei Kinder, lebt mit einem Liebhaber.)

Leider sind Prostitution und illegales Brauen von Bier oft die einzigen Erwerbsmöglichkeiten, die der aus ihrer ländlichen

Umgebung gerissenen Frau in der Stadt offenstehen. Diese Frauen sind sich meist ihrer Isolation bewußt und schließen sich deshalb mehr und mehr in gewerkschaftsähnlichen, streng organisierten Verbänden zusammen. Unter den Prostituierten findet man Menschen aus allen Schichten: arbeitslose Mädchen, Büroangestellte, verheiratete Frauen, geschiedene Frauen, Studentinnen, Schulmädchen und in zunehmendem Maße auch Knaben.

Frauen in der Armee

Überall, wo die Völker Afrikas gegen Unterdrückung, Ausbeutung oder gegen fremde Invasionen kämpfen, haben auch die Frauen zu den Waffen gegriffen. In den Befreiungskriegen in *Angola, Guinea Bissau* und *Mosambik* haben sie in allen Organisationen an der Seite ihrer Männer gekämpft. Anläßlich des Weltkongresses der Frauen 1969 in Helsinki verlas die Delegation der Freiheitskämpferinnen Angolas eine Erklärung, in der es u. a. heißt: »Angesichts der barbarischen Unterdrückung durch die Kolonialherrschaft hat der Kampf um die Rechte der Frau nicht mehr die gleiche Bedeutung wie anderswo. Es geht nicht mehr um die Frage der Anerkennung unseres Rechtes auf wirtschaftliche Gleichberechtigung, und es geht auch nicht um ›gleichen Lohn für gleiche Arbeit‹, denn unsere Männer sind ja der gleichen furchtbaren Ausbeutung ausgesetzt. (. . .) Heute kämpfen wir an der Seite unserer Männer, Brüder und Söhne für die Unabhängigkeit unseres Landes, für die Rückkehr von Glück und Frieden in unsere Dörfer und Städte und für die Freiheit unserer Kinder. Dafür sind wir bereit, jedes Opfer zu bringen, und wir kämpfen mit der Waffe, wo es sein muß. Viele von uns haben sich den Guerillakämpfern angeschlossen.« Ich zitiere diese Erklärung, weil sie typisch für die Einstellung vieler Afrikanerinnen zur Frauenrechtsfrage ist und das Erwachen eines starken Nationalbewußtseins zeigt. Es wäre irrig, anzunehmen, daß die Afrikanerin von Natur aus militaristisch ist. Nur in ganz wenigen Ländern werden Frauen zum Militärdienst eingezogen und auch nur, wenn es um die Existenzfrage geht. Die historischen Beispiele der Amazonenheere und der gegen die deutsche Kolonialmacht kämpfenden *Herero*frauen beweisen allerdings, daß die Frauen Afrikas trotz aller kolonialistischen, religiösen und kulturellen Einflüsse sich ein Selbstbewußtsein und ein Verantwortungsgefühl bewahrt haben, das ihnen den Kampf um Gleichberechtigung und Freiheit in einem anderen Licht erscheinen läßt als der Europäerin. Gegner der Afrikanerinnen sind nicht ihre Männer, sondern diejenigen, die Unterdrückung und Ausbeutung nach Afrika gebracht haben.

DIE FRAU IN FAMILIE UND GESELLSCHAFT: BRUCH MIT DER TRADITION?

Geburtenkontrolle

Die Verbreitung moderner Methoden der Empfängnisverhütung hat die Lage der Frau entscheidend verändert. Geburtenkontrolle und Familienplanung geben ihr die Möglichkeit, besser über ihre Zukunft zu bestimmen und sich ihrer Ausbildung oder ihrem Beruf zu widmen. Allerdings gibt es keine einheitliche Politik der Familienplanung, und es hängt ganz von den Eheleuten selbst ab, ob sie modernen Methoden zugänglich sind oder die alten Traditionen einhalten. Die Ansichten über Geburtenkontrolle gehen weit auseinander. In vielen Entwicklungsländern begegnet man den vom Westen eingeführten und angepriesenen Methoden mit großem Mißtrauen, weil man der Ansicht ist, daß ein Bevölkerungsrückgang nur im Interesse der Industriestaaten, nicht aber der, zum Teil sehr dünn besiedelten, afrikanischen Länder ist. Dazu kommt ein wirtschaftliches Problem, denn Verhütungsmittel wie die »Pille« sind eine schwere Belastung für das Familienbudget. In vielen Stammeskulturen bedienen die Frauen sich überlieferter Abtreibungsmittel aus Pflanzen und Kräutern, die oft nur ihnen bekannt sind. Die Wirksamkeit dieser Mittel ist erwiesen, während andere empfängnisverhütende Praktiken wie ein in die Scheide eingeführter Tuchlappen oder Magie weniger verläßlich sind. Auch der Koitus Interruptus wird häufig bei vorehelichen oder außerehelichen Beziehungen praktiziert.*

Die Abtreibung hat sich vor allem in den Städten zu einem wachsenden Übel entwickelt, denn es gibt bisher kaum irgendwo eine gesetzliche Regelung, die dafür sorgt, daß solche Eingriffe nur von geschulten Ärzten oder Hebammen ausgeführt werden. Wie überall ist auch in Afrika die Zahl der jährlichen Opfer der illegalen Abtreibung nicht bekannt; daß sie ein bedenkliches Ausmaß angenommen hat, muß aber angenommen werden.

Der senegalesische Journalist CLAUDE MASSEMBA schreibt in der Frauenzeitschrift AMINA:

> »Zahlreiche Afrikanerinnen wollen oder wagen es nicht, ihre Schwangerschaft zum Ende zu bringen. Die Abtreibung wird in den verschiedensten sozialen Schichten und unter den abscheulichsten Umständen praktiziert. Die meisten derer, die abtreiben, sind Prostituierte, aber das ist eine Frage, die getrennt behandelt werden sollte. Viele junge Mädchen und Frauen lassen solche Eingriffe über sich ergehen. Warum? Manche tun es, weil sie sich vor Spott und Schande fürchten, denn in vielen Gebieten Afrikas ist eine unverheiratete Mutter Gegenstand öffentlichen Spotts und Verachtung. Andere fürchten die Reaktion der Eltern, die vielleicht für sie eine gute Ehe geplant haben. Andere wieder sind von ihren Liebhabern verlassen oder verstoßen worden, und sich allein mit einem Kind durchzuschlagen, ist ein schweres Unterfangen. Und was hat man gegen die Abtreibung unternommen? Soweit ich informiert bin, hat kein afrikanischer Staat diesbezügliche Maßnahmen getroffen. Aber dieses Übel erfordert strenge gesetzliche Maßnahmen. Ich zögere

* Siehe *Die Stammeskulturen* S. 45 ff.

nicht, für jene Frauen, die ihre Schwangerschaft hätten verhüten können, die Todesstrafe zu fordern.«

Ich zitiere diesen Artikel, weil er mir typisch für eine weitverbreitete Mentalität zu sein scheint. Die Erfahrung hat gezeigt, daß man diesem Übel nicht mit Drohung und Strafe beikommen kann, denn es ist – wie Herr Massemba es selbst indirekt eingesteht – ein soziales Problem, das nur gelöst werden kann, wenn die Frau sich ihren gleichberechtigten Platz in der Gesellschaft erobert hat und nicht mehr von der Willkür einer phallokratisch orientierten Meinungsbildung abhängt.

Medizin und Magie

Am Beispiel der »Liebesmittel« läßt sich am besten jenes Zusammenwirken von hypnotischer Suggestion, Aberglauben und gewissen medizinischen Kenntnissen illustrieren, das man als »Magie« bezeichnet. In den meisten Stammeskulturen spielt die Magie in allen Phasen des Lebens eine wichtige Rolle. Sie kann sowohl schützend als vernichtend wirken, und die, die die Gabe oder die Kenntnisse besitzen, sich ihrer zu bedienen, werden verehrt und gefürchtet, denn sie können ebenso Gesundheit, Fruchtbarkeit, Wohlstand und Glück bringen wie Krankheit, Tod, schwere Not und Unheil. Forschungen haben ergeben, daß z. B. den *Zulu* die Wirksamkeit und Funktionen der wichtigsten Drüsen und Organe des menschlichen und tierischen Körpers (wie Herz, Leber, Milz, Galle, Blut und Drüsensekretionen) wohlbekannt sind, und die von ihnen verwendeten Kräuter enthalten biochemische Substanzen, deren sich auch die wissenschaftliche Medizin bedient.

Allerdings haben die zuweilen recht skrupellosen Methoden der Medizinmänner, die auch vor einem Mord nicht zurückschrecken, um sich die nötigen menschlichen Organe zu verschaffen, dazu geführt, daß diese Praktiken fast überall offiziell verboten und in die Illegalität verdrängt worden sind. Was die Liebesmittel betrifft, so werden sie ohnehin heimlich hergestellt und z. B. dem nichtsahnenden Ehemann in die Nahrung gegeben. Andere Mittel, die die liebeshungrige Frau selbst einnimmt, sollen sie in den Augen des Ehemannes begehrenswert erscheinen lassen. Es kann sich um Riechessenzen oder blut- und hautreinigende Abführmittel handeln oder um Mittel, die psychisch wirken und Selbstsicherheit verleihen. Es gibt aber auch gefährlichere Praktiken. Nicht selten verwendet der enttäuschte Liebhaber Drogen mit hypnotischer oder halluzinogener Wirkung, um sich seiner Angebeteten zu bemächtigen, die sie in den Wahnsinn oder zum Selbstmord treiben können.

Was wir mit dem Wort »Magie« bezeichnen, ist in Afrika ein überaus weitgefaßter Begriff, der schon wegen der in unseren Sprachen ungenügenden Terminologie häufig zu Mißverständnissen führt.* Die Beamten der Kolonialverwaltungen und die Missionare haben fast immer nur die negativen Aspekte der mit der Magie zusammenhängenden Riten und Praktiken hervorgehoben und sie in ihrer Gesamtheit als Kannibalismus und Quacksalberei verdammt, aber heute beginnt auch die medizinische Wissenschaft den unbestreitbaren Wert eines großen Teils der afrikanischen Heilkunst anzuerkennen. So sagte DR T. A. LAMBO, der stellvertretende Generaldirektor des Genfer Weltgesundheitsamts (WHO): »Ganz ohne Zweifel sind einige der sogenannten Zauberer oder Medizinmänner, die ich lieber als traditionelle Heilpraktiker bezeichnen möchte, ebenso nützlich und wertvoll wie die Psychotherapeuten oder Psychiater in der westlichen Welt. Es gibt nicht nur eine einzige, allein seligmachende Medizin.« DR LAMBO, der aus Nigeria stammt, hat sich eingehend mit dieser Materie befaßt. Psychische und psychosomatische Krankheiten sind in Afrika sehr häufig, und oft haben die traditionellen Heilpraktiken erstaunliche Resultate erbracht. Die Medizinmänner der *Kisii* in Kenia führen an ihren Patienten sogar Schädeloperationen durch, die genau der im Westen üblichen Trepanation entsprechen. Sie wollen

* Siehe *Die Stammeskulturen*, S. 45 ff.

den bösen Geist durch die Öffnung des Schädels entweichen lassen, erzielen aber die gleiche Wirkung wie westliche Operateure.
Die Frauen betätigen sich weniger häufig auf diesem Gebiet, aber oft wirken sie als Weissagerinnen, Orakel und Regenmacherinnen. In gewissen Geheimgesellschaften (wie die der *Sande* in Sierra Leone*) lernen sie neben Gesang, Tanz, Kochen und Ehepflichten auch, wie man sich die Zuneigung des Gemahls erhält, wie man hext und Hexen fängt und wie man sich verschiedener Gifte bedient.
Mit der modernen Entwicklung hat natürlich auch die wissenschaftliche Medizin und Hygiene in Afrika große Fortschritte gemacht. Aber in den meisten Ländern ist die Anzahl von Ärzten und geschultem Personal noch sehr ungenügend, Krankenhäuser gibt es fast nur in den Städten, und die Beschaffung von Apparaten und Medikamenten ist sehr kostspielig. Außerdem ist die »magische« Medizin fast überall noch so tief in den Traditionen verankert, daß es lange dauern wird, bis man auf sie verzichten kann. Und inzwischen ist es durchaus möglich, daß die Wissenschaft den Wert einiger der alten Heilmethoden anerkennt und weiterführt.

Auf der Identitätssuche

In den afrikanischen Staaten, die erst vor verhältnismäßig kurzer Zeit ihre Unabhängigkeit erlangt haben, ist man besonders bemüht, sich eigener kultureller Werte bewußt zu werden, und in diesem Stadium erwachenden Nationalgefühls reagiert man oft sehr empfindlich auf fremde Einflüsse und Produkte, besonders, wenn sie von der ehemaligen Kolonialmacht kommen.
So tadelt man oft und gern jene Afrikanerinnen, die sich europäischer Kosmetika bedienen und sich nach westlicher Mode kleiden. Man wirft ihnen vor, die Europäerinnen nachzuäffen und die eigene Kultur zu verleugnen.

* Siehe *Pubertät*, S. 132

Vor allem Perücken, Cremes zur Aufhellung der Haut und Haarglättungsmittel, die ja alle zur Abschwächung typisch afrikanischer Merkmale beitragen, werden kritisiert. Einige Regierungen haben sogar die Werbung für solche Erzeugnisse in der Presse verboten und ein besonderes Amt für Nationalkultur geschaffen, das für die Erhaltung »guter« Traditionen sorgen soll.

Ein interessanter Aspekt dieses Kulturstreites ist der Anspruch auf Überlegenheit der afrikanischen Kulturen gegenüber denen des Westens. Die einst von ihrer Überlegenheit und ihrer zivilisatorischen Sendung überzeugten Europäer haben als Eroberer systematisch alle afrikanischen Bräuche als unmoralisch, ungesund oder primitiv verworfen und die Menschen gezwungen, nach europäischem Muster zu leben. So waren z. B. unter der britischen Herrschaft Dinge wie Hexerei und Viehraubzüge verboten und andere wie die Polygamie, die traditionelle Heilkunst, das Tanzen und die Beschneidung der Mädchen wurden moralisch verurteilt. Stets waren die Europäer direkt und indirekt den afrikanischen Kulturen mit Verachtung begegnet.

Die Afrikaner haben diese Haltung natürlich als eine Demütigung empfunden und nun, da die jungen Staaten zu einem neuen Nationalbewußtsein erwacht sind, aber immer noch infolge ihrer wirtschaftlichen Unterlegenheit dem Westen gegenüber Minderwertigkeitsgefühle hegen, besinnen sie sich mit um so größerem Stolz auf die moralischen und geistigen Werte, die sie vor den materialistisch eingestellten westlichen Völkern auszeichnen.

Besonders heftigen Angriffen sind die Frauen ausgesetzt, die sich nach europäischer Mode kleiden und in der offiziellen tansanischen Regierungszeitung *Standard* hieß es sogar:

> »Das Zurschaustellen von Hunden und anderen Haustieren mit Preisverleihung für die besten Zuchtobjekte ist nichts Außergewöhnliches. Jene Veranstaltungen jedoch, bei denen Frauen wie Vieh gemustert und ausgezeichnet werden, sind mit der tansanischen Kultur und ihrem Anspruch auf Menschenwürde unvereinbar.«

Die *Malawi News*, das offizielle Organ der Malawi Congress Party schrieb:

> »Das von der Regierung erlassene Verbot der Miniröcke und Minikleider kam zu rechter Zeit, denn diese teuflische Mode muß ein für allemal aus unserem Lande verschwinden.«

In einem Leserbrief an den *East African Standard* hieß es:

> »Im Westen kann man überall im Minirock erscheinen, ohne anstößig zu wirken. Aber hier leben wir in einer anderen Gesellschaftsform. Hier glauben wir noch an Anstand, und eine wahre Dame wird sich nicht vor anständigen Mitmenschen entblößen.«

MR. MOI, der Vizepräsident von Kenia bezeichnete die Hot Pants als ein groteskes, den Frauen schlecht anstehendes und unerwünschtes Kleidungsstück, das zur Demoralisierung des Landes beiträgt. Er warnte, Kenia sei kein Abladeplatz für dekadente fremdländische Moden.

Die afrikanischen Sozialisten sehen in Modekleidern und Kosmetika Produkte des westlichen Kapitalismus, die den Aufbau des Sozialismus untergraben.

In Kenia wurden die in Regierungsstellen arbeitenden Frauen aufgefordert, längere Röcke zu tragen oder sich anderswo nach Arbeit umzusehen. Der Präsident von Sambia, KENNETH KAUNDA verordnete, daß die Röcke bis mindestens 7,5 cm unter das Knie reichen müssen, und DR. HASTINGS BANDA, der Präsident von Malawi verbot den Frauen, Lippenstift zu benutzen, sich das Haar zu glätten, die Fingernägel zu bemalen und Hosen oder Shorts zu tragen.

Dieser Puritanismus erstreckt sich sogar bis auf alte Traditionen. So wurden die *Massai* aufgefordert, sich nicht mehr nackt zu zeigen und sich den europäischen Touristen nicht mehr für »obszöne« Photos zu stellen. Die Überempfindlichkeit dem westlichen Urteil gegenüber hat zu solchen Widersprüchen geführt. Auf der einen Seite will man die Traditionen erhalten, auf der anderen »modern« sein. Die Frauen tadelt man, weil sie sich zu sehr verändern, die Stammesangehörigen, weil sie an alten Sitten festhalten.

Die Städterinnen leisten diesen Maßnahmen Widerstand, weil sie meinen, daß die Männer ihnen in dieser Beziehung in nichts nachstehen. So schrieb eine Zeitungsleserin:

»Die Männer wollen nicht, daß wir uns das Haar glätten. Aber warum laufen sie denn regelmäßig zum Friseur, um sich einen Spezialhaarschnitt machen zu lassen, wenn sie soviel Wert auf Natürlichkeit legen? Warum lassen sie sich das Haar nicht einfach wachsen? Ich finde nichts dabei, wenn eine Frau sich das Haar glätten läßt. Unsere Männer benutzen Rasiercreme und alle möglichen anderen Kosmetika, und ich bin überzeugt, daß sie sich auch schminken würden, wenn die Europäer es täten. Sie machen alles den Europäern nach und sollten deshalb lieber aufhören, uns ständig zu kritisieren.«

Eine andere Frau schrieb:

»Ich bin der ständigen Krittelei an uns Frauen müde. Wer kritisiert überhaupt? Die Männer. Aber wer äfft die Europäer am meisten nach? Wer trägt westlich geschnittene Anzüge, weiße Hemden und Krawatten? Wer von euch Männern kann der Versuchung widerstehen, sich wie ein großer Herr zu kleiden? Alle sind schuld daran, daß die Kleidung zu einem Attribut der Bildung und des Ansehens geworden ist.«

Der Generalstaatsanwalt von Kenia, CHARLES NJONJO ermahnte die Parlamentsabgeordneten:

»Die Frauen haben das Recht, sich nach ihrem Geschmack zu kleiden. Leider haben wir keine weibliche Abgeordnete im Hause, die den Männern vorwerfen kann, daß einige von ihnen Gesichtscreme zur Schönheitspflege verwenden. Es ist auch bekannt, daß manche Männer sogar roten Lippenstift benutzen.«

Veränderungen im Eheleben

Es ist zwar immer noch allgemein üblich, daß die Eltern die Ehen ihrer Kinder beschließen, aber heute wird die Meinung des Sohnes bei allen vorbereitenden Diskussionen weitgehend berücksichtigt und seine Wahl als ausschlaggebend betrachtet. Oft hat er sich seine Zukünftige bereits ausgesucht und spricht erst mit den Eltern darüber, nachdem er sich der Zustimmung des Mädchens versichert hat. Dann allerdings beginnen die von der Tradition bestimmten Verhandlungen zwischen den beiden Familien. Auch die Eltern des Mädchens erkundigen sich zuerst bei ihr, ob sie den Freier mag, und falls sie Einspruch erhebt, wird er abgelehnt. Kinderehen sind sehr selten geworden.

Der Einfluß christlicher Moralbegriffe hat dazu geführt, daß die Eltern größere Rücksicht auf die Wünsche ihrer Kinder nehmen. Die Abschaffung einiger Initiationszeremonien, die Errichtung von Schulen u.a.m. haben die Kinder eigenständiger werden lassen, und wenn die jungen Leute später auf Arbeitssuche in die Städte und die europäischen Industriezentren abwandern, beginnen sie, die starren heimischen Traditionen als bedrückend zu empfinden, und entziehen sich ihnen.

Ein Symptom dieser neuen Freiheit, das sich stark auf die ehelichen Beziehungen auswirkt, ist die Selbstverständlichkeit, mit der junge Menschen heute voreheliche sexuelle Beziehungen zueinander unterhalten – auch dort, wo früher auf die Unberührtheit der Mädchen besonderer Wert gelegt, wo außereheliche Schwangerschaft als eine Schande angesehen und schwer bestraft wurde.

Heute steht man diesen Dingen toleranter gegenüber und findet es fast natürlich, daß man mit sexuellen Erfahrungen in die Ehe geht, ja die sexuelle Anziehungskraft ist zu einem wichtigen Faktor bei der Brautwerbung geworden. Das Mädchen, das man einmal heiraten will, muß über körperliche Reize verfügen. Zwar geht natürlich jeder seinem persönlichen Geschmack nach, aber im allgemeinen werden kräftig gebaute Mädchen mit starker Brust und festen dicken Schenkeln bevorzugt. Besonders das Gesäß, wenn es sehr augenfällig ist, übt starke erotische Anziehungskraft aus und reizt zu Komplimenten. Überhaupt sind den Afrikanern körperliche Proportionen wichtiger als ein schönes Gesicht.

Die Mädchen geben sich keine besondere Mühe, attraktiv zu erscheinen, außer, daß sie sich häufig das Gesicht und die Beine mit Vaselin oder anderen Fetten einreiben. Die *Kxatla*-mädchen legen großes Gewicht auf Reinlichkeit ihrer Genitalien, damit sie nicht »nach Schweiß riechen« und einen möglichen Freier verscheuchen könnten. Die körperlichen Reize sind jedoch nicht immer genügend. Die meisten jungen Männer verlangen von ihrer Zukünftigen, daß sie außerdem auch andere gute Eigenschaften besitzt. Wie ihre Vorfahren halten sie das Betragen und den Charakter des Mädchens für ebenso wichtig. Sie muß reinlich sein, ihre Hütte sauber und ordentlich halten können, Besucher höflich und gastfreundlich empfangen, den Eltern mit Gehorsam und Respekt begegnen und bei der Nachbarschaft gut angesehen sein. Man achtet zeitig darauf, ob sie faul oder fleißig, zänkisch oder gutmütig ist.

Ein junger Mann, der ernste Absichten hat, besucht die Auserwählte zuerst am Nachmittag, später am Abend. Nur wenn er Sympathie findet, bietet man ihm einen Stuhl zum Sitzen an. Wenn die Eltern des Mädchens ihn nicht mögen, sagen sie es ihm in aller Offenheit, bevor es zu abendlichen Besuchen kommt. Falls der Bewerber sich mit diesem Bescheid nicht abfinden will, wenden sich die Eltern des Mädchens an seinen Vater. Ist er ihnen jedoch recht, so darf er ihre Tochter sogar abends allein in ihrer Hütte besuchen.

Trotz der größeren Freiheiten, die die meisten Eltern heute ihren Kindern gewähren, behält sich die Familie immer noch ein Einspracherecht vor, wenn es um die Wahl eines Ehepartners geht. Besonderen Widerstand hat der Sohn zu erwarten, wenn seine Auserwählte einer nicht ebenbürtigen – oder schlimmer noch – einer den Eltern fremden Familie entstammt, denn die Ehe mit einer »Auswärtigen« entspricht nicht der Tradition, wenn es auch heute nichts Ungewöhnliches mehr ist. In einem solchen Fall wird die Familie mit allen Mitteln versuchen, den jungen Mann umzustimmen, aber da er heutzutage die Möglichkeit hat, sich Geld zu verdienen, kann er schließlich seinen Willen durchsetzen, und die Familie, die z. T. auch auf seinen Verdienst angewiesen ist, wird sich wohl oder übel damit abfinden.

Für ein Mädchen ist es schwieriger, sich gegen den Willen seiner Eltern zu verheiraten. Haben die Eltern noch keinen Mann ausgesucht und findet sich auch kein besserer Freier ein, so mögen sie schließlich einwilligen; ist aber schon eine andere Ehe geplant gewesen, so wird die Tochter auch heute noch oft gezwungen, sich nach den Wünschen ihrer Eltern zu verheiraten.

Die Autorität der Eltern ist zwar geschwächt, keinesfalls aber verschwunden. Heute hat ein junges Paar in den meisten afrikanischen Ländern die Wahl, sich nach dem staatlichen Gesetz – also standesamtlich – oder nach traditionellem Gewohnheitsrecht trauen zu lassen.

Die standesamtlich geschlossene Ehe schließt zwar in den nicht islamischen Ländern die Polygamie aus, bietet aber den Ehepartnern gewisse Vorteile. Vor allem ist die Einwilligung der Familien nicht mehr notwendig, wenn Mann und Frau mündig sind. Auch räumt das Gesetz der Frau Rechte in bezug auf die Kinder ein, die sie nach traditionellem Gewohnheitsrecht nicht besitzt, und sie ist auch im Falle einer Scheidung durch das Gesetz geschützt. Nach dem Gewohnheitsrecht gehören nämlich alle Kinder unwiderruflich der Familie des Vaters an, wenn es sich um eine patrilineare Gesellschaftsform handelt – oder der der Mutter in den matrilinearen Gesellschaften.

In Sambia z. B. darf die Ehefrau über ihren eigenen Besitz und ihr Einkommen frei verfügen, und die Kinder gehören gemeinsam Vater und Mutter an. Auch die Frage des Ehebruchs wird vom Gesetz und Gewohnheitsrecht verschieden beurteilt. Nach dem Gewohnheitsrecht hat die Frau keinen Anspruch auf sexuelle eheliche Treue, ist aber selbst dazu verpflichtet. Das Gesetz billigt ihr diesen Anspruch zu.

Als Scheidungsgründe gelten nach dem Gesetz Ehebruch, Grausamkeit, Verlassen des ehelichen Wohnsitzes usw., während das Gewohnheitsrecht Vernachlässigung, Grausamkeit, Impotenz, längere Haftstrafen des Mannes und

Faulheit, Ehebruch, Unfruchtbarkeit der Frau anerkennt und bei beiden Ehepartnern mangelnden Respekt gegenüber der Schwiegerfamilie, schwere Beleidigungen oder Ausübung von Hexerei.
Nach dem Gesetz kann eine nach Gewohnheitsrecht verheiratete Person sich nicht ohne weiteres mit einer anderen Person standesamtlich trauen lassen. Allerdings schweigt es sich über die Legalität einer nach Gewohnheitsrecht geschlossenen Ehe aus. Dazu sei noch bemerkt, daß den meisten auf dem Lande lebenden Menschen die Möglichkeit, sich nach dem offiziellen Gesetz trauen zu lassen, unbekannt ist. Deshalb werden immer noch die Ehen dort in der Regel nach dem traditionellen Gewohnheitsrecht geschlossen.

Die soziale Stellung der Frau

Die soziale Stellung der Frau im heutigen Afrika hängt zum größten Teil von ihrem Bildungsgrad ab, also ob sie Analphabetin ist, Schulbildung hat oder sogar zur Elite zählt.
Als ungebildet gelten nicht nur jene Frauen, die keine Schule besucht haben, weder lesen noch schreiben können und keine Kenntnisse in Englisch oder Französisch (oder Portugiesisch usw.) besitzen, sondern auch die, deren Schulkenntnisse mangelhaft sind, die sich aber in einer europäischen Sprache verständlich machen können. Dazu kommen die, die sich auf der Schule westliche Gewohnheiten angeeignet haben und sich der westlichen Zivilisation anzupassen versuchen, ohne über eine besondere Ausbildung zu verfügen. Ungebildet sind schließlich auch die, die einige Jahre lang die Schule besucht haben, deren Bildungsgrad aber nicht bis zur Sekundarschule oder einer entsprechenden Berufsausbildung reicht.
Als gebildet gilt dagegen jeder, der eine Sekundarschule oder eine Berufsschule besucht hat und ein dem Abitur entsprechendes Diplom besitzt.
Viele Männer, die in den westafrikanischen Ländern wichtige Stellungen bekleiden, sind in einer rein traditionellen

Umgebung aufgewachsen und haben keine westlich orientierte Erziehung oder Ausbildung genossen. Um dieses soziale »Manko« auszugleichen, ziehen sie es oft vor, eine »gebildete« Frau zu heiraten, die ihnen bei allen sozialen Anlässen zur Seite stehen, europäische Gäste empfangen und die Kinder modern erziehen kann, die sich in gesellschaftlichen Gepflogenheiten, in moderner Kinderpflege und bei den Schulaufgaben ihrer Söhne und Töchter auskennt.

So geschieht es z. B. in West-Nigeria häufig, daß Beamte oder Geschäftsleute sich mit Schulmädchen verloben und für deren Studium aufkommen. Wo gebildete Mädchen schwer zu finden sind, ziehen es die Männer oft vor, sich eine Frau von weither zu nehmen. Viele einflußreiche Afrikaner haben westindische, europäische oder nordamerikanische Mädchen geheiratet, die sie als Studenten in Übersee kennengelernt haben. Andere haben afrikanische Frauen, die aber aus anderen Ländern stammen. So hat z. B. der Mangel an gebildeten Frauen in Zentralafrika dazu geführt, daß viele Männer sich in Südafrika nach einer passenden Frau umgesehen haben, da dort das Bildungsniveau höher ist.

Immer mehr Mädchen wandern mit oder ohne Einwilligung ihrer Eltern in die Stadt ab, um eine Schule zu besuchen, denn je gebildeter eine Frau ist, um so besser sind ihre Berufschancen. Für die Entwicklungsländer gilt das in besonderem Maße. Nach dem Abschluß ihrer Ausbildung weigern die Frauen sich meist, zu ihren Eltern aufs Land zurückzukehren, denn die Möglichkeiten, sich ihr eigenes Geld zu verdienen, sind zu verlockend, und das Leben in der Stadt bietet ihnen Vorteile, die sie zu Hause vermissen würden. Ein Mädchen mit Schulbildung wird sich besonders stark einer Ehe mit einem ungebildeten Mann widersetzen, den ihre Eltern vielleicht für sie ausgewählt haben, und es wird das Leben auf dem Lande als langweilig und hinterwälderisch ablehnen.

Hinter diesen Tatsachen steht ein sehr ernsthaftes Problem, denn der Bildungsunterschied schafft zwischen Kindern und Eltern und Geschwistern fast unüberbrückbare Gegensätze,

die zur Auflösung des gerade in Afrika so starken Familienzusammengehörigkeitsgefühls beitragen, die Autorität der Eltern in Frage stellen und zu neuen sozialen Vorurteilen führen. Natürlich ist es verständlich, daß die jungen Menschen, denen sich im Laufe ihres Studiums so viele neue Horizonte erschlossen haben, wenig geneigt sind, in die Enge und Rückständigkeit ihrer ländlichen Heimat zurückzukehren, aber ebenso verständlich ist auch die Enttäuschung jener, die ihre Kinder in die Stadt geschickt haben, damit sie sich dort ausbilden und sich neue Kenntnisse aneignen können, um dann denen daheim zu besserem Fortkommen und höherem sozialen Prestige zu verhelfen.
Auf dem Gebiet der Bildung tritt der Schock zwischen westlicher Zivilisation und traditioneller Stammeskultur vielleicht am deutlichsten zutage, denn er hat bereits zu einer fortschreitenden Entfremdung zwischen den Angehörigen der verschiedenen Bildungsschichten geführt.
Zur Elite zählen in Afrika alle hohen Verwaltungsbeamte, Minister, Vorsitzende politischer Parteien, Ärzte, Rechtsanwälte, Universitätsprofessoren, Direktoren von Sekundarschulen oder technischer Seminare, Würdenträger der christlichen und islamischen Kirchen und Führer der traditionellen Stammesorganisationen, wie Könige, Fürsten und Stammesoberhäupter.
Der exklusive und konventionelle Charakter der elitären Frauenverbände im heutigen Afrika ist ein typisches Phänomen der jetzigen Entwicklungsphase. Das Ende des Kolonialismus und die politische Unabhängigkeit der neuen Staaten haben eine neue Oberschicht von hohen Beamten und Wirtschaftsführern geschaffen, die die Posten der ehemaligen Kolonialverwaltungen übernommen hat. Dadurch hat auch der Heiratsmarkt ein neues Gesicht erhalten, denn die Ehe ist für die Frau immer noch der einfachste Weg, sich Eintritt in die soziale Oberschicht zu verschaffen, auch wenn sie selbst keine besonderen Voraussetzungen besitzt. Viele Frauen, die früher vielleicht ihr Leben als Nebenfrau in polygamen Ehen gefristet hatten, sind heute monogam mit erfolgreichen

und beruflich hochgestellten Männern verheiratet, führen einen luxuriösen Haushalt und erfreuen sich aller Bequemlichkeiten einer sorglosen Existenz.
Solche Frauen genießen ein Prestige, das etwa dem der herrschenden Fürstin oder Königin in manchen Stammeskulturen gleichkommt.
Allerdings gibt es auch Frauen, die sich dank ihrer eigenen Fähigkeiten Zugang zur Oberschicht verschaffen und die beachtliche Karrieren im Bereich der Politik, des Rechts, der Medizin oder des Erziehungswesens gemacht haben.
Anderseits werden in manchen Ländern Afrikas Angehörige bestimmter ethnischer Gruppen als Elite betrachtet – oder sie betrachten sich selbst als solche –, weil sie traditionelle, soziale und wirtschaftliche Vorrechte genießen. Zu ihnen gehören z. B. die *Amerika-Liberianer*, die zwar nur 1,6 Prozent der Bevölkerung des Landes ausmachen und fast ausschließlich in der Hauptstadt Monrovia leben. Sie sind die Nachfahren der zurückgewanderten Afro-Amerikaner, die 1874 die unabhängige Republik Liberia gründeten, ihr eine nach amerikanischem Vorbild zugeschnittene Verfassung gaben und sich seitdem als führende Schicht im Lande behauptet haben. Obgleich man sich seit kurzem bemüht, der autochthonen Bevölkerung mehr Platz in Verwaltung und Wirtschaft einzuräumen, ist es immer noch ein bedeutender gesellschaftlicher Vorteil, dieser Gruppe anzugehören.
In anderen Ländern haben Kriege, Völkerwanderungen und althergebrachte Traditionen dazu geführt, daß gewisse Stämme, die über längere Zeitabschnitte die anderen Völker beherrscht oder unterjocht haben, sich als »Herrenvolk« betrachten und sowohl wirtschaftliche als gesellschaftliche Privilegien beanspruchen. Lange Auseinandersetzungen und blutige Kriege zwischen den *Bahutu* und den *Watussi* in Ruanda und dem benachbarten Burundi sind in wahre Völkermorde ausgeartet. Unter der belgischen Kolonialverwaltung herrschte zwischen diesen beiden Völkern eine Art von Abkommen, nach dem die ackerbauenden *Bahutu* die viehzüchtenden und kriegerischen *Watussi* als Herrenvolk anerkann-

ten und ihnen soziale und wirtschaftliche Vorrechte einräumten. Nach Erlangung der Unabhängigkeit wollten die *Bahutu* wenigstens in ihrem eigenen Land Ruanda die Herren sein, aber die *Watussi* waren natürlich nicht gewillt, ihre Privilegien aufzugeben. Die *Watussi* betrachten sich auch heute noch als den *Bahutu* überlegen und beanspruchen nach wie vor gesellschaftliche Vorrechte.

Die lange und heldenhafte Geschichte *Äthiopiens*, des ältesten unabhängigen Landes in Afrika, die bis zur legendären Königin von Saba zurückreicht und die ein überaus reiches Kulturgut geschaffen hat, räumt seit Jahrhunderten dem Volk der *Amhara* eine Vorrangstellung ein. Bis vor kurzem bildeten die *Amhara* die Oberschicht der Bevölkerung, aber vielleicht setzt die jüngste politische Entwicklung auch dieser Vorherrschaft ein Ende.

Einige Afrikanerinnen sind dank ihrer Fähigkeiten und Leistungen in führende Stellungen gelangt. Die folgenden Beispiele, die das zeigen sollen, dürfen allerdings nicht darüber hinwegtäuschen, daß es sich leider immer noch um Ausnahmefälle handelt. Man hat in der afrikanischen Presse diesen Frauen einen bedeutenden Platz eingeräumt und stellt sie gern als beispielgebend heraus. Aber zum Teil ist das nur ein Alibi, das den unbefangenen Leser über die wahren Tatsachen hinwegtäuschen soll. So jedenfalls urteilt Frau S. COMHAIRE-SYLVAIN in einem vom Sozialen und Wirtschaftlichen Rat in Addis Abeba veröffentlichten Artikel über »Biographien berühmter Frauen«:

> »Diese weiblichen WER IST WER geben kein genaues Bild des herrschenden Systems, das die afrikanische Frau in einem Zustand der Abhängigkeit einschließt. Die Aufzählung von Biographien jener Frauen, die eine erfolgreiche Karriere gemacht haben, ist durchaus nicht bezeichnend und sagt nichts über die Lebensbedingungen der Frau im schwarzen Afrika aus. Diese Zurschaustellung enthält übrigens ein kritisches Eingeständnis. Denn ist die Aufzählung solcher Erfolge nicht bereits ein Beweis dafür, daß es so wenige gibt? Wenn man die Erfolge zählen kann, müs-

sen dann die Mißerfolge nicht unzählbar sein? Es ist wahr, daß eine sehr beschränkte Anzahl von hochgebildeten Frauen auf den Gebieten der Verwaltung, der Erziehung und der Medizin zu hohen Stellungen gelangt ist, aber es muß nachdrücklich gesagt werden, daß es sich hier um Berufe handelt, die besonders für Frauen geeignet sind und die einen hohen Bildungsgrad voraussetzen.«

MRS. EDDA ELLA CHITALO ist Mitglied des Parlaments in Malawi. Sie ist Sekundarschullehrerin und hat in Australien studiert.

MRS. ANGIE BROOKS aus Liberia vertrat ihr Land als Gesandte bei den Vereinten Nationen und war zeitweilig Vorsitzende der Generalversammlung der UNO.

MADAME JEAN MARTIN CISSE ist Gesandte Guineas bei der UNO.

MISS GAOSITWE CHIEPE vertritt ihr Land Botswana als High commissioner am Hofe von St. James. Sie ist außerdem Gesandte Botswanas für verschiedene skandinavische Staaten.

MLLE. TILO FREY, die Tochter eines Schweizers und einer Afrikanerin aus Kamerun, war das erste weibliche Mitglied des Schweizer Nationalrates.

MRS. ANNIE JIAGGE, die erste Rechtsanwältin Ghanas ist Richter am Obersten Gerichtshof ihres Landes.

MME. AZODOGBEHOU FIDELIA aus Dahomey hat in Paris ihr Studium an der *Ecole Nationale Supérieure des Télécommunications* abgeschlossen und arbeitet als Ingenieur des Fernmeldewesens am Postministerium ihres Landes.

MME. CAROLINE DIOP ist seit 1963 Abgeordnete der senegalesischen Nationalversammlung. Sie ist Vorsitzende des Nationalen Frauenrats und seit 1964 Generalsekretärin der Organisation *Pan African Woman*. Vor kurzem wurde sie zur Vizepräsidentin der Nationalversammlung gewählt.

HELENE SIPAMIO und FABIENNE OVOUGUIYSSA bekleiden in der Armee ihres Landes (Gabun) den Rang des Hauptmanns. Sie sind respektive Direktorin der Sozialfürsorge und stellvertretende Leiterin der Personalabteilung der gabunesischen Armee und Marine.

Mrs. Ella Koblo Gulama ist Stammesoberhaupt und die erste Frau Westafrikas, die einen Ministerposten in der Regierung Sierra Leones bekleidete. Sie wurde von Königin Elizabeth zum »Member of the British Empire« (MBE) ernannt und erhielt den »Order of the British Empire« (OBE).
Mrs. Gwendoline Konie vertritt Sambia als Gesandte bei den Vereinten Nationen.
Dr. Marcella Davies. Dr. Belmont Williams, Dr. Oleayemi Patricia During, Dr. June Holst-Roness gehören zu den 11,5 Prozent der weiblichen Ärzte in Sierra Leone. Dr. Davies ist Mitglied der *Weltgesundheitsorganisation* (WHO). Dr. Williams ist Direktorin der Abteilung für Mutterschaft und Hygiene im Gesundheitsministerium. Dr. During betreut verschiedene Kinderkrankenhäuser im Inneren des Landes, und Dr. Holst-Roness ist Vorsitzende der *Medical Practitioners Union* (Verband praktizierender Ärzte).
Mrs. Julia Ojiambo ist Staatssekretär im Ministerium für Wohnungsbau und Sozialfürsorge in Kenia.
Mrs. Flora Nwakuche aus Nigeria ist eine in Afrika berühmte Schriftstellerin. Sie amtierte als Minister für Gesundheit und Sozialfürsorge, als Minister für Land, Wohnungsbau und Städteplanung und als Minister der »Establishments«.
Schließlich sei noch Ihre Majestät Esther Aderemi Omoniyi, die regierende Königin von *Oba-Ile* (Nigeria) erwähnt. Sie folgte ihrem Bruder, einem ehemaligen Polizisten, auf den Thron und lebt mit einem sehr kleinen Einkommen aus einer Hühnerfarm und einem Lebensmittelgeschäft. 1945 geboren, ist sie eine moderne, intelligente und guterzogene Frau. Sie heiratete 1966 und erzählt: »Mein Mann wollte nicht, daß ich zurückkehre und Königin bleibe, aber ich hatte keine andere Wahl. Ich muß die Traditionen meines Volkes beachten.« Sie hofft allerdings, bald einen Nachfolger zu finden. »Wenn ich den Thron verlasse, werde ich nicht hart arbeiten, denn das schickt sich nicht für eine ehemalige Königin. Wahrscheinlich werde ich Handel treiben.« Als Königin darf sie an keinen festlichen Anlässen teilnehmen und nicht tanzen gehen. Trotz ihrer Jugend hat sie den Rang einer »Seniorin«.

Die Funktionen der Frauenorganisationen in Afrika sind der einer Gewerkschaft vergleichbar. Sie vertreten die Interessen der Frauen gegenüber der Regierung und dem Staat und üben Einfluß auf politische Entscheidungen aus. Sie haben meist ihren Sitz in den Städten, obgleich einige Gruppen bemüht sind, auch die ländliche Bevölkerung zu erfassen. Das ist allerdings mit Schwierigkeiten verbunden, denn dort fehlen die Führungskräfte und die notwendigen Geldmittel. Deshalb werden die Interessen der Frauen meist von den regionalen Entwicklungskomitees vertreten, was auch meist vorteilhafter ist, denn die einer höheren Bildungsschicht angehörenden Städterinnen haben andere Probleme und verfolgen andere Ziele als die Frauen auf dem Lande, die ja auch aus Gründen, die wir bereits erwähnt haben, den Einflüssen der »Gebildeten« mit Mißtrauen begegnen.
Die Ursprünge der Frauenorganisationen sind verschiedenartig. Einige entstanden mit Hilfe der Kolonialverwaltungen und verfolgten anfänglich nur den Zweck, den Frauen eine Grundausbildung zu ermöglichen. Später haben sie eine gewisse Unabhängigkeit entwickelt und sich den nationalen Freiheitsbewegungen angeschlossen. Viele Frauenklubs wurden von den christlichen Missionen gegründet, andere hatten zum Ziel, zur besseren Verständigung zwischen den Frauen der europäischen Kolonialbeamten und einigen gebildeten Afrikanerinnen oder zwischen Afrikanerinnen verschiedener Gesellschaftsschichten beizutragen. All diese Organisationen hatten eher einen sozialen als einen wirtschaftlichen oder politischen Charakter. Einige gehören Weltverbänden wie dem CVJM (Christlicher Verein junger Mädchen) oder dem Pfadfinderbund an. Die regionalen Entwicklungskomitees in allen Staaten Afrikas ermutigen und fördern das Wachstum der Frauenverbände und Klubs und beziehen sie in das Alphabetisierungsprogramm und die Landentwicklungsprojekte ein. Oft nehmen auch werktätige Frauen aktiv an den Aktivitäten der Gewerkschaften und

Cooperativen teil. Die Frauenklubs haben in den Freiheits- und Unabhängigkeitsbewegungen ihrer Länder eine wichtige Rolle gespielt, und sie sind auch stark in den politischen Parteien und Bewegungen aktiv. Sie haben seit der Unabhängigkeitserklärung ihrer jeweiligen Länder überall ihre eigenen politischen Versammlungen durchgeführt, und ihre Teilnahme am politischen Geschehen war schon deshalb erwünscht, weil es überall notwendig war, die Bevölkerung auf die Tatsache vorzubereiten, daß die neu errungene Freiheit und Unabhängigkeit nicht automatisch zu wirtschaftlicher Blüte und sozialer Gleichheit führen kann. So sind oft neben der Vielzahl der Vereine, Klubs und Verbände »Schirmorganisationen« geschaffen worden, die alle kleinen Gruppen einschließen, nicht um ihnen ihre Individualität zu nehmen, sondern um ihnen Anleitung und Unterstützung der Frauen zu sichern, die in den bildungsmäßig und sozial höhergestellten Verbänden arbeiten.

Die Ziele und Arbeitsweisen der vielen Frauenorganisationen sind verschiedenartig, aber im allgemeinen wird das Hauptgewicht auf bessere Bildung und Berufsschulung gelegt, um den Frauen die Möglichkeit zu besserem Verdienst und zu voller Teilnahme an der Entwicklung ihres Landes zu bieten.

Die Finanzierung der Frauenklubs erfolgt durch Mitgliedsbeiträge, Schenkungen, staatliche Unterstützungsgelder und Sammelaktionen wie Wohltätigkeitsbasars und Tanzveranstaltungen.

Die *Frauenliga* in Malawi war anfänglich ein Bildungsverein für Frauen von Staatsbeamten, entwickelte sich aber später zu einer politischen Organisation.

Auch in Uganda sind die Frauenverbände politisch orientiert, beschränken sich aber meist auf regionale Angelegenheiten. Sie stellen Kandidatinnen für die Wahlen der Distrikträte. Zur Verbesserung ihres sozialen Status schließen sich die Frauen Ugandas in der *Mothers Union* (Kirche von Uganda), die 10000 Mitglieder zählt, zusammen, in dem 9000 Mitglieder zählenden *Catholic Grail* oder in den dem Regionalen Entwicklungsamt unterstehenden Verbänden von etwa 33000 Mitgliedern. Der *Frauenrat von Uganda* hält sich von politischen Aktivitäten fern und widmet sich fast ausschließlich öffentlichen Angelegenheiten. Es gibt fast 150 verschiedene Frauenorganisationen in Uganda, die für Gemeinden oder Regionen zuständig sind, aber viele von ihnen sind Zweigverbände internationaler Organisationen. Es gibt einen *Nationalrat Freiwilliger Sozialdienststellen* mit einem koordinierenden Ausschuß und den *Verband der Frauenorganisationen von Uganda*, eine Schirmorganisation, die etwa zehn Mitgliedsverbände mit 80000 Mitgliedern umfaßt.

Die *Frauenbrigade* in Sambia gehört der regierenden *United Independence Party* an, zählt etwa 50000 Mitglieder, betreibt in letzter Zeit weniger Politik und widmet sich vor allem dem Kampf für sozialen Fortschritt.

In Tansania gab es zur Zeit der Unabhängigkeitserklärung und des späteren Zusammenschlusses von Tanganjika und Sansibar zum tansanischen Staat einige Unstimmigkeiten zwischen den zahlreichen Frauenklubs sehr verschiedener Prägung, aber dann erwirkte die Regierung schließlich die Gründung der Schirmorganisation UWT (Union tansanischer Frauen) oder *Umoja wa Wanawake wa Tansania*, die der Regierungspartei angehörte (*Tansania African National Union*) und viele Gewerkschafterinnen zu ihren Mitgliedern zählte. Heute unterstehen alle Vereine dieser Organisation, die bereits auf einige beachtliche Leistungen zurückblicken kann. Fortschreitende Alphabetisierung und berufliche Schulung der »ungebildeten« durch die »gebildeten« Frauen, Sozialarbeit und Fürsorge, Schaffung neuer Arbeits- uund Verdienstmöglichkeiten im Hause und außerhalb, Betreuung von Kindergärten und kulturelle Betätigungen, Gewerbeschulen und politische Erziehung. Die Regierung hat außerdem Orientationskurse für Führungs- und Lehrkräfte geschaffen.

Die Frauen Kenias sind dem tansanischen Beispiel gefolgt und haben die Schirmorganisation *National Council of Women of Kenya* gegründet, dem die zahlenmäßig größten Frauen-

verbände angehören. Leider müssen die militanten Frauen immer noch für gewisse Rechte kämpfen, die ihnen die Verfassung zwar theoretisch einräumt, die aber infolge der stark verankerten Traditionen noch nicht verwirklicht worden sind. Das Parlament – in dem die Frauen nicht vertreten sind – hat sogar im Jahre 1969 das einzige Gesetz, das den unverheirateten Müttern einigen Schutz gewährte, abgeschafft, und die Forderung der Frauen, aktiv an den Regierungsgeschäften teilnehmen zu können, fand bisher wenig Echo. So werden die Frauenverbände in die Rolle politischer Hilfsorganisationen verdrängt und sind gerade gut genug, um beim Stimmenfang für die Wahlen der männlichen Parlamentsabgeordneten zu helfen. Die Frauen, die an der Seite ihrer Männer für die Unabhängigkeit ihres Landes gekämpft haben, sind natürlich von dieser Entwicklung sehr enttäuscht.
In Äthiopien gab es bisher weniger Frauenorganisationen als in den anderen afrikanischen Ländern. Vielleicht läßt sich das aus der geschichtlichen Entwicklung erklären, denn Äthiopien war bis auf die wenigen Jahre der italienischen Kolonialherrschaft immer unabhängig. Die EWWA (*Ethiopian Women'sWelfare Organisation*) beschränkte ihre Arbeit auf Sozialfürsorge und war nur in Addis-Abeba tätig. Unter dem heutigen Regime dürfte sich die Lage geändert haben, denn die Politisierung der Massen ist zum Aufbau jeder Form des Sozialismus eine absolute Notwendigkeit.
Im Sudan haben die Frauenorganisationen seit der Unabhängigkeitserklärung 1956 eine wichtige Rolle gespielt. Die erste Mädchenschule wurde 1907 von dem Pionier SHEIK BABIKR BADRI gegründet, der seine neun Töchter unterrichten ließ. Die erste Mittelschule für Mädchen folgte allerdings erst 1939, und die erste Sekundarschule wurde 1945 eröffnet. Heute arbeiten Frauen sowohl in der Regierung als in Schulen, Krankenhäusern, Bibliotheken und Büros, obgleich die Analphabetenquote immer noch für die Gesamtbevölkerung bei über 80 Prozent liegt. Die sudanesische Frauenunion wurde 1951 gegründet und hat viel zum sozialen, wirtschaftlichen und politischen Fortschritt der Frauen beigetragen.

Nach der Revolution vom Oktober 1964, an der die Frauen aktiv teilnahmen, erhielten sie das Wahlrecht vom 18. Lebensjahr an. Eine Frau gehörte der Kommission an, die die neue Verfassung ausarbeitete, eine Frau wurde in den Stadtrat von Fort Sudan und eine andere in das Staatsparlament gewählt.

Aus diesen Beispielen geht hervor, daß der Einfluß der Frauenorganisationen auf die politische, wirtschaftliche und soziale Gleichberechtigung in erster Linie von dem in den verschiedenen Ländern herrschenden politischen Regime abhängt. Der hemmende Einfluß der Traditionen macht sich meist in den Ländern bemerkbar, deren Stammeskulturen patriarchalisch oder phallokratisch waren und wo die Frau immer noch einzig und allein als Kindererzeugerin und billige Landarbeitskraft angesehen wird. Allerdings befindet sich der afrikanische Kontinent in einer Entwicklung, die voraussichtlich noch viele soziale Umwälzungen mit sich bringen wird, so daß es verfrüht ist, heute Prognosen zu stellen. Eins ist jedoch gewiß. Die durch die Frauenorganisationen geschaffene Bewegung ist auf die Dauer nirgends aufzuhalten und wird letztendlich überall zu wachsender Gleichberechtigung führen.

Neben diesen offiziellen, bildungsorientierten Organisationen mit mehr oder weniger betonten sozialpolitischen Zielen gibt es in Afrika eine Reihe von gewerkschaftsähnlichen Frauenverbänden, die vor allem die beruflichen Interessen ihrer Mitglieder wahrnehmen. Zu ihnen gehören die westafrikanischen freien Marktfrauenverbände.

Die Marktfrauen leben trotz ihrer oft harten Arbeit in einer Atmosphäre der Geselligkeit. Man sitzt beisammen und klatscht ein bißchen, paßt auf die kleinen Kinder auf, die man mitgebracht hat, macht Bekanntschaften, flicht sich gegenseitig das Haar und tauscht Tips über gute und schlechte Kunden aus. Für die *Yoruba*frauen in Nigeria z. B. ist der Markt nicht nur eine wirtschaftliche Notwendigkeit, sondern eine Welt, in der die Frauen unter sich sind und ihre gesellschaftlichen Kontakte pflegen.

Die freien Marktfrauenverbände helfen ihren Mitgliedern beim Aufbau ihrer Geschäfte, stellen ihnen ein kleines Startkapital zur Verfügung, vermitteln ihnen Kunden und lehren die Neuankömmlinge und herumziehenden Händlerinnen, wie man am besten Kosten spart und seine Gewinne in weitere Geschäfte investiert. Sie sorgen auch dafür, daß die gültigen Handelsgepflogenheiten eingehalten und die festgesetzten Preise nicht unterboten werden. Auf dem Markt in Lagos gibt es streng abgegrenzte Zonen, in denen Fisch oder Gemüse oder Kleider und Stoffe usw. verkauft werden, und jede Zone hat ihre eigene Organisation, ihre *Egb*, die darauf achtet, daß die Konkurrenz nicht ausartet und daß zwischen den Frauen Solidarität und gutes Einvernehmen herrscht. In einigen Fällen haben die Frauenverbände sogar die Produktion von Konsumgütern in die Hand genommen. In Südnigeria z. B. betreiben sie ihre eigene Bäckerei, Wäscherei, eine Fabrik für Kürbisflaschen und Gefäße, eine Mühle. Die *Egba Frauen Union* in Abeokuta, die 80000 Frauen als Mitglieder zählt, hat ihre eigene Weberei, Entbindungsklinik und Kinderkrankenhaus. Sie veranstaltet auch Bildungskurse für Analphabeten und Sprachkurse in Englisch und Französisch. Sprachkenntnisse sind für die im Handel tätigen Frauen besonders nützlich, weil sie oft im Verkehr mit Kunden und Grossisten benötigt werden.
Die in Ghana weit verbreitete *Nanemei Akpee* oder Gesellschaft der Freunde, der zum größten Teil Marktfrauen angehören, hält in allen Marktzentren jede Woche eine Zusammenkunft ab, bei der Geldspenden gesammelt werden. Alle anwesenden Frauen spenden so viel, wie sie eben ausgeben können, und ihre Beiträge werden auf eine Liste eingetragen, die jedem Mitglied ausgehändigt wird. Die Beamten, die das Geld einkassieren, haben ihrerseits eine Liste, auf der die Namen der Mitglieder der *Nanemei Akpee* je nach dem Datum ihres Eintritts in die Gesellschaft nacheinander eingetragen sind. Der Gesamtbetrag der ersten Sammlung wird dann dem Mitglied gegeben, dessen Name zuoberst auf der Liste steht. In der folgenden Woche bekommt der nächste auf der

Liste das ganze Geld usw. Auf diese Weise erhalten alle Mitglieder einmal eine größere Summe, die ihnen als Betriebskapital dient.

Die *Nanemei Akpee* hat Zweigniederlassungen in mehreren Städten, und ihre Mitglieder erhalten auch Schenkungen, wenn sie ein Kind geboren haben. Geld und Geschenke bekommen sie auch, wenn die Zeremonie des »Herauskommens« acht Tage nach der Geburt ihres Kindes abgehalten wird. Kranke erhalten ebenfalls Unterstützung, und wenn eines der Mitglieder stirbt, wird Geld für die Hinterbliebenen und für die Beerdigungskosten gesammelt. Die Gesellschaft bezieht ihre Mittel durch Eintrittsbeiträge und wöchentliche Spenden.

Ähnliche Ziele wurden schon seit jeher von den traditionellen Wohlfahrtsgesellschaften verfolgt. Diese in großen Teilen Afrikas verbreiteten Frauengemeinschaften bauen auf dem Prinzip gegenseitiger Hilfe auf und sind ein Ausdruck jener »weiblichen Solidarität«, die für die Frauen Afrikas typisch ist. Gegenseitige Dienstleistungen im Haushalt, gemeinsame Mahlzeiten, Feste, bei denen die Armen bewirtet und beschenkt werden, monatliche Geldsammlungen für wohltätige Zwecke und zur Bestreitung von Beerdigungskosten usw. sind die Hauptaufgaben dieser Vereine, die heute auch in zunehmendem Maße Diskussionsabende über Familienprobleme, Kindererziehung, Hygiene, Politik und Führungsprobleme veranstalten und im Rahmen der modernen Gemeindeentwicklung aktiv an der Alphabetisierungskampagne teilnehmen.

In den Städten gibt es neben den bereits erwähnten Marktfrauengewerkschaften und Prostituiertengewerkschaften* eine große Anzahl von Frauenklubs mit gesellschaftlichen oder wohltätigen Zielen. Sie versuchen, den vielen vom Land in die völlig ungewohnte neue Umgebung versetzten Frauen ein Gefühl der Sicherheit und des möglichen sozialen Aufstiegs zu besserer Ausbildung und zu politischem

* Siehe *Prostitution* S. 228 ff.

Selbstbewußtsein zu geben. Sie schützen sie vor Ausbeutung und Vereinsamung und helfen ihnen, sich im modernen Afrika ihren Platz zu erobern.

Rolle und Status der modernen Afrikanerin

Es wäre ebenso töricht, verallgemeinernde Schlüsse über die Stellung der Frau in Afrika zu ziehen, wie wenn man etwa in Europa die Lebensbedingungen der Schwedin denen der Sizilianerin gleichsetzen wollte. Der Status der Frau hängt von ihren Lebensbedingungen ab, und diese sind sehr verschieden je nachdem, ob sie im Busch, in einem Dorf oder einer Stadt lebt, ob sie der christlichen, islamischen oder einer animistischen Religion angehört, ob sie gebildet oder ungebildet ist und ob sie in einer Umgebung lebt, in der sie ihre Persönlichkeit entwickeln kann.

In den Stammeskulturen hängt ihr Ansehen eher von traditionell bedingten Umständen wie Familienrang und Wohngebiet ab, als von ihren persönlichen Leistungen. Oft wird sie fast ihr ganzes Leben lang wie eine Unmündige behandelt, aber sie kann auch – falls Geburt und Rang sie dazu bestimmt haben – besondere soziale Vorrechte genießen und hohe Verantwortungen tragen. Im allgemeinen stehen ältere Frauen in besserem Ansehen und können sogar zum Oberhaupt ihrer Sippe gewählt werden. Im täglichen Leben und auf Grund der in Afrika herrschenden Geschlechtertrennung bei der Arbeit sind sie meist gesellschaftlich auf sich angewiesen und gehen ihren eigenen Beschäftigungen und Vergnügen nach. Man könnte also annehmen, daß die Rolle der Frau in den Stammeskulturen eher eine ergänzende als eine untergeordnete ist.

Da die Stellung der Frau in Afrika immer noch fast ausschließlich von ihrer Ehe und Verwandtschaft und viel weniger von ihren eigenen Fähigkeiten und Leistungen abhängt, stellt die moderne Entwicklung, besonders in den Städten, noch größere Anforderungen an sie als an die Männer. Ihr sozialer Status, ihre Lebensbedingungen, Rechte und Pflich-

ten sind so großen Veränderungen ausgesetzt, daß sie, wenn sie sich ihnen anzupassen weiß, entscheidend bei der Modernisierung ihres Landes mitwirken und ihre soziale Rolle festigen kann.
Die Frauen Westafrikas stehen im Ruf, selbständiger und wirtschaftlich unabhängiger zu sein als die meisten Frauen der anderen Teile des Kontinents. Das in Westafrika herrschende Gesellschaftssystem räumt zwar den Männern größere Rechte ein, gestattet aber den Frauen, sich auf gewissen Gebieten zu betätigen, in die die Männer sich nicht einmischen, und die Rechte und Interessen der Frauen werden anerkannt und respektiert.
Auch die weniger gebildeten Westafrikanerinnen sind stets bemüht, ihre wirtschaftliche Lage zu verbessern und unabhängig zu sein. Wenn sie in Gruppen vereint auftreten, hat es immer einen spezifischen Grund, denn sie interessieren sich wenig oder gar nicht für Frauenrechtstheorien, die ihnen zu abstrakt erscheinen. Sie sind jedoch voller Selbstvertrauen und Zuversicht, vermeiden womöglich, über Allgemeinheiten zu diskutieren, und handeln lieber mit ihren Ehemännern die von ihnen gewünschten Zugeständnisse aus. Erst wenn sie allein nichts auszurichten vermögen, greifen sie zu kollektiven Maßnahmen.
Die Frauen Ghanas gelten als gute Hausfrauen, sind aber sehr unabhängig. Sie besitzen seit jeher ihr eigenes Land, verfügen frei über ihr Eigentum und kämpfen in Kriegen an der Seite ihrer Männer. Heute spielen sie in allen Gemeinde- und Staatsangelegenheiten eine wichtige Rolle, treiben nicht nur Handel, sondern sind auch als Ärztinnen, Rechtsanwältinnen und Politikerinnen tätig. Das Gesetz spricht ihnen auf allen Gebieten des Lebens volle Gleichberechtigung zu; sie haben Anspruch auf gleichen Lohn wie die Männer; sie sind überdies durch besondere Verordnungen geschützt, haben beispielsweise Anrecht auf Schwangerschafts- und Mutterschaftsurlaub und sind von Nachtarbeit ausgeschlossen. Mit der steigenden Zahl der werktätigen Frauen wurden in allen größeren Städten moderne Säuglingspflegeheime und Kin-

dergärten für die Kinder der arbeitenden Mütter eingerichtet.

Der nigerianische Arzt und stellvertretende Generaldirektor der *Weltgesundheitsorganisation* (WHO) in Genf, Dr. T. A. Lambo, sagte in einer Rede an den *Nigerianischen Akademikerinnenverband* in Ibadan:

> »Ich möchte zwei wichtigen Beobachtungen widersprechen, die von Anthropologen, die nicht in unserem Lande leben, gern als Tatsachen hingestellt werden. Es wurde behauptet, daß der Status der Frau in der traditionellen Familienumgebung niedrig sei, und es wurde ebenfalls behauptet, daß der Endzweck aller Ehen in Afrika nur die Zeugung von Nachkommenschaft sei. Diese beiden Beispiele zeigen, wie irrig es ist, alles nach westlichen Maßstäben und Kriterien zu beurteilen. Der Status der Frau in den traditionellen Familienstrukturen ist von anderer Wesensart. Die Frauen, und besonders die, die den minderbemittelten polygamen Familien angehörten, übten eine Macht aus, entfalteten starke Einzelpersönlichkeit und hatten wesentlichen sozialen und wirtschaftlichen Einfluß. Wenn ihnen die Neigung zu pathologischen und anmaßenden Emanzipationsbestrebungen und Protestaktionen fehlte, so war es, weil sie keinen Grund dazu sahen. Wo Liebe und Respekt vorherrschen, braucht man solche Dinge nicht.«

Vielleicht werden auch in Nigeria einige Frauen nicht ganz der Meinung Dr. Lambos zustimmen, aber für uns steht vor allem fest, daß man in der Beurteilung von Dingen, die ihre eigenen, uns sehr fremde Zusammenhänge haben, nicht vorsichtig genug sein kann.

In Sierra Leone hängt der Status der Frau eng mit ihrer traditionellen Rolle als Mutter, Ehefrau und Landarbeiterin zusammen. Hier steht sie zweifellos sehr stark unter männlicher Kontrolle. In den Augen des »Gesetzes« wird sie im allgemeinen als unmündig betrachtet und darf vor Gericht nicht ihre eigenen Interessen vertreten. Sie untersteht stets der gesetzlichen Autorität ihres Mannes oder eines seiner männlichen Verwandten. Die von ihr geleistete Arbeit kommt nur ihrem Manne zugute, denn falls sie Geld verdient, darf sie es nur mit Einwilligung ihres Mannes für sich behalten oder verwenden. Sie hat auch keinen eigenen Besitz, und alles, was ihr ihr Mann geschenkt hat, kann bei seinem Tode von seiner Familie und den Erben von ihr zurückverlangt werden. Ihre Kinder gehören der Familie des Mannes und werden ihr weggenommen, wenn sie sich scheiden läßt.

Trotz alledem spielen die *Mende*frauen in Sierra Leone den Männern gegenüber eine mehr ergänzende als untergeordnete Rolle, denn sie üben oft indirekt großen Einfluß aus und genießen soziale Vorteile, mit denen sie ihre Unterlegenheit etwas ausgleichen können. Die geheime Frauengesellschaft der *Sande** stellt für die Frauen eine ebenso starke Autorität dar wie der eigene Mann, und ihre strikten Regeln sind für sie in allen Lebensphasen bindend. Ihnen können sich auch die Männer nicht widersetzen.

Heute hat sich vieles in bezug auf den Status der Frau geändert. Vor allem in den Städten ist das deutlich zu erkennen, aber auch im »Busch« macht sich der Wechsel bemerkbar. Die Folge davon ist eine Verbesserung der Beziehungen von Frauen und Männern im Erwerbsleben sowie in der Ehe und ein Absinken der Zahl polygamer Ehen, was wiederum eine Schwächung der früher allmächtigen patriarchalischen Autorität mit sich bringt. In Liberia genießt die Frau nach dem geschriebenen Gesetz volle Gleichberechtigung. Nach dem Stammesgesetz ist sie zwar ein Mensch, dem Mann aber nicht gleichgestellt – was immer das bedeuten soll.

Die bemerkenswerten Leistungen der Frauen in der nationalen Entwicklung haben zu einer raschen Verbesserung ihres Status beigetragen. Frauen sind in der Regierung, im Berufsleben und in internationalen Organisationen tätig und üben Einfluß auf die Geschicke ihres Landes und die internationale Politik aus.

* Siehe *Pubertät* S. 115 und *Ehe* S. 139ff.

Mrs. Betty Kaunda, die Frau des Präsidenten von Sambia, sagte in einer Rede über die Frauenrechte in Sambia vor dem *Ökumenischen Rat* u. a.:

»Die Zukunft Sambias hängt zu einem großen Teil von den Frauen unseres Landes ab. In diesen Tagen der sozialen Umwälzungen werden unsere alten Glauben, Ideen und Gebräuche in Frage gestellt. Vielen Frauen in Heim und Familie stellt sich nun die Aufgabe, das Alte erfolgreich mit dem Neuen zu verschmelzen. Das Zusammenwirken von Tradition und Moderne wird die Grundlage sein, auf der wir ein neues Leben in Sambia aufbauen können. Die Frage der Frauenrechte ist heute zu einem umstrittenen Thema geworden. Wenn wir über Frauenrechte reden, laufen wir Gefahr, die Gefühle unserer Ehemänner, Väter, Brüder und Kollegen zu verletzen, aber wir haben nicht den Wunsch, uns gegen sie zu stellen.

Ihr sambesischen Brüder, wir wollen euch eure Autorität und Macht nicht wegnehmen. Wir reden von der Macht der Frauen, aber damit ist nicht eine Bedrohung der Macht der Männer gemeint. Wir haben aber unsere Begabungen, Fähigkeiten und Kenntnisse, und wir alle können an führender Stelle zur wirtschaftlichen und sozialen Entwicklung unseres geliebten Landes beitragen. Wir wollen euch nicht ersetzen, sondern eure Bemühungen ergänzen und unterstützen. Unser nationales Interesse erfordert, daß alle unsere menschlichen Arbeitskräfte für den Fortschritt unseres Landes in Frieden und Beständigkeit eingesetzt werden.«

In Ostafrika ist die Frau immer noch in fast allen Lebensbereichen von der Autorität des Mannes abhängig, aber auch hier beginnen viele Frauen ihre Rechte zu fordern und haben sich in Frauenklubs zusammengeschlossen, in denen sie gemeinsam für Gleichberechtigung kämpfen. Die Präsidentin des größten dieser Klubs Maendela ya Wanake sagte:

»Im Heim, in der Öffentlichkeit, im Erwerbsleben und sogar im alltäglichen Leben haben die Männer die Frauen stets als minderwertig betrachtet. Es ist Zeit, daß sie ihre

Denkweise ändern, denn die Gesellschaft von heute ist nicht mehr dieselbe wie früher. Die Frauen werden den Männern nicht mehr als Untertanen dienen. Ich möchte euch Männer daran erinnern, daß alle Frauen ein Anrecht auf Anerkennung, Respekt, Privilegien und Beteiligung haben und daß sie sich in allen Lebensbereichen Gehör verschaffen werden.«

Frauen in der Politik

Es wird oft behauptet, die Afrikanerin hänge so sehr an Heim, Familie und Kindern, daß sie kaum Lust und Neigung habe, sich politisch zu betätigen. Die Geschichte Afrikas hat aber gezeigt, daß Frauen sehr wohl fähig sind, mit Begeisterung und Opfermut für die Unabhängigkeit ihres Landes und gegen Unterdrückung, Ausbeutung, zu hohe Steuern und militärische und polizeiliche Übergriffe zu kämpfen. Der einstige Präsident von Mali, MODIBO KEITA sagte sogar:

»In allen französisch besetzten Gebieten haben die Frauen mit mehr Begeisterung in den Freiheitsbewegungen gekämpft als die Männer. Sie haben vor allem stets den verlockenden Angeboten von Posten und Privilegien widerstanden und waren daher der Korruption weniger ausgesetzt.«

Hat sich in den befreiten Ländern eine Wandlung vollzogen? Oft wird – besonders in Studentenkreisen – über die politische Teilnahmslosigkeit der Frauen geklagt.

SAM UBA schrieb in der Zeitschrift *Africa Magazine:*

»Für die meisten gebildeten Afrikanerinnen ist die Politik ein unerwünschtes Thema, und das kommt daher, weil sie fast alle furchtbar gehemmt, humorlos und introvertiert sind.

Die meisten unserer Akademikerinnen sind langweilige Geschöpfe, die den Eindruck erwecken, es sei für eine Frau geradezu ein Verbrechen, sich über Politik zu unterhalten – geschweige, sich sogar politisch zu betätigen. Sie scheinen zu glauben, daß sie nur dazu da sind, die Gefühle und sexuellen Bedürfnisse ihrer Männer zu befriedigen, im übrigen aber zu schweigen und stillzusitzen.«

Diese Ansicht wird zum Glück von einigen Beispielen widerlegt, wobei nicht übersehen werden darf, daß SAM UBA für die Mehrzahl der Frauen recht hat.* Ob die politischen Interessen der Frauen sich vorwiegend auf praktische Dinge wie Gemeinde und Region beschränken, ist schwer zu sagen. Hier spielt wahrscheinlich noch eine Anzahl von Faktoren mit, die bisher nicht genügend erforscht worden sind.

Vieles hängt auch davon ab, welches politische Regime gerade in einem Land herrscht. Schon zur Zeit des Kolonialismus gab es große Unterschiede in der Bewertung, Anerkennung und Behandlung der Frau. So hatte die viktorianisch englische Kolonialverwaltung gewiß eine andere Einstellung als die französische, portugiesische oder gar die rassistisch burische Verwaltung in Südafrika. Innerhalb der verschiedenen Völker kommen religiöse, wirtschaftliche und geographische Einflüsse hinzu, denn die Frauen der Nomadenvölker haben andere Interessen und Traditionen als die der Farmer und Jäger. Heute wird in allen unabhängigen afrikanischen Staaten ausnahmslos großer Wert auf die Teilnahme der Frau an der politischen und wirtschaftlichen Entwicklung des Landes gelegt. Wie sich diese Teilnahme nun auswirkt und in welchem Maße sie wirklich aktiv ermutigt wird, hängt natürlich vom jeweils herrschenden Regime ab, und da ist die Lage in vielen Ländern nicht leicht durchschaubar. Auf den ersten Blick kann man natürlich zwischen sozialistisch orientierten, islamisch regierten, kapitalistisch orientierten Ländern, Ländern mit demokratischer Verfassung, Diktaturen und kolonialistisch rassistischen Staatsformen (Rhodesien und Südafrika) unterscheiden, aber letzten Endes hat jedes Land seine besonderen politischen und wirtschaftlichen Probleme, seinen besonderen Sozialismus, Kapitalismus usw. Die von den Kolonialmächten übernommenen, oft sehr unnatürlichen Staatsgrenzen werden zwar

* Siehe *Die soziale Stellung der Frau* S. 246ff.

dank dem Abkommen aller Staaten in der *Organisation der Afrikanischen Einheit* (OAU) respektiert, aber es bestehen noch viele gefährliche Konfliktherde, und noch manche politische Umwälzung, mancher Regimewechsel ist zu erwarten. Immerhin genießt die Frau in allen unabhängigen afrikanischen Staaten das Wahlrecht und kann außerdem durch die ebenfalls überall existierenden, mehr oder weniger offiziell orientierten Frauenorganisationen ihren Einfluß auf die Geschicke ihres Landes ausüben. Die noch verhältnismäßig geringe Zahl der Frauen, die politisch verantwortliche Posten besetzen, ist vielleicht nur die Spitze des Eisbergs, dessen Masse all jene Lehrerinnen, Ärztinnen, Sozialarbeiterinnen und auf Gemeindeebene wirkenden Frauen sind, ohne die der Sprung ins zwanzigste Jahrhundert nicht möglich ist.

Frauenrechtsbewegungen

Aus dem Vorangegangenen läßt sich folgern, daß die in Amerika und Europa als *Women's Lib.* bekannte Frauenbewegung mit ihren radikalen Forderungen und auf europäische und amerikanische Verhältnisse bezogenen Theorien den meisten Afrikanerinnen abstrakt und utopisch erscheinen muß. Gewiß entsprechen viele Forderungen auch den Bedürfnissen der Frauen in Afrika. Gleicher Lohn für gleiche Arbeit, gleiches Recht auf Bildung, politische und wirtschaftliche Macht – das sind Dinge, nach denen auch die Afrikanerin strebt. Sehr unterschiedlich würde sie jedoch auf die Forderung des Rechtes auf Abtreibung reagieren, und andere Punkte des Frauenrechtsprogrammes, wie z. B. die Weigerung, weiterhin dem männlichen Wunschbild der begehrenswerten Frau zu entsprechen, wird sie glatt ablehnen. Die feministischen Bestrebungen, die der Frau ein von den Männern getrenntes und der weiblichen Identität entsprechendes Dasein ermöglichen sollen, wird sie als einen Rückfall in die Traditionen der Stammeskulturen empfinden, wo seit jeher eine strenge Geschlechtertrennung bei der Arbeit und im täglichen Leben herrschte. Gewiß ist auch die Afrikanerin

heute ein Bürger zweiter Klasse, aber in den Traditionskulturen war sie es nicht, oder sie hat sich zumindest nicht als ein untergeordnetes Wesen betrachtet.
Wie bereits mehrfach erwähnt, hatten Männer und Frauen in den Stammeskulturen auf wirtschaftlichem Gebiet, in der Familie und der Gemeinschaft getrennte Aufgaben. Die Mutterschaft verlieh der Frau automatisch einen höheren Status. Wenn es zum Krieg kam, hatten die Frauen ein ebenso entscheidendes Wort mitzureden wie die Männer. Da die Afrikaner nicht nach westlichen ökonomischen Grundsätzen lebten, gab es auch nicht den Typ Familie, in der der Mann mit seinem Einkommen für die Seinen sorgen muß. Die Frau trug mindestens ebensoviel zum Unterhalt der Familie bei – wenn nicht noch mehr. Die Südafrikanerin BRIGALIA BAM* erklärte:

> »Unser Status war dem des Mannes gleich. Man muß die Dinge im kulturellen und zeitlich-geschichtlichen Zusammenhang sehen. Was z. B. die Magie oder Hexenkunst anbetrifft – oder wie man es sonst nennen will –, so schrieb man den Frauen größere Macht über die Geister zu. Wir konnten genauso wie die Männer in allen Riten und Zeremonien für die Ahnen teilnehmen. Erst als wir mit dem Westen in Kontakt kamen und unter den Einfluß westlicher Wirtschaftsbegriffe gerieten, waren uns die Männer sofort an Status überlegen.«

Die Befürworter der westlichen Frauenbewegungen mögen einwenden, daß der Status der Frau in den Stammeskulturen letzten Endes nur Bestandteil einer männlich sexistischen Gesellschaftsform war, aber es gab immerhin einige Kulturen mit starken mutterrechtlichen Zügen.
Historische und zeitgenössische Einflüsse haben zu neuen Verhaltensformen der Männer gegenüber den Frauen und der Frauen sich selbst gegenüber geführt. Die Kolonialbeamten, Geschäftsleute und Missionare, die meist aus der westlichen Welt kamen, haben bewußt oder unbewußt ihre eige-

* Sie stammt aus dem Volk der *Xhosa*

nen Begriffe in bezug auf die Rolle der Frau durchzusetzen versucht, und das hat zum Statusverlust der Frau in Afrika entscheidend beigetragen. Westliche Erziehung und westliche Religion haben schließlich die Frau in die untergeordnete Rolle gepreßt, in der sie heute lebt. So wie in Europa und Amerika wird nun vorausgesetzt, daß die Frau auf die Fürsorge des Mannes angewiesen ist, sich ausschließlich um den Haushalt bekümmern muß, und daß in bezug auf Treue, Keuschheit und Verhalten in der Ehe verschiedene Maßstäbe für Männer und Frauen gelten.

Die Frauen Afrikas haben bei der Dekolonisierung ihrer Länder eine wichtige Rolle gespielt, an Freiheitsbewegungen undGuerillakämpfen teilgenommen und besonders inWestafrika bei der Gründung der neuen Staaten mitgewirkt, und sie haben fast überall legale Gleichberechtigung erhalten. Aber die Wirklichkeit sieht anders aus. Die massenweise Abwanderung in die Städte und die rücksichtslose Industrialisierung der Landwirtschaft haben sie ihrer traditionellen Privilegien beraubt, ohne ihnen in der modernisierten und europäisierten bzw. amerikanisierten afrikanischen Welt einen angemessenen Platz zu schaffen. Mangelnde Bildungsmöglichkeiten und ungenügende Berufsschulung haben sie zu Bürgern zweiter oder gar dritter Klasse gemacht.

Eines der schwierigsten und wichtigsten Probleme im heutigen Afrika ist der Aufbau eines wirksamen Schulsystems. Der Mangel an Geld und Lehrkräften schließt immer noch den größten Teil der Bevölkerung von allen Ausbildungsmöglichkeiten aus. Und natürlich sind hier die Mädchen wiederum am meisten benachteiligt, weil vielerorts die Meinung vorherrscht, bei ihnen sei die Bildung reine Verschwendung, denn sie würden ja eines Tages heiraten und dann zu Hause bleiben.

Auch die erwerbstätigen Frauen müssen gegen viele Vorurteile kämpfen. So durften z. B. in Nigeria bis vor kurzem verheiratete Frauen nicht in festen Stellungen arbeiten, und in anderen Ländern begegnet man ihnen mit wachsendem Mißtrauen, wenn sie eine berufliche Karriere anstreben.

Die Afrikanerin, die zwischen Tradition und moderner Entwicklung steht, die täglich im Familien- und Berufsleben die schier unüberbrückbaren Gegensätze der beiden Welten in sich aufnehmen muß, sieht mit wachsender Besorgnis der Zukunft entgegen und begreift allmählich, daß sie kämpfen muß, wenn sie nicht zum Opfer der wirtschaftlichen und sozialen Entwicklung werden will. Dieser Kampf kann aber nicht mit den gleichen Mitteln und Zielen geführt werden wie in Europa oder den Vereinigten Staaten.

Dr. Bolanie Awe, die am *Institute of African Studies* an der Universität von Ibadan in Nigeria arbeitet, schreibt:

> »Wir haben gewiß Probleme in bezug auf den Status der Frauen in der modernen afrikanischen Gesellschaft, aber wir brauchen deshalb nicht die Ziele, für die die westlich orientierten Frauenbewegungen kämpfen, in Bausch und Bogen für uns in Anspruch zu nehmen. Extremistische Bestrebungen, die die Ehe ablehnen und die Weiblichkeit der Frau abzuschaffen versuchen, sind für mich unannehmbar, aber ich bestehe darauf, daß mir keine Hindernisse in den Weg gelegt werden, wenn ich ein unabhängiges Leben außerhalb meines Heims zu leben wünsche und die Möglichkeit haben will, mich als ein freier Mensch meiner Fähigkeiten zu bedienen. Ich glaube, daß eine Frauenbewegung, die den besonderen afrikanischen Aspekten des Frauenproblems Rechnung trägt, nötig wäre. Der Kampf der Geschlechter, der sich in jenen den Frauen auferlegten Beschränkungen offenbart, ist wieder einmal ein Beweis dafür, daß die meisten von uns in Afrika immer noch unter der kolonialistischen Mentalität zu leiden haben, und in der größten und entscheidensten Schlacht, die uns bevorsteht, wird es darum gehen, die Geister der Männer und Frauen Afrikas von den entfremdenden Ideen zu befreien, die unsere Kolonialherren uns hinterlassen haben. Jede Freiheitsbewegung sollte deshalb als ein Bemühen angesehen werden, jene Aspekte unserer Kultur zu retten, die die sich gegenseitig ergänzenden Rollen der Männer und Frauen in der Gemeinschaft hervorheben.«

In Südafrika ist die Situation allerdings wieder anders, denn hier leben alle schwarzen Afrikaner unter der Herrschaft der Weißen und sind den entwürdigenden Apartheidsgesetzen unterworfen. Mrs. Zanele Dhlamini, eine schwarze Südafrikanerin, steht auf dem Standpunkt:

»Die schwarzen Frauen Südafrikas sind der Apartheidpolitik ausgesetzt, und sie haben einen wichtigen Beitrag zur Befreiung aller Südafrikaner zu leisten. Die Erfahrungen der weißen südafrikanischen Frauen sind denen der schwarzen nicht vergleichbar. Die weißen Südafrikanerinnen thronen mit all ihren Schwächen auf dem Altar eines falschen bürgerlichen Mythos. Man redet ihnen ein, sie seien zerbrechlich, dekorativ und so weiblich schwach, daß sie nicht fähig sind, die einfachsten Arbeiten zu bewältigen, die die schwarze Frau täglich für ihre Dienstherren und sich selbst und ihre Familie leisten muß. Diese Frauen werden erst dann ihre Freiheit erringen, wenn sich die Lage der Schwarzen ändert, denn sie sind in dieser Beziehung ebenso wie die Schwarzen Opfer der exklusiven und bourgeoisen Demokratie. Die schwarzen Frauen in Südafrika nehmen den alleruntersten Platz unter der arbeitenden Bevölkerung ein, denn sie müssen die niedrigsten Arbeiten verrichten und erhalten den geringsten Lohn. Gemäß den offiziellen Statistiken arbeiten 50 Prozent aller werktätigen schwarzen Frauen als Hausangestellte, 25 Prozent als Landarbeiterinnen und nur 3,1 Prozent in gehobeneren Berufen (hauptsächlich Krankenschwestern und Lehrerinnen). Der Rest wird in den Fabriken oder Büros beschäftigt. Der durchschnittliche Lohn für schwarze Hausangestellte beträgt etwa 2 Dollar im Monat, und die Arbeiterin in einer Konservenfabrik verdient oft weniger als 9 Dollar in der Woche.

Für schwarze Kinder existiert keine Schulpflicht, und es gibt so wenig Schulen, daß nur eine kleine Minderheit schwarzer Kinder die Schule besuchen kann.

Die meisten der statistisch nicht erfaßten Frauen leben in Dörfern und afrikanischen Reservaten, wo sie für noch weniger Lohn schwerere Arbeit leisten müssen. Sie bemühen sich, ihre Familien beisammenzuhalten, während die Arbeiterwanderungspolitik des Landes die Männer für lange Zeitperioden in die Industrie- und Minenzentren lockt, so daß daheim nur die Frauen, Kinder und Alten zurückbleiben. So müssen die Frauen das Land bestellen, Häuser bauen, das Vieh hüten und sich um den Unterhalt der Familie kümmern.«

Die Lebensbedingungen auf dem Lande sind besonders hart, und oft müssen die Frauen noch zusätzliche Gratisarbeit leisten. Darüber berichtete GOVAN MBEKI:

»Die Männer werden auf den Reservaten in Arbeitsmannschaften eingezogen, und die Frauen müssen für sie kochen und ihnen das Essen bringen. Wenn sie deshalb ihren Kindern nichts zu essen geben können, so wird das von den Regierungsbeamten geflissentlich übersehen. Hauptsache ist, sie kochen für die Arbeitsmannschaft, wenn sie an der Reihe sind. Wer sich über die Härte dieser Bestimmungen beklagt, wird als Aufwiegler und Saboteur bestraft.«

Die nach allen anderen Gesetzen wie eine Unmündige behandelte Frau muß allerdings den Behörden gegenüber für die Steuern ihres abwesenden oder verstorbenen Mannes aufkommen.

Viele Frauen, deren Männer in den Minen, in den Gefängnissen oder Landarbeitslagern leben, sind daheim mit ihren Kindern der Willkür der Polizei und den zahlreichen von der Regierung erlassenen rassistischen Bestimmungen ausgesetzt. So werden im Rahmen der Umsiedlungspolitik Tausende von *Bantu*frauen und -kindern im Lande herumgetrieben; Familien werden auseinandergerissen und verlieren von einem Tag auf den anderen ihr Land und Vieh und müssen Hunger leiden.

Die Apartheid mit ihren diskriminierenden Gesetzen und Maßnahmen wie *Job Reservation* (Arbeitsmöglichkeiten, die nur Weißen vorbehalten sind) *Influx Control* (eine die Schwarzen diskriminierende Beschränkung der Freizügigkeit) oder dem »Terroristengesetz« (das den Schwarzen verbietet, sich gewerkschaftlich zusammenzuschließen und Kollektivverträge zu fordern) wirkt sich besonders stark auf die Frauen aus, die außerdem noch in ihren eigenen patriarchalischen Stammeskulturen keinen legalen Status besitzen und unter Vormundschaft ihrer Väter, Brüder oder Ehemänner stehen, obgleich sie unter den heute in den Reservaten und Slums der großen Städte herrschenden Zuständen oft allein für das Einkommen ihrer Familie sorgen müssen.

Trotzdem sind die schwarzen Südafrikanerinnen nicht der Ansicht, daß die Analyse der heutigen Frauenbewegungen, die alle Widersprüche in der Gesellschaft von der sexuellen Ausbeutung der Frau durch den Mann herleitet (im Gegensatz zu der marxistischen Analyse der Klassengesellschaft), auf sie zutrifft, denn die Unterdrückung durch den schwarzen Mann ist im Augenblick ihre geringste Sorge. Worunter sie dagegen leiden, ist der Sexismus der herrschenden weißen Gesellschaft. Männliche Vorurteile, soweit sie von Schwarzen kommen, haben sie nie in dem Maße entwürdigt, gedemütigt und brutal unterdrückt, wie es weißer Rassismus und kapitalistische Ausbeutung tun. Eine bloße Gleichberechtigung mit den schwarzen Männern ist für sie kein erstrebenswertes Ziel, denn die Männer müssen sich ja ebenso harten Arbeitsbedingungen unterwerfen, wollen sie sich am Leben erhalten. Zudem haben die Männer oft noch schwerer unter der Apartheid zu leiden, denn sie leben in ständiger Furcht vor Verhaftung (wegen der Passierscheingesetze), werden in den Gefängnissen unglaublich schlecht und brutal behandelt oder müssen fern von ihren Familien in den *Mine Compunds* (Minen, in die Sträflinge zur Zwangsarbeit eingewiesen werden) schuften.

Nein, die schwarze Südafrikanerin würde ihre Lage kaum verbessern, wenn sie die gleichen Rechte wie ihr Mann hätte. Außerdem ist sie seit langem gewohnt, Männerarbeit zu verrichten und Verantwortungen zu tragen, die normalerweise den Männern vorbehalten sind. Ihr ist es zu verdanken, daß das von der Apartheidpolitik besonders bedrohte Familienleben der Schwarzen bisher überlebt hat. Uneingeschränkte Geburtenkontrolle und Abtreibung erhalten eine politische Dimension in einem Land, dessen Regierung der weißen Bevölkerung Geburtenprämien zahlt und die Ansiedlung weißer Einwanderer propagiert und gleichzeitig den Schwarzen rät, weniger Kinder in die Welt zu setzen. Um so schlimmer ist es, daß die Zahl der schwarzen Kinder ohnehin durch Stillgeburten, hohe Kindersterblichkeit, Unterernährung, Hungersnöte usw. stark zurückgegangen ist. Dazu kommen die hohen Sterbequoten der Erwachsenen – und letztlich auch die vielen an Schwarzen vollstreckten Todesurteile. Einer internationalen Statistik ist zu entnehmen, daß fast 50 Prozent aller gesetzlich verhängten Todesurteile der Welt in Südafrika vollstreckt wurden. Aus all diesen Gründen sind die schwarzen Südafrikanerinnen nicht gewillt, für die Vernichtung ihrer eigenen Völker zu kämpfen. Man kann schließlich ohne Übertreibung sagen, daß die schwarzen Männer und Frauen Südafrikas durch die gemeinsame, jahrelange Erfahrung mit der Rassen- und Ausbeutungspolitik zu dem gelangt sind, was ANGELA DAVIS als eine »deformierte Art der Gleichheit« bezeichnet hat.

Natürlich gibt es auch in Südafrika spezifisch feministische Fragestellungen, aber die schwarzen Frauen werden selbst und im Lichte ihrer Erfahrungen entscheiden müssen, welche ihrer Forderungen vorrangig sind und welche Zukunft sie erstreben.

Die schwarzen Südafrikanerinnen haben im Laufe der blutigen Geschichte des Kampfes für ihr Land und ihre Rechte einen aktiven Beitrag geleistet; sie haben sich in religiösen, politischen, sozialen, kulturellen und wirtschaftlichen Organisationen zusammengefunden, um die Apartheidpolitik zu bekämpfen, sie haben gegen die Verschärfung der Passierscheingesetze für Frauen demonstriert. Andere haben den Mut gehabt, unter den schwierigsten Umständen ihre Opposition gegen die Rassengesetze in der Öffentlichkeit zu bekunden.

Es ist nur natürlich, daß die Meinungen über die verschiedenen Frauenbewegungen und die Emanzipation auseinandergehen. In jedem Land Afrikas hängt die Einstellung zu diesen Fragen von Lebensbedingungen, dem Bildungsgrad, den politischen und religiösen Überzeugungen, den erhaltenen Traditionen und dem politischen Regime des Staates ab.

Während einige führende Frauen meinen, Afrika habe vorläufig wichtigere Probleme zu lösen, und die Befreiung und Emanzipation der Frau seien Angelegenheiten, die nur in einer voll entwickelten Gesellschaft existierten, gibt es andere, die es gerade im heutigen Entwicklungsstadium Afrikas für notwendig halten, daß die Frauen sich massenhaft organisieren, um als gleichberechtigte Partnerinnen am Aufbau einer besseren und gerechteren Gesellschaft mitzuwirken. Einige glauben, daß derartige Ideen nur die zahlenmäßig kleine Schicht der von den westlichen Theorien beeinflußten, gebildeten Frauen interessieren, während z. B. die ungebildete und ihren Traditionen verhaftete Frau auf dem Lande von diesen Dingen nichts wissen will und sich keinerlei Notwendigkeit einer Emanzipation bewußt ist, und daß demnach die gebildete Frau den Kontakt mit der Masse verloren habe, also auch nicht für sie sprechen könne. Andere wenden dagegen ein, daß der gleiche Bildungsunterschied ja auch den männlichen Politiker, der für das ganze Volk spricht, von der Masse trennt.

Schlußwort

Es gibt keinen Erdteil, in dem die Frauen in der Geschichte und den Traditionen der Stammeskulturen eine so wesentliche Rolle gespielt haben, wie in Afrika. Auch in den patriarchalischen und ausgesprochen phallokratischen Gesellschaftsformen haben sie sich ihre Eigenheiten bewahren können, und zahlreiche Sagen und Legenden zeugen davon, daß es Zeiten gegeben haben muß, in denen sie den Männern an Macht überlegen waren. Fast überall erzählen die alten Frauen den Initiantinnen Geschichten von vergangener Frauenmacht, die ihnen aus irgendeinem Grunde von den Männern geraubt wurde. Waren alle afrikanischen Kulturen früher einmal matriarchalisch? Die Frage läßt sich nicht eindeutig beantworten, aber die alten Gesellschaftsstrukturen mit ihrer Geschlechtertrennung bei der Arbeit und im täglichen Leben lassen zumindest die Vermutung zu, daß die Rangordnung nicht zwangsläufig immer die gleiche gewesen ist, denn die patrilinearen und matrilinearen Gesellschaften unterscheiden sich nur in der Auswechselbarkeit des herrschenden Geschlechts – nicht aber in den Strukturen.

Erst unter dem Einfluß der Kolonisation, der islamischen und christlichen Religion und der Entwicklung der Technik wurde die Stellung der Frau ernsthaft in Frage gestellt.

Für uns, die wir in der westlichen Zivilisation aufgewachsen sind, ist es unmöglich, die afrikanischen Gegebenheiten zu verstehen, solange wir nicht bereit sind, die Dinge mit ihren eigenen Maßstäben zu messen. Ob die afrikanischen Kulturen sich gar nicht oder weniger entwickelt haben als die unsere, ist z. B. eine jener typischen Fragen, die zu keinem Verständnis führen können, weil sie Unterschiede mit Wertmaßstäben mißt. Wichtig ist nur, daß sie sich anders entwikkelt haben, und daß ihre Entwicklung von anderen Voraussetzungen ausgegangen ist. Um die afrikanische Gegenwart zu beurteilen, muß man die afrikanische Vergangenheit ken-

nen und z. B. wissen, daß unsere Begriffe von Kultur, Moral, Wirtschaft, Recht und Gesetz auf die afrikanische Vergangenheit nicht anwendbar sind.
Die moderne technische und wirtschaftliche Entwicklung hat zu Umwälzungen geführt, deren Folgen noch nicht abzusehen sind. Daß die Frauen erwiesenermaßen am meisten darunter gelitten haben, läßt allerdings eine Schlußfolgerung zu, die gerade uns zu denken geben sollte. Eine Zivilisation, die technischen Fortschritt bringt und zur Erhöhung des Lebensstandards beiträgt und gleichzeitig die Frauen in einem so starken Maße benachteiligt, sie zu den Opfern der Entwicklungspolitik macht, muß zwangsläufig antifeministischer sein als alle patriarchalischen und phallokratischen Stammeskulturen. Dafür zeugt auch die Tatsache, daß die traditionsbewußten Afrikanerinnen die Theorien der europäischen und amerikanischen Frauenfreiheitsbewegungen als einen Importartikel betrachten.
Wie lange wird es dauern, bis sich die Frauen Afrikas der neuen Entwicklung angepaßt haben? Sollte man nicht lieber fragen, wie lange es dauern wird, bis sich die moderne technische Entwicklung den spezifisch afrikanischen Umständen angepaßt hat? Solange die westlichen Länder – und dazu gehören in diesem Sinne auch die europäischen Ostblockstaaten – Afrika nur ihre Technologie und ihre Wirtschaftsmethoden bieten, um ihren politischen Einfluß und Machtbereich auszudehnen, und solange sie – wenn es um Entwicklungsländer geht – ihren kulturellen Beitrag ausschließlich in den Dienst materieller Ziele stellen, werden sie den Frauen Afrikas einen Bärendienst erweisen. Denn die Afrikanerin ist mit ihren Traditionen und dem ihrem Wesen entsprechenden Kulturgut untrennbar verbunden; sie ist im wahrsten Sinne des Wortes der Mensch, der nicht vom Brot allein lebt.
Die leider noch sehr verbreitete westliche Überheblichkeit, die Geringschätzigkeit, mit der man fremde Kulturen als primitiv, rückständig und fortschrittshemmend abtut, zeugt im Grunde nur von der wachsenden eigenen kulturellen Verarmung und von materialistischer Engstirnigkeit. Wer

einem Volk oder gar allen Völkern eines Erdteils ihre kulturellen Werte abspricht, zeigt in seiner Verachtung nur schlecht verhehlte Dominationsgelüste. Am südafrikanischen Beispiel haben wir gesehen, wie die Frauen gegenüber der allgegenwärtigen Unterdrückung ihre Traditionen und kulturellen Werte zu erhalten versuchen, und in einem weitergefaßten Sinn gilt das auch für das übrige Afrika. Wenn wir vom Status der Frau sprechen, sollten wir nie vergessen, daß damit vor allem ihre Würde gemeint ist. Würde ist in Afrika ein sehr wichtiger Begriff. Seit jeher gilt Würde mehr als Reichtum und materielle Macht. Solange die Afrikanerin sich ihre Würde erhalten kann, wird sie zuversichtlich in die Zukunft blicken und die hoffentlich vorübergehenden Schwierigkeiten und Entbehrungen, denen sie ausgesetzt ist, hinnehmen. Verliert sie ihre Würde, so ist die Zukunft Afrikas gefährdet.

LITERATURHINWEISE

Anstatt eines vollständigen Quellennachweises, der einige hundert Titel umfassen würde, sei auf eine Reihe von Werken hingewiesen, die sich mit einzelnen Problemen der afrikanischen Frau befassen und die Lektüre dieses Buches sinnvoll ergänzen.

Abraham, W. E.: The Minde of Africa. The University of Chicago Press, Chicago 1962

Abrahamsson, H.: The Origin of Death. Studies in African Mythology. Almqvist and Wiksells, Uppsala 1951

African Women, London: Women's Clubs in Uganda. 6/1955
Advance of African Women in Angola. 6/1956
Status of Women in Togoland and the Cameroons. 6/1956
Village Life and Customs in Buganda. 12/1956
Ghana's First Woman Magistrate. 6/1957
Growing up in Nigeria. 6/1958
Women in Italien Somaliland. 6/1958
Customary Marriage in Ghana. 12/1958
Positions of Women in Madagascar. 6/1959
Women in Liberia. 6/1959
Legal Staus of Women in South Africa. 6/1959
Place of Women in Ghana Society. 12/1959
Marriage Customs in Tanganjika. 12/1959
Place of Woman in Nigerian Society. 6/1961
Liberian Women, first M. P. 6/1961
Ghana Women and Higher Education. 12/1961
Women of Ruanda-Urundi. 6/1962

Ainsworth, Mary D. Salter: Infancy in Uganda. Infant Care ant the Growth of Love. John Hopkins Press, Baltimore 1967

Ashton, Hugh: The Basuto. Oxford University Press, Oxford 1955

Bettelheim, Bruno: Symbolic Wounds. Puberty Rites and the Envious Male. The Free Press, Glencoe, Illinois 1954

Bohannan, Paul: Africa and Africans. The Natural History Press, New York 1964
African Outline. Penguin African Library, 1966

Boserup, Ester: Women's Role in Economic Development. Allen and Unwin, London 1970

Cardinall, A. W.: Birth and Marriage Customs in the Natives of the Northern Territories of the Gold Coast. Routledge, London 1920

Cardoso, A. J. Alfaro: Angola Your Neighbor: Contempory Africa. Continent in Transition. D. Van Nostrand Co., Princeton, N.J. 1964

Catteeu, O. P.: La Femme Congolaise. Namur, no. 2 1947
Cerulli, Ernesta: Peoples in South-West Ethiopia and its Borderland. International Institute, London 1956
Comhaire-Sylvain, S.: Associations on the Basis of Origin in Lagos Nigeria. American Catholic Sociological Review, vol. 2 1950
Cornet, R. P.: La Femme en Régime Matriarcal. Ed. Universelle, Brussels 1951
Diarra, F. A.: Femmes Africaines en Devenir. Editions Athropos, Paris 1971
Diop, Cheikh Anta: The African Origin of Civilization. Lawrence Hill and Co., New York 1974
d'Eaubonne: Les Femmes avant le Patriarcat. Payot, Paris 1976
Evans-Pritchard, E. E.: The Position of Women in Primitive Societies. Faber, London 1965
Foster, P. J.: Education and Social Change in Ghana. Routledge and Kegan Paul, London 1965
Hance, W. A.: Population, Migration and Urbanization in Africa. Columbia University Press 1970
Herskovits, M. J.: Dahomey. Augustin, New York 1938
Kaula, Edna Mason: Leaders of the New Africa. The World Publishing Company, New York 1966
Kenyatta, Jomo: Facing Mount Kenya. Secker and Warburg, London 1938
Koeume, E.: The African Housewife and her Home. Eagle Press, Nairobi 1952
Leith-Ross, S.: African Women. Faber, London 1939
Little, Kenneth: African Women in Towns. Cambridge University Press 1973
Lloyd, P.C.: Africa in Social Change. Penguin Books 1967
New Elites of Tropical Africa. Oxford University Press 1966
Mair, Lucy: African Marriage and Social Change. Pelican, London 1969
Malinowski, Dunca R.: Magic Science and Religion. Redfield, London 1948
Manoukian, Madeline: Tribes of the Northern Territories of the Gold Coast. International African Institute, London 1951
Mayer, Philip: Townsmen and Tribesmen. Oxford University Press 1961
Mead, Margaret: Cultural Paterns and Technical Change. New American Library, New York 1955
People and Places (Ashanti). The World Publishing Company, New York 1969
Merker, M.: Die Masai. Berlin 1910
Merle, M. (ed): L'Afrique Noire Contemporaine. Librairie Armand Colin, Paris 1968
Murdock, George P.: Africa: Its Peoples and Their Cultur. McGraw – Hill, New York 1969
Paulme, Denise (ed): Women of Tropical Africa. Routledge and Kegan Paul, London 1963
Philips, A. (ed.): Marriage Laws in Africa. Oxford University Press 1971

Rachewiltz, Boris: Eros Noir. Longanesi, Mailand 1963
Rattray, R. S.: The Family: The Wife, in Ashanti Law and Constituition. Clarendon Press, Oxford 1932
Richards, A. I.: Chisungu: A Girl's Initiation Ceremony Among the Bemba. Faber, New York 1956
Rogers, J. A.: World's Great Men of Color. Vol. 1. F. Huber and Co., New York 1947
Rubadiri, David: No Bride Price. East African Publishing House, Nairobi 1967
Salim, A. I.: The Swahili Speaking Peoples of Kenya's Coast (1895 – 1965). Nairobi 1965
Schapera, Isaac: Married Life in an African Tribe. Penguin Books, 1971
Scobie, A.: Women of Africa. Oxford University Press, London 1966
Shinnie, Margaret: Ancient African Kingdoms. St. Martin's Press, New York 1966
Smith, M. F.: Baba of Koro: a Woman of the Muslim Hausa. Faber 1954
Southall, A. W.: Social Change in Modern Africa. Oxford University Press 1961
The Growth of Urban Society. Basic Books, London 1966
Townsmen in the Making. East African Institute of Social Research, Kampala 1957
Thomas, Elizabeth Marshall: The Harmless People (Bushmen). Alfred A. Knopf, Inc., New York 1959
Thomson, J.: Through Masai Land. London 1885
Turnbull, Colin M.: Tradition and Change in African Tribal Life. Avon Books, New York 1966
Weule, Karl: Native Life in East Africa. D. Appleton and Co., New York 1909
Wilson, Monica: Communal Rituals of the Nyakyusa. Oxford University Press 1959
Wolfe, Alvin W.: In the Ngombe Tradition. Northwestern University Press 1961

NAMEN- UND SACHREGISTER

Abidjan 57, 230
Abtreibung 236, 267, 274
Abeokuta 258
Abgeschiedenheit 117, 123
Abgeschlossenheit 92, 116, 159, 166
Accra 221, 230
Acholi 100
Addis Abeba 30, 215, 250, 256
Ägypten 11, 12, 14, 20, 21, 28, 30
Äthiopien 9, 20, 26, 29, 30, 38, 43, 86 ff., 92, 132, 160, 162 f., 185, 199 ff., 210, 215, 250, 256
Agrarwirtschaft 205
Ahnen 64, 89, 90, 91, 95, 99, 101, 106 ff., 111, 122, 136, 155, 191, 192 ff., 201, 208
Ahnenkult 53
Akan 170, 189 f., 202
Alter 190 ff.
Amazonen 14, 17, 18, 40
Amazonenheere 235
Amenardis 25
Amerika-Liberianer 249
Amhara 88, 109, 132, 160, 250
amharisch 88
Amina 35
Amten 23
Analphabeten 217 ff., 246, 258
Angestellte 227 f.
Angola 34, 40, 65, 68, 69, 70, 116 f., 234
Apartheid 41, 271 ff.
Araber 29, 131
Arbeiterklasse 207
Arbeitslosigkeit 223
Aschanti 17, 38, 39, 40, 61, 63, 73, 74, 202 f.
Armee 234
Aton 27
Auen 70
Awe, Bolanie 270
Axum 29, 31

Bachofen, Johann Jakob 9
Bacama 17
Bahima 181
Bahutu 157, 186, 196, 249 f.
Bam, Brigalia 268
Bambara 115
Banda, Hastings 241
Bantu 145, 272
Banyang 230
Bari 129
Basuto 76, 91, 100, 112, 118, 146, 152, 194
Bazano-Turunku 36
Bedarfsdeckungswirtschaft 210 f.
Begräbnis 56, 201 ff., 195, 197, 199, 230
Bena 79
Bemba 119
Berber 14, 15
Bernard, Guy 226
Beruf 224 ff.
Berufschancen 225
Berufsschulen 219
Berufsschulung 217
Beschneidung 72, 115 ff., 128, 190, 240
Beschneidungsriten 115, 129
- zeremonie 114, 123
Biafrakrieg 41
Bildung 223
Bildungsmangel 209
Blutsverwandtschaft 174
Boccharis 30
Bororo 166, 168 f.
Borun 17
Botswana 60, 62, 65, 92, 118, 175, 188, 194, 217, 219, 251
Brautaustausch 165
Brautgeld 48
Brautgeschenk 48, 55, 56, 57, 58, 61
Brautgut 143 ff., 180, 183 f., 189, 206, 208, 212, 229
Brautkauf 48
Brooks, Angie 251
Bundu 132 ff.
Burundi 249
Buschmänner 33, 194
Buschmann, namibischer 69

Castaneda, Carlos 51
Catholic Grail 254
Cewa 153
Chewa 126 f.
Chiepe, Gaositwe 251
Chiga 127, 155
Chitalo, Edda Ella 251
Christlicher Verein junger Mädchen (CVJM) 253
Cisse, Jean Martin 251
Clan 46, 47, 48, 53, 89, 90 f., 96, 104, 109, 140, 173, 180, 190, 202, 230
Comhaire-Sylvain, S. 250

Dahia-al-Kahina 29
Dahomey 113, 190, 251
Dakar 221
Daressalam 231
Darwin, Charles 9
Daura 17
Davis, Angela 274
Davies, Marcella 252
Davis, Theodor 25
Defibulation 160
Dekolonisierung 43, 269
Dhlamini, Zanele 271
Didina 87
Diodor von Sizilien 14, 17, 22, 32
Dion Cassius 28
Diop, Caroline 251
Diop, Cheik Anta 15, 16 f., 19 f., 165, 178
Dogon 67, 115
Dorffrau 149 ff.
Dschagga 95 ff., 101, 110, 112, 123, 124, 151
Duala 81
Durant, Willy 22
During, Oleayemi Patricia 252

Echnaton 26
Egba Frauen Union 258
Ehe 48, 124, 139 ff., 212 ff., 224, 229, 236, 242 ff., 247
- geheime 165
- monogame 181
Ehebruch 39, 62, 187, 245 f.
Ehegesetze 179
Ehehüter 154
Ehepflichten 120, 151
Eheregeln 142 ff.
Eheschließung 101, 120 f., 122, 162
Elfenbeinküste 68, 208
Emanzipation 56, 207, 227, 275
Empfängnis 59, 101
- verhütung 235
Empfindungsfähigkeit
- sexuelle 138
Enthaltsamkeit
– sexuelle 62
Entwicklungspolitik 205
Entwöhnung 100
Erbfolge
- mutterrechtliche 46
- vaterrechtliche 46
Ersatzfrau 58, 60
Ersatzgatte 60
Ersucher 175 f.
Erwerbswirtschaft 210
Erziehung 104, 172, 212
- traditionelle 105
Ethiopian Women Welfare Organisation (EWWA) 256
Ewe 101
Exogamie 47

Exzision 114, 137 f.

Familiengemeinschaft 208
- planung 235
- struktur, traditionelle 225
Fehlgeburt 65, 83, 102
Fidelia, Azodogbehou 251
Frauenarmeen 14
Frauenbewegung 275
Frauenbrigade 255
Frauenehen 182
Frauengewerkschaften 42
Frauenklubs 253 f., 264
Frauenkönige 14
Frauenliga 254
Frauenorganisationen 253 ff., 267
Frauenrat von Uganda 255
Frauenrechtsbewegungen 267 ff.
Frauenrechtsfrage 234
Frauenverbände 248, 256
Freiheit
- sexuelle 114, 151, 229 f.
Frey, Tilo 251
Frigidität 113
Frobemius, Leo 13
Frobenius 33
Fruchtbarkeit 58, 118, 141, 160, 208
Fulani 168, 231

Ga 65
Gambia 203
Gabon 215
Gabun 64, 251
Galla 86, 162 f., 185, 199
Gallentaufe 147
Gallenzeremonie 152 f.
Gao 30
Galwa 63
Ganatisches Reich 15
Ganda 84, 95, 127, 157
Geburt 56, 57 ff., 66, 69, 85, 89,. 92, 113, 146, 151, 155, 159, 172, 177, 192
Geburtenkontrolle 235 ff., 274
Geburtshelferin 70 f., 74, 76, 79, 80, 82, 86, 88
Geschlechtertrennung 140, 260, 267
Geschlechtsakt 157, 160
Geschlechtsreife 61, 90, 109, 115, 120, 125, 127, 132, 192
Geschlechtsverkehr 61, 126, 130, 158, 190
Getto 209
Geschäftsfrauen 220 ff.
Gewerkschaft für Dirnen (ANP) 231
Gewohnheitsrecht 246
Geheimgesellschaft 132 ff.
- Poro 172
- Sande 172
Geister 89, 92, 192 f., 195
- böse 89
Geisterehe 182
Geisterkind 74
Geisterwelt 95
Galaba 200
Gesellschaft
- mutterrechtlich 140, 179
- vaterrechtlich 140, 179
- matrilinear 187
- patrilinear 187
Gewohnheitsrecht 184, 188 f.
Gleichberechtigung 57, 215, 257, 263 f., 269,
- wirtschaftliche 234
Ghana 30, 61, 62, 65, 73, 101, 133, 170, 189, 202, 220, 221, 230, 251, 258, 261
Gisu 85, 127, 157
Gorgonenstaat 18
Große Mutter 21, 27
Guere 68
Guinea 137, 251
- Bissau 234
Gulama, Ella Koblo 252
Gurage 132
Gwari 17

Hammarskjöld, Dag 205
Handel 222 f.
Händlerinnen 42, 220 ff.
Haruro 201
Hatschepsut 24 ff.
Hausa 36, 170, 231
Haya 231
Hebräer 11
Heiratsvertrag 179
Herero 37, 40, 117
Herodot 14, 20
Hexen 93 f., 239
Hexerei 64, 65, 95, 147, 174, 185, 240, 246
Hochzeit 89, 133, 146, 162
Hochzeitsfeierlichkeiten 96, 151
Hochzeitsnacht 148
Hochzeitsriten 142 ff., 156, 193
Holst-Roness, June 252
Hottentotten 34, 145
Hygiene 66, 239
Hyksos 23 ff.

Ibadan 262, 270
Ibo 41 f., 71 f., 91, 185, 189, 201
Ila 83, 147
Impotenz 60, 185
Industrialisierung 207, 215, 225, 269
Infibulation 71, 114 f., 131, 160
Ingassaua 88, 163, 199
Initiation 118, 120, 128 f., 151, 172, 192
Initiationsriten 56, 77, 85, 113 ff.
Institute of African Studies 270
Inzest 47
Irna 129
Isiskult 11, 21, 22
Islam 29, 172, 179 f., 180 f.

Jaga 34
Jiagge, Angie 251
Jinga 34, 35
Jjo 201
Judith 31
Jungfrau 137, 165
Jungfräulichkeit 61, 114 ff., 125, 126 f.

Kalahari 12
Kampala 221
Kamerun 36, 81, 216, 251
Kandake 31
Kannibalismus 238
Kano 17
Kapitalismus 267
Karanga 122
Karuak 25
Karthago 29
Kaunda, Betty 264
Kaunda, Kenneth 241
Keita, Modibo 265
Kenia 85, 110, 128, 158 f., 184, 197 f., 208, 217, 218 f., 238, 241, 252, 255
Kenyatta, Jomo 128
Kerre 200
Kikuyu 85, 110, 128 f., 159, 184, 197 f.
Kinder
- uneheliche 174
Kinderehe 125, 171, 243
Kindererziehung 101, 175
Kindheit 92 ff.
Kinderlosigkeit 58
Kinderreichtum 61
Kinshasa 222 f., 226 f., 232
Kipsigi 231
Kisii 238
Kleinhandel 221 f.
Kleopatra 27
Klitoris 113 ff., 128, 137
Koforibua 221
Koitus Interruptus 78, 93, 236
Kolonialismus 266
Kolonisierung 205, 229
Koma 87, 199
Kongo 12, 31
Konie, Gwendoline 252
Konso 200
koptisch-christlich 88
Koran 180
Kosmologie 52, 53, 55
- magisch-religiöse 63
Kotokoli 230
Kpe 81

Kpelle 171
Kraftpyramide 52
Kuku 130
Kullo 201
Kung-Buschmänner 65, 69, 116, 145
Kxatla 60, 65, 92, 118, 175, 188, 194 f., 244

Labia Majora 130
Labia Minora 130
Lagos 221
Lamba 120, 148
Lambo, T. A. 238, 262
Lebenszyklus 89, 153, 192 f., 205
Leichenschmaus 201
Lele 149
Lenge 82, 123, 150
Lesotho 76, 91, 100, 118, 146 216
Levirat 179, 181
Liberia 43, 171, 221, 249, 263
Libyen 14, 17
Loangoreich 33
Lobola 143 ff.
Lovedu 37
Lozi 119
Luanda 34
Lundareich 33

Magie 51, 98, 236 ff.
Maji 200
Makedas 28
Malawi 77, 126, 152 f., 221, 241, 251, 254
Mali 30, 217, 219, 265
Mander 87
Mandingoreich 30
Männerherrschaft 21, 57
Mao 87, 165
Marienkult 11
Marktfrauen 42, 221, 257
Marktfrauengewerkschaft 259
Marktfrauenverbände 257 f.
Massemba, Claude 236
Massenmedien 212
Massai 86, 128, 158, 184, 241
Matriarchat 9, 10, 17, 22, 23
Mauretanien 29, 180
Mbeki, Govan 272
Mela 14
Mende 132 f., 171 f., 263
Medizin 237 ff.
Medizinmann 70, 81, 97, 190, 237
Menelik 28
Menstruation 83, 117, 138, 150
- erste 116, 120, 125, 166
Menstruationsblut 59, 96, 117, 122, 128
Meroe 20
Migration 49
Militärdienst 235
Moi 241
Monomotopareich 32 ff., 37
Monotheismus 11, 27
Monrovia 249
Moralkodex 105, 129
Mosambik 31, 40, 82, 123, 150, 234
Moschi 231
Mothers Union 254
Mujagi I 37, 38
Murle 87
Mutterherrschaft 12, 17, 36
Mutterrecht 9, 18, 38, 188

Nabelschnur 67, 69 ff., 70, 74 ff., 80, 82, 84 f., 93
Nachgeburt 78, 84
Namengebung 90 ff., 121
Nanemei Akpee 258 f.
Napata 20
National Council of Women of Kenya 255
Nationaler Frauenrat 251
Nationalgefühl 239 f.
Nationalrat freiwilliger Sozialdienststellen 255
Ndkuk 163
Neith 11, 21, 27
Ngai 185
Ngombe 105
Ngoni 77, 126
Njonjo, Charles 242
Niger 12, 15, 36, 52, 166, 201
Nigeria 41, 67, 71, 75, 90, 103, 168, 169 f., 185, 189, 201, 218 f., 221, 231, 252, 257, 262, 269, 270
Nigerianischer Akademikerinnenverband 262
Nil 12
Nitokris 25
Nofretete 26
Nofretete-Ahmes 25
Nubien 26, 30
Nuer 131, 159
Nyakyusa 79, 125
Nyamwezi 124
Nwakuche, Flora 252

Oba-Ile 252
Ogliby, John 35
Ojiambo, Julia 252
Ökumenischer Rat 264
Omoniyi, Esther Aderemi 252
Organisation der Afrikanischen Einheit (OAU) 267
Orgasmus 138
Osiris 21
Ostafrika 231, 264
Ovahimba 195
Ovimbundu 68, 117
Ovonguiyssa, Fabienne 251
Pan African Woman 251
Patriarchat 10, 11, 180
Paulme, Denise 139, 141
Pfadfinderbund 253
Phallokratie 17
Phalluskult 31
Pibor Murle 200
»Pille« 235
Plazenta 66 f., 69, 71, 73, 74, 75, 78 ff., 85 f., 88, 185
Polyandrie 181
Polygamie 49, 61, 62, 140, 149, 171, 180 f., 210, 226, 245
Probeehe 118
Prostituierte 172, 223, 236
Prostituiertengewerkschaft 259
Prostitution 22, 209, 228 ff.
Ptolemäus 27
Pubertät 74, 81, 85, 89, 109, 115 ff.
Pubertätsalter 104, 106, 114, 131
Pubertätsriten 122
Pygmäen 33

Ranavalona 34
Rangordnung 109
Reife
- sexuelle 138
Reinigungsriten 165
Reinigungszeremonie 120
Reinkarnation 91
Religionen 51
- afrikanische 51, 52
Richter 190
ritueller Beischlaf 77, 78, 197 f.
Rites de Passage 115 f., 120, 123, 192
Rhodesien 58, 65, 79, 91, 221
Ruanda 38, 64, 157, 186, 195, 249 f.

Sahara 12
Sakralstaat 18, 19, 32
Salomon 28 f.
Sambia 82, 83, 119 f., 147 f., 221, 241, 255, 264
Sande 132 ff., 239, 263
Sansibar 255
Sauberkeit 97
Schabaka 30
Schai 133, 137
Schamlippe 113 f., 127, 137, 138
Scheidung 39, 157, 179, 183 ff., 245
Schepenapt III 25
Schona 58, 65, 79, 91
Schonzeit 77
Schulbildung 246, 247
Schwangerschaft 64
- voreheliche 154
Schwarz, Alf 222, 232
Schwesterehe 18
Senegal 15, 30, 74, 170, 221

Sennar 30
Sexualität 101, 114, 116, 124, 229
- Erziehung zur 113 ff.
Sheik Babikr Badri 256
Sierra Leone 132, 171, 218, 221, 239, 252, 262 f.
Sillox 87
Sipamio, Helene 251
Sippe 46, 53, 89, 90 f., 190, 192
Sit-on 42
Solinus 14
Somalia 70, 131 f., 159, 184, 200
Songhais 35
Sororat 181
Sozialismus 241, 266
Sozialstruktur 229
Stamm 89
Stammesgesetze 105, 173
Stammeskulturen 12, 45 ff., 61, 66, 88, 104, 139, 168, 173, 181, 183, 192 ff., 205, 207 f., 210, 215, 225 f., 229, 235, 249, 260, 267 f.
Stammeskulturen
- phallokratische 257
- patriarchalische 257
- traditionelle 248
Stammestradition 70, 132
Statusverlust 209
Stellung
- soziale 246 ff.
Stillzeit 79
Strabo 14, 31
Subiya 120
Subproletariat 207
Sudan 65, 70, 129, 130, 159, 256
Südafrika 41, 75, 82, 142, 182, 194, 247
Südrhodesien 122
Südwestafrika 117
Sukuma 124
Sundiata Keita 30
Surma 165, 200
Swasi 80, 81
Swasiland 38, 80, 216
Syrien 26

Teita 198
Terroristengesetz 273
Thales von Milet 21
Thonga 82, 83
Tio 67
Tiv 65
Tiyi 26
Tod 89, 192 ff.
Togo 230
Tonga 148, 150
Totem 53, 54, 174
Totemkult 53
Transvaal 37
Trauer 199
Trauerzeit 197
Trennung 186
Tschad 36
Tschagga 78
Tschiga 83 f.
Tsita 198
Tuareg 14
Tutmosis 24 ff.
Tabu(s) 64, 82 f., 85, 93, 99, 104, 109, 116 f., 119 f., 126, 146, 150, 157, 166, 192, 197,
Tanganjika 255
Tallens 62
Tansania 78, 79, 123 ff., 151 f., 218 f.
Taveta 198

Uba, Sam 265 f.
Udhuk 87, 199
Uganda 83, 84 f., 100, 127, 154, 155 ff., 218, 221, 254 f.
Ugoni 152 f.
UNICEF 219
Union tansanischer Frauen (UWT) 255
Unfruchtbarkeit 59, 113, 185
UNO 251
Unreinheit 192
Unsterblichkeit 193

Vaterherrschaft 17
Vaterrecht 187
Verband der Frauenorganisationen von Uganda 255
Verlobung 177 ff.
Verlobungszeit 146
Verstädterung 225
Verstoßung 186
Vorhaut 115

Wahlrecht 267
Walamo 165, 200
Ya Wanake, Maendela 264
Watussi 249 f.
Wallerstein, Immanuel 15, 16
Weltgesundheitsorganisation (WHO) 252, 262
Westafrika 261
Westguinea 180
West-Kamerun 230
West-Nigeria 247
Wiedergeburt 89, 192, 194
Williams, Belmont 252
Wirtschaftskommission der Vereinten Nationen 215
Wirtschaftsstruktur 206
Witwe 189 ff., 197 ff., 203
Witwenstand 187 ff.
Wollof 74, 170, 203
Women's Lib. 267

Xhosa 65, 75, 116, 142, 268

Yaa Asantewa 39, 40
Yao 77, 153
Yatenga 30
Yoruba 75, 90, 103, 169, 257

Zaria 17
Zaïre 105, 149, 221, 226
Zahnritual 111
Zaramo 79, 125 f., 152
Zentralafrika 247
Zentralafrikanische Republik 216
Zerma 231
Zeugung 62, 63 ff., 101, 229
Zeugungsakt 193
Zeugungsfähigkeit 179
Zeugungspflicht 185
Zweigeschlechtlichkeit 67, 192
Zwillinge 72 f., 81, 84 f., 87 f., 90 f.
Zulu 182, 237

BILDNACHWEIS

Gruner & Jahr, Archivservice München: 6 7 10 11 19 24 25 30 31 38 39 40 (alle Faltz)

Hansa-Bild Hamburg: 12

Mauritius Mittenwald: 2(Hornberger) 3(Günther) 8(Werner) 14 15 20(de Foy) 23(Reichel) 29(de Foy) 36(Schwarz)

Nairobi Dept. of Information: 26

photo Information: 41

Regierung von Sudan: 34

Süddeutscher Verlag München: 4 5 18(Wiese) 32(Arens) 37

UNESCO: 16 27(Almasy-Vauthey) 28(Bois) 35(Casset, Senegal Photo)

UNHCR (United Nations, High Commissioner for Refugees): 1(Mohr) 9(Wright) 17(Thorning) 22(Malone)

UNICEF: 13(Wolff) 21(Schaefer)

WEREK Pressebildagentur: 33(Baumgartner)

Angelika Mechtel

Die andere Hälfte der Welt oder Frühstücksgespräche mit Paula

Roman, 220 Seiten, Leinen

Erzählt wird die Geschichte einer jungen Frau, die, im Zusammenstoß mit dem Kleingeist einer durch die Vergangenheit belasteten Stadt und in der Beziehung zu einem Mann, der sie aufgibt, sich wandelt von einem angepaßten zu einem unangepaßten Menschen.

Angelika Mechtel schreibt unsentimental, doch mit höchster Sensibilität und voller hintergründiger Ironie. Ein Schicksal, das im spannungsreichen Heute verläuft.

List Verlag